Strobel Patent Dance – eine Chance für Deutschland und Europa?

Heymanns Schriften zum Patentrecht (HSP)

Herausgegeben von

Prof. Dr. Maximilian Haedicke
Professor an der Albert-Ludwigs-Universität Freiburg

Prof. Dr. jur. Dipl.-Biol. Herbert Zech
Professor an der Humboldt-Universität zu Berlin

Band 26

Carl Heymanns Verlag 2024

Dr. iur. Melanie Strobel

Patent Dance – eine Chance für Deutschland und Europa?

Beilegung von Patentverletzungsstreitigkeiten vor dem Markteintritt eines Biosimilars

Carl Heymanns Verlag 2024

Zitiervorschlag: *Strobel*, Patent Dance – eine Chance für Deutschland und Europa? (HSP Bd. 26), Rn. 1

Bibliografische Information der Deutschen Nationalbibliothek
Die Deutsche Nationalbibliothek verzeichnet diese Publikation in der Deutschen Nationalbibliografie; detaillierte bibliografische Daten sind im Internet über http://dnb.d-nb.de abrufbar.

ISBN 978-3-452-30435-3

www.wolterskluwer.com

Umschlagkonzeption: Martina Busch, Grafikdesign, Homburg-Kirrberg
Satz: R. John + W. John GbR, Köln
Druck und Weiterverarbeitung: SDK Systemdruck Köln GmbH & Co. KG

Gedruckt auf säurefreiem, alterungsbeständigem und chlorfreiem Papier.

Meinen Eltern

Vorwort

Diese Arbeit widmet sich dem sog. Patent Dance, einem Bestandteil des US-amerikanischen Biologics Price Competition and Innovation Act. Ziel dieses »Tanzes« zwischen Herstellern von Biosimilars und Herstellern von Referenzprodukten ist die Beilegung möglicher Patentverletzungsstreitigkeiten bei der Zulassung von Biosimilars noch vor deren Markteinführung. Der Patent Dance gibt den Parteien dafür einen strengen Verhandlungsrahmen und Notifikationspflichten an die Hand, in dessen Verlauf umfassende Informationen über Zusammensetzung und Herstellung des Biosimilars sowie (Nicht-)Verletzungsargumente ausgetauscht werden sollen, um eine nachfolgende gerichtliche Verhandlung bestenfalls entbehrlich, im Zweifel aber zumindest optimal vorzubereiten. Ob ein solches Verfahren auch in Deutschland und unter dem UPC ein vielversprechender Ansatz sein könnte, ist Gegenstand der Untersuchung dieser Dissertation.

Die juristischen Fakultät der Albert-Ludwigs-Universität Freiburg hat diese Arbeit im November 2023 als Dissertation angenommen. Literatur und Rechtsprechung wurden bis zur Fertigstellung der Arbeit zum 18. September 2023 berücksichtigt.

Allen voran gilt mein größter Dank meinem Doktorvater Prof. Dr. *Maximilian Haedicke*, LL.M., der mich nicht nur auf dieses Thema aufmerksam gemacht, sondern mich auch während der gesamten Promotion stets zuverlässig unterstützt hat. Zum Gelingen dieser Arbeit haben seine Anregungen und sein persönliches Engagement ganz wesentlich beigetragen.

Prof. Dr. *Thomas Dreier*, M.C.J. möchte ich herzlich für die zügige Erstellung des Zweitgutachtens danken.

Besonderer Dank gilt auch *Benedict Hanke*, *Jana Schwerdt*, *Robin Schwerdt*, *Torben Stock*, *Theresa Triquart*, *Vera Wechsler*, Dr. *Jennifer Zimmermann* und meinem Vater für ihre Unterstützung bei der Durchsicht des Manuskripts und ihre wertvollen Anregungen.

Meiner Familie und meinen Freunden danke ich für ihren Rückhalt, auf den ich mich immer verlassen kann.

Und schließlich gilt mein Dank von ganzem Herzen meinen Eltern, denen diese Arbeit gewidmet ist. Ohne ihr bedingungsloses Vertrauen und ihre Unterstützung in allen Lebenslagen wäre diese Arbeit nicht entstanden.

Düsseldorf, im Februar 2024 *Melanie Strobel*

Inhaltsübersicht

Inhalt

Abbildungen

Kapitel 1 Einleitung

1 Die Entwicklung biologischer Arzneimittel hat weltweit die Behandlungsmöglichkeiten zahlreicher Krankheiten revolutioniert.[1] Patienten, die beispielsweise an Krebs, Diabetes, Autoimmunerkrankungen oder Entzündungsstörungen leiden, stehen nun Medikamente zur Verfügung, die eine Linderung oder gar Heilung ihrer Beschwerden versprechen.[2]

2 Dementsprechend überrascht es nicht, dass biologische Arzneimittel umfangreich beforscht werden und intensiv an der Entwicklung neuer Wirkstoffkandidaten in allen medizinischen Anwendungsgebieten gearbeitet wird. So hat sich die Zahl der Entwicklungskandidaten für einen biologischen Wirkstoff seit 2005 weit mehr als verdoppelt – von 256 klinischen Entwicklungskandidaten im Jahr 2005 auf 672 Ende 2022.[3] Insbesondere die seit Jahren nahezu konstant hohe Zahl von mehr als 270 Projekten in der ersten klinischen Testung am Menschen, unterstreicht eindrucksvoll das nachhaltige Interesse der Pharmaindustrie an weiteren Innovationen in diesem Bereich.[4] Diese intensive Forschung und Entwicklung zeigt ihren Erfolg auch in den Neuzulassungen aller Arzneimittel. 2022 wurden 37 neue Biopharmazeutika zum Markt zugelassen, was einem Anteil von 59 % aller Neuzulassungen entspricht.[5]

3 Die kontinuierlichen hohen Investitionen der Unternehmen in Biopharmazeutika ist sicher auch darauf zurückzuführen, dass sie zu den umsatzstärksten Produkten der pharmazeutischen Industrie zählen.[6] Zahlreiche Firmen erwirtschaften

1 *Billstein Leber*, Optimizing Use and Addressing Challenges to Uptake of Biosimilars, in: The American Journal Of Managed Care 2018, 457 (457); *Lu*, Biologics Price Competition and Innovation Act: Striking a Delicate Balance Between Innovation and Accessibility, in: Minnesota Journal of Law, Science & Technology 2014, 613 (618).

2 *Kinch*, An overview of FDA-approved biologics medicines, in: Drug Discovery Today 2015, 393 (395); *Wu/Cheng*, Into the Woods: A Biologic Patent Thicket Analysis, in: Chicago-Kent Journal of Intellectual Property 2020, 93 (97).

3 *Lücke/Bädeker*, in: Boston Consulting Group/vfa.bio, Medizinische Biotechnologie in Deutschland 2023, online: https://www.vfa.de/de/arzneimittel-forschung/medizinische-biotechnologie/biopharmazeutika-in-zahlen (zuletzt geprüft am 05.06.2023), S. 11.

4 *Ebda.*, S. 12.

5 *Lücke/Bädeker*, in: Boston Consulting Group/vfa.bio, Medizinische Biotechnologie in Deutschland 2023, online: https://www.vfa.de/de/arzneimittel-forschung/medizinische-biotechnologie/biopharmazeutika-in-zahlen (zuletzt geprüft am 05.06.2023), S. 9.

6 *Blackstone/Fuhr*, Innovation, Patents and Biologics: The Road to Biosimilar Competition: Factors Influencing Investment, Business Decisions and Marketing of Biosimilars, in: Gutka/Yang/Kakar (Hrsg.), Biosimilars, S. 23 (38); *Lücke/Bädeker*, in: Boston Consulting Group/vfa.bio, Medizinische Biotechnologie in Deutschland 2023, online: https://www.vfa.de/de/arzneimittel-forschung/medizinische-biotechnologie/biopharmazeutika-in-zahlen (zuletzt geprüft am 05.06.2023), S. 11.

wesentliche Anteile ihres Umsatzes bereits mit Biologika, von denen einige zu den sogenannten »Blockbustern« zählen, also einen Jahresumsatz von mehr als einer Milliarde Dollar erwirtschaften und damit maßgeblich für den Umsatz eines Unternehmens verantwortlich sind.[7] So belief sich in Deutschland im Jahr 2022 der Umsatz mit Biopharmazeutika auf rund 17,8 Milliarden EUR, was einem Anteil des Umsatzes am Gesamtpharmamarkt von 32,9 % entspricht, der insgesamt 54,2 Milliarden EUR Umsatz erwirtschaftete.[8] Verglichen mit den Umsatzzahlen der Vorjahre zeigt sich, dass sowohl der Umsatz mit biologischen Arzneimitteln als auch deren Marktanteil beständig gestiegen sind.[9] Gegenüber 2021 wurde ein Umsatzwachstum von 10,5 % erzielt, während der Umsatz des gesamten deutschen Pharmamarktes im gleichen Zeitraum nur um 5,4 % gestiegen ist.[10] Biologika sind daher ein wichtiger wirtschaftlicher Bestandteil des Portfolios pharmazeutischer Unternehmen.

4 Biologische Arzneimittel sind allerdings auch besonders teure Medikamente.[11] Der Durchschnittspreis chemisch synthetisierter Medikamente lag 2019 bei lediglich 0,71 EUR,[12] ein biologisches Präparat kostete dagegen im Durchschnitt 10, 28 EUR.[13] Die Ausgaben für biologische Arzneimittel stellen insofern eine wachsende und durchaus erhebliche Belastung für das Gesundheitssystem dar. Während in Ländern wie den USA oft der Patient selbst die Kosten für ein ihm verschriebenes Medikament tragen muss, werden Patienten in Deutschland nur mittelbar an der Finanzierung beteiligt. Hier übernehmen die Krankenkassen die Bezahlung eines ärztlich verschriebenen Arzneimittels, was sie wiederum über

7 *Graetsch*, Ergänzende Schutzzertifikate für Arzneimittel, S. 64; *Blackstone/ Fuhr*, Innovation, Patents and Biologics: The Road to Biosimilar Competition: Factors Influencing Investment, Business Decisions and Marketing of Biosimilars, in: Gutka/Yang/Kakar (Hrsg.), Biosimilars, S. 23 (38).

8 *Lücke/Bädeker*, in: Boston Consulting Group/vfa.bio, Medizinische Biotechnologie in Deutschland 2023, online: https://www.vfa.de/de/arzneimittel-forschung/medizinische-biotechnologie/biopharmazeutika-in-zahlen (zuletzt geprüft am 05.06.2023), S. 6 und 7.

9 *Radtke*, Umsatz mit Biopharmazeutika in Deutschland im Vergleich zum Pharmagesamtmarkt 2021 (13.06.2022), online: https://de.statista.com/statistik/daten/studie/30795/umfrage/anteil-der-biopharmazeutika-am-pharmamarkt/ (zuletzt geprüft am 05.06.2023).

10 *Lücke/Bädeker*, in: Boston Consulting Group/vfa.bio, Medizinische Biotechnologie in Deutschland 2023, online: https://www.vfa.de/de/arzneimittel-forschung/medizinische-biotechnologie/biopharmazeutika-in-zahlen (zuletzt geprüft am 05.06.2023), S. 6 und 14.

11 *Held*, Biologics, Biosimilars, and Other Idiosyncrasies, in: Mercurio/Kim (Hrsg.), Contemporary Issues in Pharmaceutical Patent Law: Setting the Framework and Exploring Policy Options, S. 47 (48).

12 *Schröder/Lohmüller/Telschow/Niepraschk-von Dollen/Zawinell/Bauckmann*, Der GKV-Arzneimittelmarkt Bericht 2020, S. 18.

13 *Schröder/Lohmüller/Telschow/Niepraschk-von Dollen/Zawinell/Bauckmann*, Der GKV-Arzneimittelmarkt Bericht 2020, S. 18.

die Beiträge aller Versicherten zur Krankenversicherung finanzieren.[14] So wurden 2021 in der gesetzlichen Krankenversicherung (GKV) 50,2 Milliarden EUR für Arzneimittel ausgegeben.[15] Davon entfielen allein 16,4 Milliarden EUR auf biologische Medikamente, was rund einem Drittel der gesamten GKV-Arzneimittelkosten entspricht.[16] Damit die Beiträge zur Krankenversicherung unter diesen Umständen für alle bezahlbar bleiben, dürfen die Ausgaben der Krankenkassen für Arzneimittel nicht unbegrenzt steigen.[17] Gleichzeitig kann auch nur auf diese Weise gewährleistet werden, dass die Krankenkassen allen Patienten Zugang zu einer optimalen Behandlung oder einer benötigten Therapie verschaffen können. Eine vollumfängliche Versorgung und der Zugang aller Patienten zu modernen Therapien hängen also auch in Deutschland von einer moderaten Bepreisung dieser Therapien ab.[18] Arzneimittelpreise sind daher nicht nur für Krankenkassen und Patienten, sondern auch für die Allgemeinheit von erheblichem gesellschaftlichen, finanziellen und volkswirtschaftlichen Interesse.[19]

Hoffnung auf Preissenkungen und eine Entlastung des Gesundheitssystems 5
versprechen günstigere Nachahmerprodukte. Gerade die EU betont in aktuellen Entscheidungsvorlagen und Entschließungen deren Wichtigkeit, um den Wettbewerb im pharmazeutischen Markt anzukurbeln, Preissenkungen zu begünstigen und den Gesundheitssystemen Einsparungen zu ermöglichen, die letztlich dazu beitragen sollen, den Zugang von Patienten zu Arzneimitteln zu verbessern oder zumindest zu erhalten.[20]

14 *Bundesministerium für Gesundheit*, Wie Arzneimittelpreise entstehen und wie man sie senken kann, online: https://www.bundesgesundheitsministerium.de/arzneimittelpreise.html (zuletzt geprüft am 05.06.2023).

15 *Schröder/Telschow*, Großes Sparpotenzial bei Biologika, in: Gesundheit und Gesellschaft 2022.

16 Ebda.

17 *Bundesministerium für Gesundheit*, Wie Arzneimittelpreise entstehen und wie man sie senken kann, online: https://www.bundesgesundheitsministerium.de/arzneimittelpreise.html (zuletzt geprüft am 05.06.2023).

18 *Altin/Bauer/May/Walendzik/Wasem/Ziebe*, Regulierung und adäquate Preisbildung im Markt der Biosimilars, IBES Diskussionsbeitrag Nr. 220, März 2017, S. 20.

19 *Kahn*, Access to Biosimilars, in: Babar (Hrsg.), Encyclopedia of Pharmacy Practice and Clinical Pharmacy Band 1, S. 5 (13); *Mund*, Patenting biosimilars, in: Matthews/Zech (Hrsg.), Research Handbook on Intellectual Property and the Life Sciences, S. 3 (6); *Bauer/May/Giulini-Limbach*, Biosimilarmarkt 2022: Gibt es eine Alternative zu exklusiven Rabattverträgen?, in: Monitor Versorgungsforschung 2021, 63 (67).

20 Siehe z.B.: Entschließung des Europäischen Parlaments vom 17. September 2020 zu Engpässen bei Arzneimitteln und den Umgang mit einem sich abzeichnenden Problem, ABl. C 385 vom 22.09.2021, S. 83 (Celex-Nr. 52020IP0228); Bericht der Kommission an den Rat und das Europäische Parlament Durchsetzung des Wettbewerbsrechts im Arzneimittelsektor, COM/2019/17 final (Celex-Nr. 52019DC0017); Schlussfolgerungen des Rates zum Thema »Zugang zu Arzneimitteln und Medizinprodukten – für eine stärkere und resilientere EU« 2021/C 269 I/02 ST/9750/2021/INIT, ABl. C 269I vom 07.07.2021, S. 3 (Celex-Nr. 52021XG0707(01)); Schlussfolgerungen des Rates zur

6 Bereits bei konventionellen, chemischen Arzneimitteln konnten durch den Markteintritt von Generika deutliche Preissenkungen erzielt werden.[21] Generikaunternehmen profitieren bei der Herstellung ihrer Produkte von den Innovationen der Originalhersteller, die sie ohne erhebliche eigene Forschungs- und Entwicklungskosten übernehmen und damit deutlich günstiger Nachahmerprodukte produzieren und anbieten können.[22] Durch die entstehende Konkurrenz mehrerer vergleichbarer Produkte reduziert sich dementsprechend auch der Durchschnittspreis der Medikamente im Markt.[23] Denselben Wirkungsmechanismus erhofft man sich auch von Nachahmerprodukten zu biologischen Medikamenten, den sog. Biosimilars.[24] So wird allein für die USA geschätzt, dass Biosimilars von 2017 bis 2026 zu einer Verringerung der direkten Ausgaben für biologische Arzneimittel um 54 Milliarden US$ führen werden, was etwa drei Prozent der geschätzten Gesamtausgaben für biologische Arzneimittel in diesem Zeitraum entspricht.[25] Tatsächlich sind jedoch selbst diese erwarteten Einsparungen nicht mit dem durch Generika erzielten Einsparungseffekt vergleichbar. So zeigt sich beispielsweise in der EU, dass, obwohl bereits über 70 Biosimilars zugelassen wurden, kein zu Generika vergleichbarer Effekt bei den Einsparungen eingetreten ist.[26] Während Generika innerhalb der EU im Schnitt eine Preissenkung von 50 % herbeiführen, beläuft sich diese bei Biosimilars lediglich auf 30 %.[27] Um aber zumindest auch diesen Einsparungseffekt nutzen zu können, ist es von wesentlicher Bedeutung, dass sich Biosimilars dauerhaft als Wettbewerber zu den Originalprodukten etablieren können, die auch Referenzprodukte genannt werden.

Ökonomie des Wohlergehens2019/C 400/09 ST/13432/2019/INIT, ABl. C 400 vom 26.11.2019, S. 9 (Celex-Nr. 52019XG1126(06)); Report der Europäischen Kommission – EC Multi-stakeholder Workshop – Biosimilars – vom 06.10.2015 (Ref. Ares(2015)5864230).

21 *Association for Accessible Medicines*, The U.S. Generic & Biosimilar Medicines Savings Report, September 2021, S. 6.

22 *Graetsch*, Ergänzende Schutzzertifikate für Arzneimittel, S. 66.

23 Ebda., S. 68.

24 *Kahn*, Access to Biosimilars, in: *Babar* (Hrsg.), Encyclopedia of Pharmacy Practice and Clinical Pharmacy Band 1, S. 5 (8).

25 *Mulcahy/Hlavka/Case*, Biosimilar Cost Savings in the United States, in: Rand Health Quarterly 2018, 3 (3); vergleichbare Schätzungen für den deutschen oder europäischen Markt sind derzeit nicht verfügbar.

26 *Vfa.*, Übersicht über zentralisiert in der EU zugelassene Biosimilars, online: https://www.vfa.de/de/arzneimittel-forschung/datenbanken-zu-arzneimitteln/biosimilars-uebersicht (zuletzt geprüft am 05.06.2023); *Altin/Bauer/May/Walendzik/Wasem/Ziebe*, Regulierung und adäquate Preisbildung im Markt der Biosimilars, IBES Diskussionsbeitrag Nr. 220, März 2017, S. 19.

27 COM/2019/17 final: Bericht der Kommission an den Rat und das Europäische Parlament vom 28.01.2019: Durchsetzung des Wettbewerbsrechts im Arzneimittelsektor (Celex-Nr. 52019DC0017) S. 2; *Blackstone/Fuhr*, Biosimilars and Biologics, The Prospects for Competition, in: *Declerck/Endrenyi/Chow* (Hrsg.), Biosimilar Drug Product Development, S. 413 (427).

Nicht nur benötigen sie dafür eine Marktzulassung, gerade Patente und deren Durchsetzung spielen eine entscheidende Rolle für die Frage, ob Biosimilars ungehindert in den Wettbewerb mit dem Referenzprodukt treten können, denn der Markt für Medikamente wird maßgeblich durch Patente beeinflusst. 7

Ein originelles biologisches Arzneimittel wird für gewöhnlich durch Patente geschützt, die dessen Hersteller ein ausschließliches Benutzungsrecht an den von den Patenten geschützten geistigen Lehren und damit in der Regel an dem Produkt selbst sichern.[28] Dies schließt insbesondere eine Nachahmung des Biologikums durch ein Biosimilar aus, das von der Lehre eines dieser Patente Gebrauch macht, sodass der Markt zu Gunsten des Originalherstellers von Wettbewerbern freigehalten und damit monopolisiert wird.[29] Er kann daher ohne den Einfluss von Konkurrenzprodukten einen Preis für seine Erfindung festsetzen und innerhalb der Laufzeit seiner Patente die Forschungs- und Entwicklungskosten amortisieren sowie einen Gewinn für seine Innovationen erwirtschaften.[30] Beabsichtigt ein Wettbewerber noch vor dem Ablauf der Patentlaufzeit aller das Referenzprodukt umgebender Patente in den Markt einzutreten, drohen ihm daher in der Regel Patentverletzungsverfahren durch den Referenzproduktthersteller, der aufgrund seiner Möglichkeiten, im monopolisierten Markt Gewinne zu erzielen, einen besonders hohen Anreiz hat, seine Schutzrechte durchzusetzen und den Markt von Wettbewerbern freizuhalten.[31] Gerade Patente und streitige Verfahren um deren Verletzung führen so zu einer Verhinderung und Verzögerung des Markteintritts von Biosimilars.[32] 8

Die einfache Schlussfolgerung, Schutzrechte und deren Geltendmachung für Hersteller im Arzneimittelsektor abzuschaffen oder stark einzuschränken, um dadurch den Markteintritt und -verbleib von Biosimilars zu begünstigen, greift allerdings zu kurz. 9

Denn Patente erfüllen auch einen gesamtgesellschaftlichen Zweck, indem sie Wissen allgemein zugänglich machen, sodass Wettbewerber die geschützte Lehre überhaupt erst nachahmen und nach Ablauf der Schutzzeit selbst entsprechende Medikamente auf den Markt bringen oder die technische Lehre weiterentwickeln können.[33] Die nach Ablauf des Patentschutzes eintretende marktwirtschaftliche Konkurrenz führt zudem nicht nur zu einem Preisverfall der Medikamente, von 10

28 *Haedicke*, Patentrecht, 1. Kapitel Rn. 3.

29 *Franzen/van Harten*, Ansätze zur Begegnung der Hochpreisigkeit, in: Schröder/Thürmann/Telschow/Schröder/Busse (Hrsg.), Arzneimittel-Kompass 2021, S. 139 (141).

30 *Witte/Greiner*, Arzneimittelpreise aus gesellschaftlicher Perspektive, in Schröder/Thürmann/Telschow/Schröder/Busse (Hrsg.), Arzneimittel-Kompass 2021, S. 3 (4).

31 *Saini/Aakash/Jindoliya*, Regulation and Challenges of Biosimilars in European Union, in: Applied Clinical Research, Clinical Trials & Regulatory Affairs 2019, 192 (203).

32 *Chen/Yang/Bennett*, Why Biologics and Biosimilars Remain So Expensive: Despite Two Wins for Biosimilars, the Supreme Court's Recent Rulings do not Solve Fundamental Barriers to Competition, in: Drugs. 2018, 1777 (1778)

33 *Ann*, in: Ann (Hrsg.), Patentrecht, § 3 Rn. 32–35.

dem die Allgemeinheit profitiert.[34] Es entsteht dadurch auch ein neuer Anreiz für die pharmazeutischen Hersteller, weitere innovative Medikamente zu entwickeln, um erneut signifikante Gewinne erwirtschaften zu können.[35] Von der dadurch entstehenden Innovationskraft profitieren wiederum Hersteller von Nachahmerprodukten, die mangels eigener Forschung auf innovative Arzneimittel zur Nachahmung angewiesen sind, sowie die Allgemeinheit, die Zugang zu neuen Therapien erhält.[36] Der dem Einzelnen gewährte Patentschutz ist neben dem zeitlich beschränkten ausschließlichen Benutzungsrecht daher auch ein wirksames Mittel, Fortschritt im Allgemeininteresse zu erzielen.[37]

11 Wenn also die im Rahmen des Patentrechts bestehenden Zugangshürden für den Markteintritt von Biosimilars abgebaut werden sollen, was einen konfliktfreien sowie rechtssicheren Markteintritt und -verbleib voraussetzt, darf der Patentschutz des Referenzproduktherstellers zum Erhalt seiner gesamtgesellschaftlichen Funktion nicht unverhältnismäßig beschnitten werden.

12 Im Bewusstsein dieses Spannungsfeldes haben die USA im Rahmen des Biologics Price Competition and Innovation Acts (BPCIA) mit dem sog. »Patent Dance« ein Verfahren geschaffen, das, ohne die Patente der Hersteller grundsätzlich in Frage zu stellen, den dargestellten gegenläufigen Interessen Rechnung tragen soll. Das Verfahren zielt insbesondere darauf ab, patentrechtliche Konflikte zwischen den Parteien zu minimieren und Verletzungsfragen bereits während des laufenden Zulassungsverfahrens eines Biosimilars zwischen Biosimilar- und Referenzprodukthersteller rechtsverbindlich zu klären. Zu diesem Zweck sieht der Patent Dance vor allem zwischenparteiliche, im Zweifelsfall aber auch frühzeitige gerichtliche Verhandlungen über Patentverletzungsfragen vor. So soll ein Biosimilar nach Möglichkeit bereits mit Erhalt seiner Zulassung auf den Markt treten können, ohne der Unsicherheit drohender Patentverletzungsfragen ausgesetzt zu sein. Gleichzeitig sollen Referenzprodukthersteller die Möglichkeit erhalten, ihre Patente frühzeitig geltend zu machen und Markteintritte von weiteren Wettbewerbern vor Ablauf der Schutzzeit ihrer Patente rechtssicher zu unterbinden.

13 Angesichts dieses außergewöhnlichen regulativen Ansatzes stellt sich die Frage, ob eine Übernahme des Patent Dance in das deutsche Patentrechtssystem oder das Übereinkommen über ein Einheitliches Patentgericht (*Agreement on a Unified Patent Court*, UPCA) dazu beitragen kann, auch in Deutschland und Europa patentrechtliche Hürden vor der Zulassung und dem Markteintritt von Biosimilars zu beseitigen.

34 *Haedicke*, Patentrecht, 1. Kapitel Rn. 11.

35 *Garcia/Stroud*, Ships in the Night: Resolving Administrative Conflict between FDA- and Patent-related Legislation, in: American University Law Review 2019, 1111 (1120); *Haedicke*, Patentrecht, 1. Kapitel Rn. 11.

36 *Graetsch*, Ergänzende Schutzzertifikate für Arzneimittel, S. 25; *Ann*, in: Ann (Hrsg.), Patentrecht, § 3 Rn. 10.

37 *Ann*, in: Ann (Hrsg.), Patentrecht, § 3 Rn. 10.

Bisher wurde eine mögliche Übernahme des Patent Dance in das deutsche Patentrechtssystem oder die Inkorporation in das UPCA in der Literatur kaum diskutiert. Zwar wurde die Frage vereinzelnd aufgeworfen.[38] Es haben jedoch weder die Regelungen des BPCIA, insbesondere des Patent Dance, ausführliche Erläuterung gefunden, noch hat eine tiefgreifende Auseinandersetzung mit den Vor- und Nachteilen der Regelungen in der Praxis und im Vergleich zu den bisher durch das deutsche Patentrechtssystem gebotenen Verfahrenswegen stattgefunden. Einzig der Aufsatz von *Milbradt*[39] behandelt die angesprochenen Aspekte kurz und schlägt eine modifizierte Übernahme von einzelnen Ideen des Patent Dance vor. Die Darstellung des BPCIA bleibt allerdings auch in diesem Aufsatz ein Überblick, der teilweise nach neuerer Rechtsprechung überholt ist. Auch die Bewertung des Patent Dance und die angesprochenen Verbesserungsvorschläge gehen nicht ins Detail. Es bleibt daher eine Lücke in der Literatur, die mit der nachfolgenden Untersuchung geschlossen werden soll. 14

In der vorliegenden Arbeit wird dazu zunächst beleuchtet, was den Wettbewerb von Biosimilars mit dem Originalprodukt ausmacht und inwiefern die Besonderheiten von Biosimilars patentrechtliche Hindernisse bedingen (Kapitel 2). Darauf aufbauend wird im Folgenden dargestellt, wie der BPCIA mit diesen Besonderheiten umgeht, insbesondere vor welchem Hintergrund der BPCIA einschließlich der Regelungen zum Patent Dance geschaffen wurde und welche Verfahrensschritte und Regeln der Patent Dance den Beteiligten vorgibt (Kapitel 3). Im Anschluss wird untersucht, ob vergleichbare Regelungen oder Prozesse in Deutschland und Europa bereits zur Verfügung stehen (Kapitel 4), um darauffolgend die Vor- und Nachteile des Patent Dance zu beleuchten und eine Übertragbarkeit in das deutsche und europäische Patentrechtssystem sowie deren Sinnhaftigkeit zu evaluieren (Kapitel 5). Abschließend wird ein eigener Vorschlag für eine modifizierte Übernahme der Bestimmungen unterbreitet. Die Ergebnisse der Untersuchung werden im Rahmen eines Fazits zusammengefasst (Kapitel 6). 15

38 Siehe *Milbradt*, Durchsetzung von Patentansprüchen gegen Biosimilars, in: Kühnen (Hrsg.), 80 Jahre Patentgerichtsbarkeit in Düsseldorf, Festschrift zum 80-jährigen Bestehen des Patentgerichtsstandortes Düsseldorf am 1. Oktober 2016, S. 393 (410); *Mund*, Patenting biosimilars, in: Matthews/Zech (Hrsg.), Research Handbook on Intellectual Property and the Life Sciences, S. 3 (14); *Mueller*, Patenting of Biosimilars?, in: Intellectual Property Rights 2014, 1 (2).

39 *Milbradt*, Durchsetzung von Patentansprüchen gegen Biosimilars, in: Kühnen (Hrsg.), 80 Jahre Patentgerichtsbarkeit in Düsseldorf, Festschrift zum 80-jährigen Bestehen des Patentgerichtsstandortes Düsseldorf am 1. Oktober 2016, S. 393 (410).

Kapitel 2 Besonderheiten des Wettbewerbs von Biosimilars mit Referenzprodukten und daraus entstehende Markteintrittshindernisse

Ausgangspunkt eines Patentverletzungsstreits zwischen einem Referenzprodukthersteller und einem Biosimilar-Hersteller ist in der Regel die (drohende) wettbewerbliche Konkurrenzsituation auf dem Arzneimittelmarkt. Das Verhältnis zwischen Original- und Nachahmerprodukt folgt dabei unabhängig von der Einordnung als chemisches oder biologisches Medikament im Grundsatz denselben Mechanismen (A.). Allerdings weisen Biosimilars im Unterschied zu Generika doch einige Besonderheiten auf, die neben weiteren Auswirkungen auch dazu führen, dass unter den gegebenen prozessrechtlichen Voraussetzungen patentrechtliche Markteintrittshindernisse entstehen (B.). 16

A. Der Lebenszyklus eines Medikaments und seiner Nachahmer

Das Verhältnis zwischen Arzneimitteln als Referenz- und Nachahmerprodukt lässt sich grob in drei Abschnitte unterteilen, die jeweils durch das Entstehen, das Bestehen und den Ablauf von Patenten geprägt werden.[40] 17

I. Entwicklungsphase

Der Lebenszyklus eines jeden Medikamentes beginnt mit der Forschung und Entwicklung.[41] Zunächst müssen geeignete Wirkstoffkandidaten identifiziert und erprobt werden.[42] Aussichtsreiche Kandidaten werden in vorklinischen Studien im Labor in Zellstudien und/oder durch Tierversuche auf ihre Wirksamkeit und Toxizität getestet.[43] Die in dieser Phase aussichtsreich erscheinenden Wirkstoffkandidaten werden in der Regel zu diesem Zeitpunkt patentiert und anschließend in klinischen Studien am Menschen getestet.[44] In insgesamt drei Phasen finden 18

40 *Graetsch*, Ergänzende Schutzzertifikate für Arzneimittel, S. 30.
41 Ebda., S. 31.
42 *Fischer/Breitenbach*, Wandel und Herausforderung – die pharmazeutische Industrie, in: *Fischer/Breitenbach* (Hrsg.), Die Pharmaindustrie (5. Auflage, Berlin 2020), S. 1 (62).
43 *Graetsch*, Ergänzende Schutzzertifikate für Arzneimittel, S. 34.
44 *Vfa*, Forschung für das Leben 2013, online: https://www.vfa.de/de/presse/publikationen (zuletzt geprüft am 05.06.2023), S. 19.

dabei verschiedene Studien statt, in denen der Wirkstoff zunächst an einer geringen Anzahl an gesunden Probanden, im Folgenden aber auch an größeren Gruppen tatsächlich erkrankter Patienten auf Wirksamkeit und Verträglichkeit getestet wird.[45] Auf Grundlage der in der klinischen Phase gewonnenen Erkenntnisse, wird daraufhin die Zulassung des Medikaments beantragt.[46] Sofern diese gewährt wird, werden in einer vierten Phase klinischer Studien auch nach Marktzulassung Langzeitverträglichkeit und Nebenwirkungen weiter untersucht.[47] Begleitend zur klinischen Entwicklung findet zudem aufwändige Forschung zu Herstellungsverfahren und zur pharmazeutischer Formulierung der klinischen Kandidaten statt.[48]

19 Die im Rahmen dieses Prozesses getätigten Aufwendungen, insbesondere für die Studien in den klinischen Phasen, stellen für innovative Unternehmen eine enorme finanzielle Belastung dar. Die Entwicklung neuer Medikamente kostet für einen Wirkstoff im Durchschnitt 450 Mio. – 2,3 Mrd. EUR.[49] Zusätzlich ist sie mit dem Risiko verbunden, dass sich die untersuchten Wirkstoffe letztlich als wirkungslos herausstellen.[50] Weniger als 12 % der in der klinischen Phase untersuchten Wirkstoffe erhalten nach Abschluss der Studien auch eine Marktzulassung.[51] Erfolgreich zugelassene Medikamente müssen also nicht nur die eigenen Forschungs- und Entwicklungskosten refinanzieren, sondern auch die Kosten der zahlreichen gescheiterten Wirkstoffkandidaten.[52]

II. Verwertungsphase

20 Mit der Zulassung kann die Verwertung des entwickelten Wirkstoffes durch den Verkauf des Medikamentes beginnen.

45 *Vfa*, Forschung für das Leben 2013, online: https://www.vfa.de/de/presse/publikationen (zuletzt geprüft am 05.06.2023)., S. 21.
46 *Graetsch*, Ergänzende Schutzzertifikate für Arzneimittel, S. 36.
47 *Fischer/Breitenbach*, Wandel und Herausforderung – die pharmazeutische Industrie, in: Fischer/Breitenbach (Hrsg.), Die Pharmaindustrie (5. Auflage, Berlin 2020), S. 1 (67).
48 *Vfa*, Forschung für das Leben 2013, online: https://www.vfa.de/de/presse/publikationen (zuletzt geprüft am 05.06.2023), S. 22, 23.
49 *Fischer/Breitenbach*, Wandel und Herausforderung – die pharmazeutische Industrie, in: Fischer/Breitenbach (Hrsg.), Die Pharmaindustrie (5. Auflage, Berlin 2020), S. 1 (59); *DiMasi/Grabowski/Hansen*, Innovation in the pharmaceutical industry: New estimates of R&D costs, in: Journal of Health Economics 2016, 20.
50 Ebda.
51 *DiMasi/Grabowski/Hansen*, Innovation in the pharmaceutical industry: New estimates of R&D costs, in: Journal of Health Economics 2016, 20.
52 *Blackstone/Fuhr*, Innovation, Patents and Biologics: The Road to Biosimilar Competition: Factors Influencing Investment, Business Decisions and Marketing of Biosimilars, in: Gutka/Yang/Kakar (Hrsg.), Biosimilars, S. 23 (25).

Im Zeitraum der Laufzeit seiner Patente kann der Hersteller das Arzneimittel wirtschaftlich unter Nutzung der Ausschließlichkeitsrechte aus den Patenten und damit ohne identische bzw. homologe Konkurrenzprodukte auf dem Markt verwerten. Allerdings kostet die Durchführung der Studien zur Vorbereitung der Zulassung sowie der Zulassungsprozess selbst enorm viel Zeit. In der Regel vergehen zwischen Beginn der Forschung und der Zulassung mindestens 10 Jahre.[53] Die in der Forschungsphase angemeldeten Patente haben daher in der Regel bereits einen erheblichen Teil ihrer Laufzeit eingebüßt.[54] Die effektive Patentlaufzeit, in der das Patent tatsächlich wirtschaftlich verwertet werden kann, ist daher deutlich kürzer als der gewährte Schutzzeitraum von 20 Jahren.[55] Diese Besonderheit des Arzneimittelmarktes wird zumindest teilweise durch ergänzende Schutzzertifikate (sog. »supplementary protection certificate«, kurz SPC) aufgefangen, die nach der Zulassung beantragt werden können.[56] Ein SPC kann die Laufzeit eines Patents um fünf Jahre auf maximal 15 Jahre, und im Falle pädiatrischer Untersuchungen um weitere sechs Monate, verlängern.[57] Die Monopolstellung des Originalherstellers, auf deren Basis der Großteil der Umsätze mit dem jeweiligen Medikament erzielt und so die Forschungs- und Entwicklungskosten sowie Gewinne erwirtschaftet werden,[58] ist daher in jedem Fall begrenzt. 21

Aber auch Unternehmen, die Nachahmerprodukte produzieren, können bereits weit vor dem Ablauf des Patentschutzes aktiv werden und das Referenzprodukt mit geringeren Aufwendungen in Forschung und Entwicklung günstiger replizieren.[59] Bereits während der Verwertungsphase können sie dabei trotz noch bestehenden Patentschutzes nach der Roche-Bolar-Ausnahmeregelung des § 11 Abs. 2 Nr. 2 b PatG von den Patenten der Originalhersteller zum Zwecke der Forschung Gebrauch machen, um Studien und Versuche durchzuführen, die zur Zulassung der Nachahmung benötigt werden.[60] Dies ermöglicht es ihnen, eine Zulassung für das Nachahmerprodukt und einen Markteintritt direkt nach Ablauf des Patent- 22

53 *Fischer/Breitenbach*, Wandel und Herausforderung – die pharmazeutische Industrie, in: Fischer/Breitenbach (Hrsg.), Die Pharmaindustrie (5. Auflage, Berlin 2020), S. 1 (59).

54 *Finston/Davey/Chakrabarty/Davé*, The Biopharmaceutical Social Contract and U.S. Patent Social Contract: Historical Antecedents and Recent Developments, in: Singh/Keswani/Singh (Hrsg.), Intellectual Property Issues in Microbiology, S. 287 (288).

55 *Heled*, Why Primary Patents Covering Biologics Should Be Unenforceable Against Generic Applicants Under the Biologics Price Competition and Innovation Act, in: Annals of Health Law – ASLME Special Edition 2012, 211 (215).

56 *Graetsch*, Ergänzende Schutzzertifikate für Arzneimittel, S. 55.

57 Ebda.

58 Ebda.

59 Ebda., S. 66.

60 *Osterrieth*, in: Osterrieth (Hrsg.), Patentrecht, Rn. 589.

schutzes zu erreichen.[61] Bei der Zulassung können sie zudem teilweise auf Forschung und Studien verzichten und dafür auf die Daten des innovativen Medikaments als Referenzprodukt verweisen, was ebenfalls erhebliche Kosten einspart.[62]

III. Verfallsphase

23 Die Verwertungsphase endet dadurch in der Regel mit dem Ablauf des letzten, das Arzneimittel schützenden Patents und es beginnt die Verfallsphase, die dadurch gekennzeichnet ist, dass das Originalpräparat in den Wettbewerb mit Nachahmerprodukten tritt.[63]

24 Auch nach dem Patentablauf besteht in der Regel noch ein relevanter Markt für das Arzneimittel.[64] Zwar werden Arzneimittel bis zum Ablauf der sie schützenden Patente teilweise durch neue Entwicklungen überholt, die ihre Anwendung im Grunde obsolet machen.[65] Dennoch bleiben sie auch in diesem Fall in der Regel trotzdem für die Vermarktung attraktiv, da durch die niedrigen Preise im Verhältnis zu dem neueren Produkt die Nachfrage erhalten bleibt.[66] Zugleich verhalten sich Ärzte oft zögerlich bei der Umstellung von Patienten von einem bewährten Produkt auf ein neues Arzneimittel, was die Nachfrage zusätzlich unterstützt.[67]

25 Durch den Ablauf der das Arzneimittel schützenden Patente öffnet sich der Markt zudem für Konkurrenzprodukte, die nun mit dem Originalpräparat um die Nachfrage konkurrieren und durch den neu eintretenden Wettbewerb inklusive der geringeren Preise für die Nachahmerprodukte für einen Preisverfall am Markt sorgen, der auch das Originalpräparat betrifft.[68]

61 *Kretzschmar*, Drug safe harbour provisions in the USA and Europe: implications for the emerging biosimilars industry, in: Journal of Intellectual Property Law & Practice 2014, 298 (300).

62 *Graetsch*, Ergänzende Schutzzertifikate für Arzneimittel, S. 66; *Li,* Does it still take two to tango? A modern Interpretation of the BPCIA's Patent Dance, in: N.Y.U. Journal of Intellectual Property & Entertainment Law 2019, 107 (114).

63 *Telschow/Schröder/Bauckmann/Niepraschk-von Dollen/Zawinell,* Der Arzneimittelmarkt 2020 im Überblick, in: Schröder/Thürmann/Telschow/Schröder/Busse (Hrsg.), Arzneimittel-Kompass, S. 241 (257).

64 *Raasch*, Der Patentauslauf von Pharmazeutika als Herausforderung beim Management des Produktlebenszyklus, S. 28.

65 *Von Falck/Slopek/Thiermann*, »Life-Cycle-Management« für Arzneimittel und gewerbliche Schutzrechte, in: GRUR 2015, 1050 (1051).

66 *Raasch*, Der Patentauslauf von Pharmazeutika als Herausforderung beim Management des Produktlebenszyklus, S. 28.

67 *Schneider*, Arrow Declaration – Rechtsschutz gegen zukünftige Patente, S. 9 Rn. 22.

68 *Telschow/Schröder/Bauckmann/Niepraschk-von Dollen/Zawinell,* Der Arzneimittelmarkt 2020 im Überblick, in: Schröder/Thürmann/Telschow/Schröder/Busse (Hrsg.), Arzneimittel-Kompass, S. 241 (257).

Nachahmer konkurrieren dabei nicht nur mit dem Hersteller des Originalpräparates, sondern auch untereinander um Marktanteile.[69] Dabei ist grundsätzlich derjenige Nachahmer im Vorteil, der sein Produkt als erstes auf dem Markt platzieren kann (sog. »first-mover-advantage«).[70] Die Stellung als Erstanbieter eines billigeren Alternativproduktes verschafft ihm große Marktanteile, die er leicht allein über das Argument des günstigeren Preises erreichen kann und in der Regel auch nicht mehr an andere Nachahmer verliert.[71] Denn Patienten, die einmal auf ein bestimmtes Präparat eingestellt sind, sind grundsätzlich weniger bereit, eine Umstellung ihrer Medikation vorzunehmen und jeder Wechsel zwischen Nachahmerprodukten müsste ihnen ausführlich erklärt und vermittelt werden.[72] Sie bleiben daher in der Regel bei dem günstigen Erstprodukt, sodass der Erstanbieter über einen uneinholbaren Vorsprung gegenüber später hinzutretenden Marktteilnehmern verfügt. Gleichzeitig kann sich die Stellung als Erstanbieter auch positiv bei der Preisfestlegung auszahlen.[73] Mangels starker Konkurrenz im Markt findet zum Zeitpunkt des Eintritts des ersten Nachahmers noch kein Preiswettbewerb mit anderen günstigen Alternativprodukten statt, sodass der erste in den Markt eintretende Nachahmer seine Preis noch frei im Verhältnis zum Originalprodukt gestalten kann. Er ist dadurch außerdem in der Lage das Preisniveau in der Produktsparte festzulegen, an dem sich die ihm nachfolgenden Anbieter orientieren müssen. Der von ihm bestimmbare Preis zusammen mit der Sicherung großer Marktanteile ermöglicht es dem Erstanbieter insofern, hohe Gewinne zu erzielen. 26

Hersteller von Nachahmerprodukten haben daher ein gesteigertes Interesse daran, so früh wie möglich zu Beginn der Verfallsphase mit ihrem Produkt auf den Markt zu treten. 27

IV. Grafische Darstellung des Lebenszyklus im Überblick

Die nachstehende Abbildung zeigt den beschrieben Lebenszyklus eines Arzneimittels und den Einfluss des Markteintritts von konkurrierenden Nachahmerprodukten im Überblick. 28

69 *Von Falck/Slopek/Thiermann*, »Life-Cycle-Management« für Arzneimittel und gewerbliche Schutzrechte, in: GRUR 2015, 1050 (1053).

70 EuGH GRUR-Prax 2013, 33 (34) – Astra Zeneca; *von Falck/Slopek/Thiermann*, »Life-Cycle-Management« für Arzneimittel und gewerbliche Schutzrechte, in: GRUR 2015, 1050 (1053).

71 *von Falck/Slopek/Thiermann*, »Life-Cycle-Management« für Arzneimittel und gewerbliche Schutzrechte, in: GRUR 2015, 1050 (1053).

72 Ebda.

73 *Schneider*, Arrow Declaration – Rechtsschutz gegen zukünftige Patente, S. 11 Rn. 24.

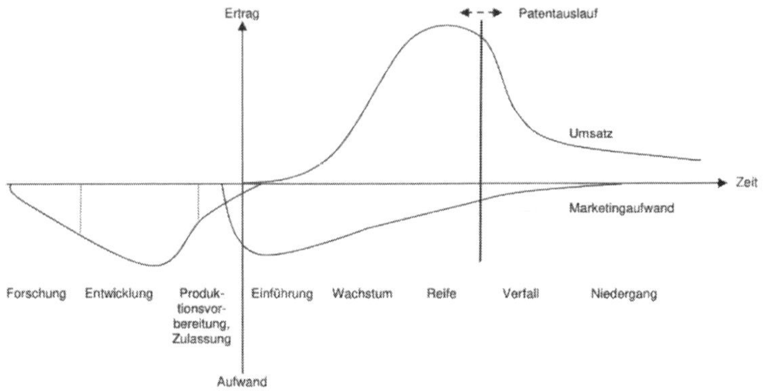

Abbildung 1: Lebenszyklus eines Arzneimittels[74]

B. Anwendung bei Biosimilars

29 An diesem grundsätzlichen Marktmechanismus sind Generika wie auch Biosimilars als Nachahmerprodukte gleichermaßen beteiligt.[75] Allerdings werden Biosimilars schon von ihrer Entwicklung an mit anderen Herausforderungen als Generika konfrontiert. Diese sind durch die Art der nachgeahmten Substanz bedingt, die als Biologikum per se schwieriger zu replizieren ist (I.). Dadurch ergeben sich gleich mehrere, unter anderem patentrechtlich bedingte Hürden, die den Markteintritt von Biosimilars erschweren (II.).

I. Unterscheidung Biosimilars von Generika

30 Biosimilars und Generika sind Nachahmungen von Arzneimitteln, die bereits über eine Marktzulassung verfügen.[76] Hinsichtlich der nachgeahmten Arzneimittel ergeben sich jedoch wesentliche Unterschiede, abhängig davon ob es sich um ein chemisches oder biotechnologisch hergestelltes Arzneimittel handelt.

31 Anders als chemische Arzneimittel, die durch chemische Synthese hergestellt werden, werden Biopharmazeutika aus biologischem Material isoliert oder

74 *Graetsch*, Ergänzende Schutzzertifikate für Arzneimittel, S. 30.
75 *Telschow/Schröder/Bauckmann/Niepraschk-von Dollen/Zawinell,* Der Arzneimittelmarkt 2020 im Überblick, in: Schröder/Thürmann/Telschow/Schröder/Busse (Hrsg.), Arzneimittel-Kompass, S. 241 (257).
76 *van de Vooren/Curto/Garattini*, Biosimilar Versus Generic Drugs: Same But Different?, in: Applied Health Economics and Health Policy 2015, 125 (125).

gentechnisch unter Zuhilfenahme lebender Zellen produziert.[77] In der Regel werden dabei Zelllinien verwendet, aus denen mithilfe rekombinanter DNA-Technologie ein biologisches Molekül erzeugt wird, das eine nachgewiesene biologische Aktivität besitzt, die für das angestrebte therapeutische Ziel entscheidend ist.[78] Zu solchen Biopharmazeutika gehören beispielsweise rekombinante Proteine, monoklonale Antikörper, aus menschlichem Blut und menschlichem Plasma gewonnene Arzneimittel, immunologische Arzneimittel, wie etwa Vakzine, Seren und Allergene, und Arzneimittel für neuartige Therapien als biologische Arzneimittel wie beispielsweise Zell- und Gentherapien.[79]

Durch die Verwendung von biologischem Ausgangsmaterial ist die Herstellung von Biopharmazeutika deutlich komplexer, als eine chemische Synthese. 32
Chemische Arzneimittel können in der Regel nach etablierten Methoden und unter gleichbleibenden Bedingungen hergestellt werden, sodass zuverlässig Produkte mit beständiger Qualität synthetisiert werden.[80] Die Qualität biologischer Arzneimittel dagegen hängt wesentlich von ihrem Herstellungsprozess ab, also den Wachstumsbedingungen der Wirtszellen, den verwendeten Lösungszusätzen und Materialien, Fermentationsprozessen und physikalischen Bedingungen, sodass auch nur geringfügige Veränderungen in Material und Prozess Auswirkungen auf die Natur und die Wirksamkeit des Endproduktes entfalten.[81] Der Einsatz lebender Zellen und deren Sensibilität für Veränderungen in den Produktionsbedingungen führt dazu, dass selbst bei den Originalherstellern von Biopharmazeutika nicht jede Produktionscharge völlig identisch mit der Ausgangscharge ist, vielmehr variieren die Chargen innerhalb eines gewissen Spektrums.[82] Beispielsweise können, wie nachfolgend dargestellt, Unterschiede bei der Glykosylierung eines Proteins auftreten (Zuckermoleküle, die an das Protein gebunden sind, dargestellt durch kleine blaue Dreiecke):

77 *Ehlers/Heinemann*, Biosimilars – ein Markt der Zukunft?, in: Ahrens/von Bar/Fischer/Spickhoff/Taupitz, Medizin und Haftung, Festschrift für Erwin Deutsch zum 80. Geburtstag, S. 137 (138).

78 *Wing Yan Tam*, Biologics Revolution: The Intersection of Biotechnology, Patent Law, and Pharmaceutical Regulation, Georgetown Law Journal 2010, 535 (535); *Altin/Bauer/May/Walendzik/Wasem/Ziebe,* Regulierung und adäquate Preisbildung im Markt der Biosimilars, IBES Diskussionsbeitrag Nr. 220, März 2017, S. 11.

79 *EMA,* European Medicines Agency procedural advice for users of the centralised procedure for similar biological medicinal products applications, EMA/940451/2011, Stand 19.08.2019, S. 5.

80 *Mannebach*, We Shall Dance, Unless You Choose Not To, in: University of Kansas Law Review 2017, 687 (690).

81 *Ehlers/Heinemann*, Biosimilars – ein Markt der Zukunft?, in: Ahrens/von Bar/Fischer/Spickhoff/Taupitz, Medizin und Haftung, Festschrift für Erwin Deutsch zum 80. Geburtstag, S. 137 (138)

82 *Blackstone/Fuhr*, Biosimilars and Biologics, The Prospects for Competition, in: Declerck/Endrenyi/Chow (Hrsg.), Biosimilar Drug Product Development, S. 413 (415).

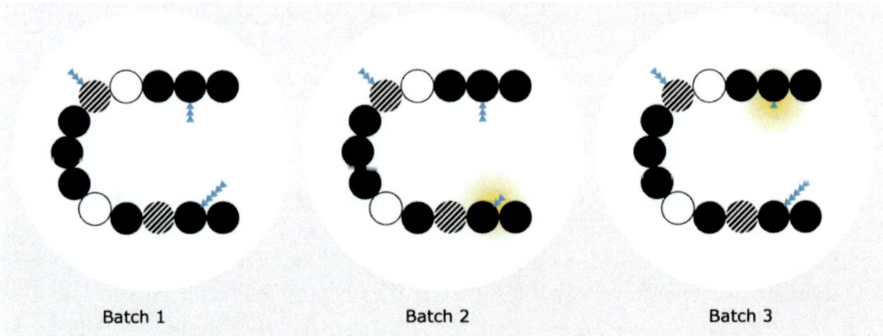

Abbildung 2: Beispiel für die Variabilität zwischen verschiedenen Chargen eines biologischen Arzneimittels[83]

33 Dass sich biologische Produkte nie vollständig entsprechen, sondern immer geringfügige Unterschiede aufweisen, wird als sogenannte Mikroheterogenität bezeichnet.[84] Während einige dieser strukturellen Veränderungen die Funktion eines Proteins nicht beeinträchtigen, können andere die Sicherheit und Wirksamkeit eines Arzneimittels erheblich beeinflussen.[85] Um die Unterschiede innerhalb eines gewissen Korridors zu halten, in dem sich keine Änderungen der klinischen Wirkung ergeben, kommt es daher ganz besonders auf einen gleichbleibenden Herstellungsprozess an.[86] Für Biologika gilt daher wie für kein anderes Arzneimittel, dass der Herstellungsprozess maßgeblich das Produkt bestimmt.[87]

34 Dass selbst kleinste Umstellungen des Herstellungsprozesses und Änderungen des Materials klinische Auswirkungen zur Folge haben können, zeigt der Fall des biologischen Arzneimittels Eprex. Bei Eprex handelt es sich um eine synthetische Version des menschlichen Erythropoietin-Proteins, das die Produktion roter Blutkörperchen zur Behandlung von Anämie anregt.[88] Ursprünglich wurde Eprex in

83 *EMA & Europäische Kommission*, Biosimilars in the EU – Information guide for healthcare professionals, Stand 02.10.2019, S. 8.

84 *Arzneimittelkommission der deutschen Ärzteschaft*, Biosimilars, Leitfaden der Arzneimittelkommission der deutschen Ärzteschaft, S. 13.

85 *Kanter/Feldman*, Understanding and Incentivizing Biosimilars, in: Hastings Law Journal 2012, 57 (66).

86 *Arzneimittelkommission der deutschen Ärzteschaft*, Biosimilars, Leitfaden der Arzneimittelkommission der deutschen Ärzteschaft, S. 13, 14.

87 *Koballa*, The Biologics Proce Competition and Innovation Act: Is a Generic Market for Biologics Attainable, in: William & Mary Business Law Review 2018, 479 (482).

88 *EMA*, Epoetin Alfa Hexal, online: https://www.ema.europa.eu/en/medicines/human/EPAR/epoetin-alfa-hexal (zuletzt geprüft am 05.06.2023).

Humanalbumin hergestellt, gelagert und versandt.[89] Da es sich bei Humanalbumin jedoch um ein globuläres, im menschlichen Blut vorkommendes Protein handelt, bestand das potenzielle Risiko einer Kontamination mit dem Erreger der Creutzfeldt-Jakob-Krankheit.[90] Um dieses Risiko zu vermeiden wurde die Produktion von Eprex im Jahr 1980 umgestellt und das Humanalbumin durch Polysorbat 80 und Glycerin ersetzt.[91] Eprex wurde allerdings in vorgefüllten Spritzen mit Gummistopfen abgegeben, was dazu führte, dass das nun verwendete Polysorbat 80 anders als das Humanalbumin Verunreinigungen aus den Gummistopfen herauslösen konnte.[92] Aufgrund dessen entstand bei vielen Eprex-Patienten eine überschießende Immunreaktion, die dazu führte, dass der Körper der Patienten Antikörper bildete, die das körpereigene Erythropoietin angriffen und letztlich zu einer verstärkten Anämie führten.[93] Nicht nur haben also Veränderungen eines Biologikums, insbesondere in den oben beschriebenen Glykosylierungmustern, ein hohes immunogenes Potential, auch Veränderungen der Hilfsstoffe zur Herstellung und Anwendung des Biologikums können letztlich negative Folgen für die Patienten haben.

Auch das Endprodukt selbst ist im Fall der Biopharmazeutika deutlich kom- 35
plexer im Vergleich zu chemisch synthetisierten Arzneimitteln. Letztere besitzen eine vergleichsweise einfache sowie klare Struktur und sind von geringer Größe und Gewicht.[94] Biopharmazeutika sind dagegen große und deutlich schwerere Makromoleküle.[95] Es handelt sich um hochkomplexe dreidimensionale Proteine, deren heterogene Struktur analytisch schwer zu charakterisieren ist und die lediglich durch relativ schwache Wasserstoffbrückenbindungen stabilisiert werden,

89 *Li,* Does it still take two to tango? A modern Interpretation of the BPCIA's Patent Dance, in: N.Y.U. Journal of Intellectual Property & Entertainment Law 2019, 107 (114).

90 *Jørgensen/Rosted,* Human albumin, en mulig smittevej for prionsygdom [Human albumin, a possible way of transmission of prion disease], in: Ugeskr Laeger 2001, 4598.

91 *Li,* Does it still take two to tango? A modern Interpretation of the BPCIA's Patent Dance, in: N.Y.U. Journal of Intellectual Property & Entertainment Law 2019, 107 (114).

92 *Boven/ Stryker/Knight/Thomas/van Regenmortel/Kemeny/Power/Rossert/Casadevall,* The increased incidence of pure red cell aplasia with an Eprex formulation in uncoated rubber stopper syringes, in: Kidney Int. 2005, 2346.

93 Ebda.

94 *McMahon,* The Biologics Price Competition and Innovation Act of 2009: Legislative Imprudence, Patent Devaluation, and the False Start of a Multi-Billion Dollar Industry, in: Kentucky Law Journal 2012, 635 (653).

95 *Li,* Does it still take two to tango? A modern Interpretation of the BPCIA's Patent Dance, in: N.Y.U. Journal of Intellectual Property & Entertainment Law 2019, 107 (111).

weshalb sie dementsprechend umgebungsempfindlich sind.[96] Dies ist gerade deshalb bedeutsam, weil sie als Arzneimittel nicht nur durch ihre chemische Grundstruktur, sondern auch durch ihre räumliche Anordnung biologische Aktivität entfalten, die für das angestrebte therapeutische Ziel entscheidend ist.[97] Der nachfolgend illustrierte Vergleich der Wirkstoffe eines chemischen Arzneimittels (Aspirin) mit verschiedenen Biopharmazeutika (Insulin, Erythropoietin (EPO) und einem monoklonalen Antikörper) verdeutlicht diese enormen Größen-, Gewichts- und Komplexitätsunterschiede:

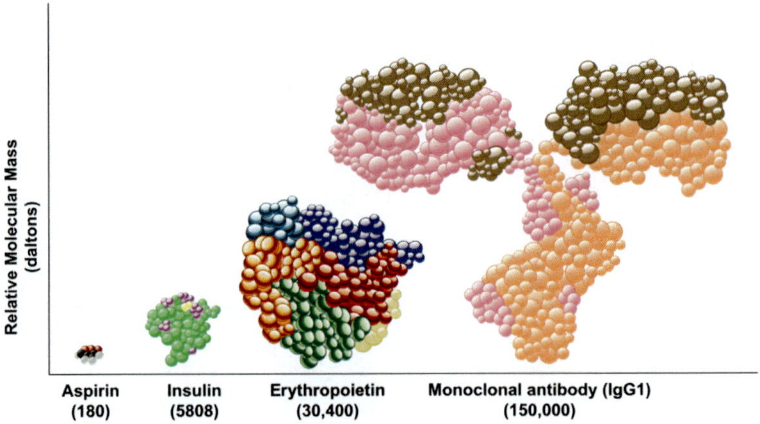

Abbildung 3: Unterschiede der Größe und Komplexität chemisch synthetisierter und biologischer Arzneimittel[98]

36 Diese komplexe Struktur der Biopharmazeutika und ihre bereits dargestellte Abhängigkeit von Herstellungsprozess und eingesetzten Materialien macht sie auch zu einem besonders schwer nachzuahmenden Produkt. Kleine Unterschiede im Produktionsprozess oder sogar die Produktion nach demselben Verfahren, aber

96 *Ehlers/Heinemann*, Biosimilars – ein Markt der Zukunft?, in: Ahrens/von Bar/Fischer/Spickhoff/Taupitz, Medizin und Haftung, Festschrift für Erwin Deutsch zum 80. Geburtstag, S. 137 (138).

97 *Sträter*, Arzneimittelsicherheit: Biosimilars aus Sicht des Juristen, in: Deutsches Ärzteblatt 2016, 113 (113); *Altin/Bauer/May/Walendzik/Wasem/Ziebe,* Regulierung und adäquate Preisbildung im Markt der Biosimilars, IBES Diskussionsbeitrag Nr. 220, März 2017, S. 11.

98 *Mellstedt*, Clinical considerations for biosimilar antibodies, in: EJC supplements 2013, 1 (3).

in einer anderen Einrichtung, können zu Unterschieden im Produkt führen, die nachteilige klinische Folgen haben können.[99]

Hersteller stehen bei der Produktion von Biosimilars insofern vor denselben 37
Schwierigkeiten wie bei der Herstellung innovativer Biopharmazeutika. Auch Biosimilars erfordern als biologisches Arzneimittel einen gleichbleibenden Herstellungsprozess, um nicht durch Schwankungen in der Produktion in ihrer Wirkung verändert oder verunreinigt zu werden.[100] Im Gegensatz zu Generika, die das zum Vorbild genommene chemische Arzneimittel genau duplizieren können, erreichen Biosimilars deshalb nie eine Identität mit dem nachgeahmten Referenzprodukt, sondern sind diesem höchstens ähnlich.[101] Ähnlich der Variabilität zwischen verschiedenen Chargen desselben biologischen Original-Arzneimittels, kann auch eine Variabilität des Biosimilars mit dem Referenzarzneimittel auftreten.[102]

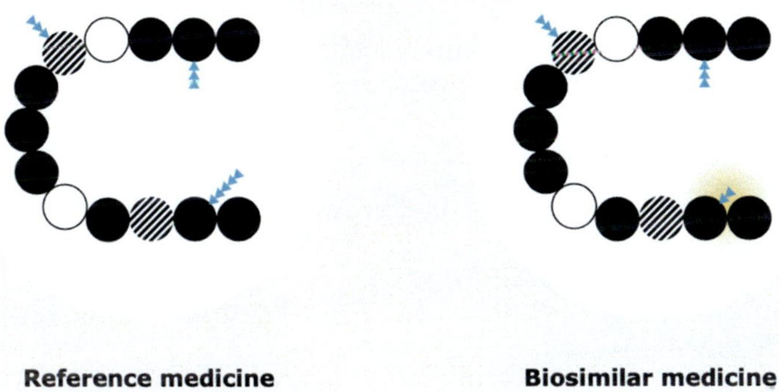

Abbildung 4: Variabilität zwischen Biosimilar und Referenzprodukt[103]

Diese Ähnlichkeit spiegelt sich auch in der Namensgebung wieder: Nachfolge- 38
produkte zu Biologika werden nicht als Biogenerika sondern mit dem englischen

99 *Freilich*, Patent Infringement In The Context Of Follow-On Biologics, in: Stanford Technology Law Review 2012, 9 (21).

100 *Ehlers/Heinemann*, Biosimilars – ein Markt der Zukunft?, in: Ahrens/von Bar/Fischer/Spickhoff/Taupitz, Medizin und Haftung, Festschrift für Erwin Deutsch zum 80. Geburtstag, S. 137 (140).

101 *EMA & Europäische Kommission*, Biosimilars in the EU – Information guide for healthcare professionals, Stand 02.10.2019, S. 10.

102 Ebda., S. 11.

103 Ebda., S. 11.

»similar« (zu Deutsch: ähnlich) als Biosimilars bezeichnet.[104] Die EMA definiert Biosimilars dementsprechend auch nur als »ein Produkt, das einem bereits zugelassenen biologischen Arzneimittel ähnlich ist. [...] Es wird davon ausgegangen, dass ein ähnliches biologisches Arzneimittel und sein Referenzarzneimittel dasselbe Sicherheits- und Wirksamkeitsprofil aufweisen und im Allgemeinen zur Behandlung derselben Erkrankungen eingesetzt werden.«[105]

II. Besondere Zutrittshindernisse für Biosimilars auf dem Markt

39 Aus diesen Besonderheiten und Herausforderungen in Eigenschaften, Entwicklung und Produktion der Biosimilars ergeben sich im Vergleich zu Generika besondere Hürden bei Eintritt und Aufnahme der Medikamente in den Markt.

1. Allgemeine Hindernisse

40 Grundlegende Hindernisse für den Markteintritt ergeben sich bei Biosimilars dabei aufgrund verschiedener Anknüpfungspunkte.

a) Hohes Preisniveau durch hohe Komplexität

41 Das Preisniveau von Biosimilars im Verhältnis zum Originalprodukt ist deutlich höher verglichen mit dem Preisniveau von Generika im Verhältnis zum Originalprodukt.[106] Dies hat verschiedene Ursachen.

42 Um ein Referenzprodukt überhaupt nachahmen zu können und als Biosimilar zugelassen zu werden, muss von Biosimilar-Herstellern ein vergleichsweise hoher Forschungsaufwand betrieben werden.

43 Im Unterschied zu Generika, bei denen die Kenntnis der chemischen Zusammensetzung des Referenzproduktes zur Nachahmung genügt, ist es aufgrund der Abhängigkeit biologischer Produkte vom Herstellungsprozess deutlich schwieriger Biosimilars überhaupt zu entwickeln. Denn in der Regel werden von den Referenzproduktherstellern nicht alle Informationen zur Produktion des

104 *Ehlers/Heinemann*, Biosimilars – ein Markt der Zukunft?, in: *Ahrens/von Bar/Fischer/Spickhoff/Taupitz*, Medizin und Haftung, Festschrift für Erwin Deutsch zum 80. Geburtstag, S. 137 (139).

105 *EMA*, European Medicines Agency procedural advice for users of the centralised procedure for similar biological medicinal products applications, EMA/940451/2011, Stand 19.08.2019, S. 5.

106 *Saini/Aakash/Jindoliya/Rana/Yadav/Marwaha*, Biosimilars Regulation in the United States and FDA Approved Biosimilars from 2015–2018, in: Applied Clinical Research, Clinical Trials & Regulatory Affairs 2019, 1 (11).

Biopharmazeutikums veröffentlicht.[107] Es ist vielmehr üblich, dass gerade wesentliche Produktionsschritte im Wege von Geschäftsgeheimnissen zum Schutz vor Nachahmern zurückgehalten werden.[108]

Hinzu kommt, dass die Forschung und Entwicklung eines Biosimilars für gewöhnlich auch die Durchführung von kostenintensiven Studien miteinschließt.[109] Diese werden anders als bei Generika insbesondere für die Zulassung benötigt, da es Biosimilars aufgrund der Komplexität des biologischen Referenzproduktes nicht uneingeschränkt möglich ist, bei der Zulassung ohne weitere Nachweise zur Wirkungsweise des Biosimilars auf die Daten des Referenzproduktherstellers zu verweisen.[110] Schätzungen zufolge sind diese Studien für mehr als die Hälfte der Kosten und der Entwicklungszeiten verantwortlich.[111] 44

Der insofern gleich durch mehrere Umstände erhöhte Aufwand der Forschung und Entwicklung führt zu insgesamt höheren Forschungs- und Entwicklungskosten und einer deutlich längeren Entwicklungsdauer von Biosimilars als bei Generika: so benötigt die Entwicklung eines Biosimilars im Schnitt 10 Jahre und kostet zwischen 100–250 Mio. US$, während Generika nur drei bis fünf Jahre in der Entwicklung benötigen und zwischen 1–5 Mio. US$ kosten.[112] 45

Darüber hinaus sind Biosimilars auch nach der Entwicklung nicht günstig herzustellen. Weil Biosimilars wie alle biologisch erzeugten Produkte empfindlich auf Veränderungen der Umgebung reagieren, ist ihre Herstellung nur unter besonderen Bedingungen möglich.[113] Alle Prozesse müssen sorgfältig überwacht werden und benötigen in der Regel hochpreisiges Equipment, kostenintensive Produktionsstätten sowie eine hochspezielle Analytik, sodass die Produktion von 46

107 *Van de Vooren/Curto/Garattini*, Biosimilar Versus Generic Drugs: Same But Different?, in: Applied Health Economics and Health Policy 2015, 125 (126).

108 *Price/Rai*, Are trade secrets delaying biosimilars?, in: Science 2015, 188 (188).

109 *Ebda.*; *Grabowski, Henry; Guha, Rahul; Salgado, Maria*, Regulatory And Cost Barriers Are Likely To Limit Biosimilar Development And Expected Savings In The Near Future, in: Health Affairs Vol. 33 (2014), S. 1048 (1049).

110 *Kunst/Kaufmann*, Authorized Generics and Biosimilars as Part of Drug Life Cycle Management, in: GRUR International 2020, 1105 (1110).

111 *Fontanillo/Körs/Monnard*, Three imperatives for R&D in biosimilars (19.08.2022), online: https://www.mckinsey.com/industries/life-sciences/our-insights/three-imperatives-for-r-and-d-in-biosimilars (zuletzt geprüft am 05.06.2023).

112 *Sarpatwari/Barenie/Curfman/Darrow/Kesselheim*, The US Biosimilar Market: Stunted Growth and Possible Reforms, in: Clinical Pharmacology & Therapeutics 2019, 92 (95); *Maini/Feng/Hwang/Klimek*, Biosimilar Entry and the Pricing of Biologic Drugs (04.01.2021), online: https://ssrn.com/abstract=3760213 (zuletzt geprüft am 05.06.2023), S. 6.

113 *Sarpatwari/Barenie/Curfman/Darrow/Kesselheim*, The US Biosimilar Market: Stunted Growth and Possible Reforms, in: Clinical Pharmacology & Therapeutics 2019, 92 (95)

Biosimilars deutlich anspruchsvoller und kostenintensiver ist als die Produktion von Generika.[114]

47 Der enorme Zeit- und Kostenaufwand der Biosimilar-Herstellung schlägt sich letztlich auch in deren Preissetzung nieder. Die Hersteller können, um den eingebrachten Aufwand zu amortisieren, keine drastischen Preisreduktionen im Vergleich zu den Originalherstellern aufrufen, wenn sich die Produktion für sie wirtschaftlich rentieren soll.[115]

48 Hinzu kommen zusätzliche Ausgaben für Vertrieb und Marketing, die denen der Originalherstellern ähneln und ebenfalls einzupreisen sind.[116]

49 Zu dem insgesamt hohen Preisniveau trägt ferner zusätzlich bei, dass die Konkurrenzsituation der Wettbewerber am Biosimilarmarkt erheblich eingeschränkt ist. Aufgrund des deutlich intensiveren und anspruchsvolleren Entwicklungs- und Herstellungsprozesses reduziert sich die Anzahl an Unternehmen, die die erforderliche fachliche Kompetenz, Produktionsmöglichkeiten sowie Kapitalausstattung für Biosimilars vorhalten können.[117] Mit einer geringeren Konkurrenz von Herstellern am Markt, reduziert sich allerdings auch der Anreiz für die Unternehmen, über niedrigere Preise einen Wettbewerbsvorteil für sich zu erreichen und führt dazu, dass sich Originalhersteller keinem drastischen Preisverfall ausgesetzt sehen.[118] Dies minimiert wiederum den Anreiz für die Anwender, auf ein Biosimilar umzusteigen.[119]

114 *Sarpatwari/Barenie/Curfman/Darrow/Kesselheim,* The US Biosimilar Market: Stunted Growth and Possible Reforms, in: Clinical Pharmacology & Therapeutics 2019, 92 (95).

115 *Forsyth/McClearn*, Five barriers that could keep biosimilar manufacturers from cracking the US market (29.06.2018), online: https://blogs.deloitte.co.uk/health/2018/06/five-barriers-that-could-keep-biosimilar-manufacturers-from-cracking-the-us-market.html (zuletzt geprüft am 05.06.2023).

116 *Saini/Aakash/Jindoliya/Rana/Yadav/Marwaha,* Biosimilars Regulation in the United States and FDA Approved Biosimilars from 2015-2018, in: Applied Clinical Research, Clinical Trials & Regulatory Affairs 2019, 1 (11); *Forsyth/McClearn*, Five barriers that could keep biosimilar manufacturers from cracking the US market (29.06.2018), online: https://blogs.deloitte.co.uk/health/2018/06/five-barriers-that-could-keep-biosimilar-manufacturers-from-cracking-the-us-market.html (zuletzt geprüft am 05.06.2023).

117 *Heled*, Follow-On biologics are set up to fail, in: University Of Illinois Law Review 2018, 113 (122).

118 *Megerlin/Lopert/Taymor/Trouvin*, Biosimilars And The European Experience: Implications For The United States, in: Health Affaires (Millwood) 2013, 1803 (1806).

119 *Forsyth/McClearn*, Five barriers that could keep biosimilar manufacturers from cracking the US market (29.06.2018), online: https://blogs.deloitte.co.uk/health/2018/06/five-barriers-that-could-keep-biosimilar-manufacturers-from-cracking-the-us-market.html (zuletzt geprüft am 05.06.2023).

b) Immunogenität und Austauschbarkeit

Zusätzlich verhindert eine andere biologische Eigenschaft die schrankenlose Marktübernahme von Biosimilars. Biologische Arzneimittel lösen im Körper je nach Wirkstoff eine spezielle Immunreaktion aus.[120] Im Gegensatz zu Generika können sie deshalb aber auch nicht ohne Weiteres mit dem Originalprodukt ausgetauscht werden, da bei einem Wechsel zwischen nicht völlig gleichen Wirkstoffen das Risiko einer überschießenden Immunreaktion besteht.[121] Die Gefahr einer solchen Immunogenität hindert dabei nicht nur den Austausch und Wechsel zwischen Original und Biosimilar, sondern limitiert auch die Möglichkeit für Patienten zwischen verschiedenen Biosimilars zu wechseln.[122] Auch dies hindert Biosimilars letztlich daran, wesentliche Marktanteile des Referenzproduktes zu übernehmen, sodass der Wettbewerb zwischen Biosimilar und Referenzprodukt eher dem Wettbewerb zweier Markenhersteller gleicht, als dem Wettbewerb zwischen Markenprodukt und Generikum.[123] 50

Die Substitution des Originals mit einem Biosimilar ist in der EU zwar trotz des Risikos einer möglichen Immunogenität grundsätzlich erlaubt, allerdings trifft die EMA dafür keine einheitliche Entscheidung, sodass die Bedingungen in den Mitgliedsstaaten variieren.[124] In Deutschland war bis 2019 nach § 129 Abs. 1 bis 4 SGB V keine automatische Substitution eines biologischen Präparats durch ein günstigeres Biosimilar vorgesehen, dies hat sich jedoch mit dem Gesetz für mehr Sicherheit in der Arzneimittelversorgung (GSAV) geändert.[125] Darin wurde dem Gemeinsamen Bundesausschusses (G-BA) bis August 2022 Zeit gegeben, Richtlinien zu erarbeiten, nach denen in Apotheken ein automatischer Austausch des Referenzproduktes mit einem Biosimilar vorgenommen werden soll.[126] Diese Frist wurde nun noch einmal um ein Jahr bis August 2023 51

120 *Ehlers/Heinemann*, Biosimilars – ein Markt der Zukunft?, in: Ahrens/von Bar/Fischer/Spickhoff/Taupitz, Medizin und Haftung, Festschrift für Erwin Deutsch zum 80. Geburtstag, S. 137 141).

121 Ebda., S. 137 (147); *EMA*, Guideline on Immunogenicity assessment of therapeutic proteins, EMEA/CHMP/BMWP/14327/2006, Stand 14.04.2023.

122 *Saini/Aakash/Jindoliya*, Regulation and Challenges of Biosimilars in European Union, in: Applied Clinical Research, Clinical Trials & Regulatory Affairs 2019, 192 (204).

123 *Grabowski, Henry; Guha, Rahul; Salgado, Maria*, Regulatory And Cost Barriers Are Likely To Limit Biosimilar Development And Expected Savings In The Near Future, in: Health Affairs Vol. 33 (2014), S. 1048 (1051).

124 *Saini/Aakash/Jindoliya*, Regulation and Challenges of Biosimilars in European Union, in: Applied Clinical Research, Clinical Trials & Regulatory Affairs 2019, 192 (204).

125 *Kunst/Kaufmann*, Authorized Generics and Biosimilars as Part of Drug Life Cycle Management, in: GRUR International 2020, 1105 (1109).

126 *Bauer/May/Giulini-Limbach*, Biosimilarmarkt 2022: Gibt es eine Alternative zu exklusiven Rabattverträgen?, in: Monitor Versorgungsforschung 2021, 63 (64).

verlängert.[127] Möglicherweise kann diese Richtlinie die Substitution erleichtern. Nach einer Übergangsphase soll sogar ein Austausch gerade ohne ärztliche Konsultation allein auf Grundlage der GB-A Feststellung möglich sein.[128]

c) Informationsdefizite und mangelnde Aufklärung bei Ärzten und Patienten

52 Im Übrigen hemmt die potenzielle Immunogenität nicht nur aus regulatorischer Sicht den Anteil von Biosimilar-Verschreibungen, auch Ärzte und Patienten begegnen Biosimilars deshalb grundsätzlich mit Skepsis.[129]

53 So haben sich insbesondere Vertreter der deutschen Ärztegesellschaft gegen das GSAV ausgesprochen, das in Zukunft auch eine Substitution biologischer Medikamente ohne ärztliche Zustimmung vorsieht. Ärztevertreter äußerten massive Bedenken, insbesondere sahen sie in multiplen Umstellungen eine Gefahr für die Therapiesicherheit und ein erhebliches Gefährdungspotential für potenzielle Medikationsfehler.[130] Gleichzeitig wurde an das Problem der Immunogenität und das Potential überschießender Immunreaktionen erinnert.[131] Exemplarisch zeigt dies die anhaltenden Bedenken der Ärzteschaft gegenüber einer Umstellung einer laufenden Therapie auf ein Biosimilar.

54 Die zögerliche Verschreibungspraxis führt daher zusätzlich, gerade in Kombination mit einer bisher fehlenden automatischen Substitution, zu einem geringeren Marktanteil von Biosimilars.[132] Um dem entgegenzuwirken, müssen die Hersteller in Marketing und Vertrieb investieren, was wiederum die Kosten des Endproduktes erhöht.[133]

127 Drs. 20/3448 (Entwurf eines Gesetzes zur finanziellen Stabilisierung der gesetzlichen Krankenversicherung (GKV-Finanzstabilisierungsgesetz)), S. 42.

128 *Gassner/Ruf*, Das Gesetz für mehr Sicherheit in der Arzneimittelversorgung (GSAV, in: GesR 2019, 489 (493).

129 *Knox*, Insulin insulated: barriers to competition and affordability in the United States insulin market, in: Journal of Law and the Biosciences 2020, 1 (16); *Saini/Aakash/Jindoliya/Rana/Yadav/Marwaha,* Biosimilars Regulation in the United States and FDA Approved Biosimilars from 2015-2018, in: Applied Clinical Research, Clinical Trials & Regulatory Affairs 2019, 1 (11).

130 Gemeinsame Stellungnahme der Bundesärztekammer und der Arzneimittelkommission der deutschen Ärzteschaft zum Gesetzentwurf der Bundesregierung Entwurf eines Gesetzes für mehr Sicherheit in der Arzneimittelversorgung (BT-Drs. 19/8753) zur öffentlichen Anhörung im Ausschuss für Gesundheit am 10. April 2019, 04.04.2019, S. 26.

131 Ebda., S. 25.

132 *Billstein Leber*, Optimizing Use and Addressing Challenges to Uptake of Biosimilars, in: The American Journal Of Managed Care 2018, 457 (458, 460).

133 *Saini/Aakash/Jindoliya/Rana/Yadav/Marwaha,* Biosimilars Regulation in the United States and FDA Approved Biosimilars from 2015-2018, in: Applied Clinical Research, Clinical Trials & Regulatory Affairs 2019, 1 (11).

d) Zwischenergebnis

In der Summe kann festgestellt werden, dass die Entwicklung von Biosimilars bereits aus naturwissenschaftlich-technischen Gründen ungleich riskanter, kostenintensiver und zeitaufwändiger ist, als die als die Einführung eines Generikums. Die mit dem insgesamt hohen Aufwand verbundenen Kosten führen nicht nur zu einer Verengung des Wettbewerberfeldes, sondern verhindern zudem eine ähnlich signifikante Preisreduktion durch die Nachahmerprodukte, wie dies bei Generika der Fall ist. Hinzu kommt die Immunogenität biologischer Arzneimittel, die die Substitution und damit die Aufnahme der Medikamente im Markt blockieren und Bedenken in Ärzten und Patienten auslösen, was zusätzlich zu einer Reduktion der Verschreibungen führt. 55

2. Patentrechtliche Hindernisse

Neben all diesen Faktoren, die ursprünglich durch die Besonderheiten des biologischen Materials bedingt sind, besteht allerdings noch ein weiteres, ganz wesentliches Hindernis für die Konkurrenz zwischen Biosimilars und Referenzprodukten: Der Marktzugang von Biosimilars wird ganz wesentlich durch Patente bestimmt.[134] 56

Wie bereits im Rahmen des Lebenszyklus eines Medikamentes aufgezeigt, können Nachahmerprodukte erst mit Ablauf des Patentschutzes in den Markt eintreten. Auch hier zeigen sich im Vergleich zu Generika für Arzneimittelhersteller auf beiden Seiten andere Strukturen und Herausforderungen, sowohl bei der Durchsetzung bestehender Patente gegen Biosimilar-Hersteller als auch bei der Verteidigung der Biosimilar-Hersteller gegen solche Patente. Um diese zu verstehen hilft es zunächst, sich zu vergegenwärtigen, wie biologische Pharmazeutika patentiert werden (a)), über welche patentrechtlichen Handlungsoptionen Referenzprodukt- und Biosimilar-Hersteller derzeit in Deutschland bzw. unter dem Einheitlichen Patentgericht (*Unified Patent Court*, UPC) verfügen (b)) und welchen Besonderheiten und Problemen sie sich dabei ausgesetzt sehen (c)). 57

a) Patentierung biologischer Arzneimittel

Herstellern biologischer Arzneimittel stehen verschiedene Möglichkeiten offen, ihre Produkte durch Patente zu schützen. 58

134 *Dong*, Keep on dancing: the success and failures of patent dance as shown by BPCIA litigation cases filed after Sandoz v. Amgen, in: University of Pittsburgh Law Review Online 2022, 1 (26); *Saini/Aakash/Jindoliya*, Regulation and Challenges of Biosimilars in European Union, in: Applied Clinical Research, Clinical Trials & Regulatory Affairs 2019, 192 (203); *Crager*, Improving Global Access to New Vaccines: Intellectual Property, Technology Transfer, and Regulatory Pathways, in: American Journal of Public Health 2014, 85 (87).

59 Grundlagen und Grenzen für die Patentierung biologischer Arzneimittel gibt die Richtlinie 98/44/EG des Europäischen Parlaments und des Rates vom 6. Juli 1998 über den rechtlichen Schutz biotechnologischer Erfindungen (BioPatRL) vor, die sowohl im PatG als auch im EPÜ umgesetzt wurde. Nach § 1 Abs. 2 PatG (R 26 Abs. 2 EPÜ) sind Erfindungen auf dem Gebiet der Biotechnologie demnach grundsätzlich patentierbar, auch dann, wenn der Stoff bereits in der Natur schon vorhanden war. Dies wird präzisiert durch § 2 Abs. 3 Nr. 1 und 2 PatG (R 26 Abs. 3 und 6 EPÜ), in dem »biologisches Material« als ein Material definiert wird, das genetische Informationen enthält und sich selbst reproduzieren oder in einem biologischen System reproduziert werden kann, während »mikrobiologische Verfahren« solche Verfahren sind, bei denen mikrobiologisches Material verwendet, ein Eingriff in mikrobiologisches Material durchgeführt oder mikrobiologisches Material hervorgebracht wird. Der Anwendungsbereich ist dementsprechend sehr weit gefasst und bezieht neben der gewonnenen biologischen Substanz auch sämtliche Verfahrensschritte ein, die die Herstellung und Kultivierung von biologischem Material zum Gegenstand haben.[135] Auch Wirkstoffe biologischer Arzneimittel, die durch ein Verfahren in einem Bioreaktor produziert werden, fallen dementsprechend in den Anwendungsbereich.

60 Auch bei biotechnologischen Erfindungen muss zur Patentierbarkeit immer eine Lehre zum technischen Handeln vorliegen.[136] Es ist daher ausdrücklich nach § 1 Abs. 3 Nr. 1 PatG (Art. 52 Abs. 2 a) EPÜ) nicht erlaubt, eine bloße Entdeckung schützen zu lassen. Von der Patentierbarkeit sind dementsprechend das bloße Auffinden von etwas in der Natur bereits Vorhandenem, der Nachweis über das Vorkommen eines bestimmten Stoffes in der Natur, welcher bis zu diesem Zeitpunkt noch nicht bekannt war, ein Beschreiben dessen chemischer Struktur, aber auch das Erkennen einer bestimmten Gesetzmäßigkeit der Natur ausgeschlossen.[137] Sowohl lebende Organismen als »Ausgang, Mittel und Ziel« von Verfahren als auch das planmäßige, beherrschbare Ausnutzen biologischer Naturkräfte und Erscheinungen können dagegen eine Erfindung darstellen.[138] Dementsprechend vielfältig sind auch die Patentkategorien, denen eine biologische Erfindung angehören kann. Gegenstand einer biologischen Erfindung kann ein Erzeugnis, ein Verfahren oder eine Verwendung sein.[139]

135 *Milbradt*, Durchsetzung von Patentansprüchen gegen Biosimilars, in: Kühnen (Hrsg.), 80 Jahre Patentgerichtsbarkeit in Düsseldorf, Festschrift zum 80-jährigen Bestehen des Patentgerichtsstandortes Düsseldorf am 1. Oktober 2016, S. 393 (398).

136 *Mes*, in: Mes (Hrsg.), Patentgesetz, Gebrauchsmustergesetz: PatG, GebrMG, § 1 Rn. 104.

137 BPatG GRUR 1978, 238 (239) – Naturstoffe (Antamanid); *Müller*, Die Patentfähigkeit von Arzneimitteln - der gewerbliche Rechtsschutz für pharmazeutische, medizinische und biotechnologische Erfindungen, S. 13.

138 BGH GRUR 1969, 672 (672) – Rote Taube.

139 *Moufang*, in: Schulte, Patentgesetz mit Europäischem Patentübereinkommen (EPÜ), § 1 (2) Rn. 161.

Für Biologika bedeutet dies, dass neben dem biologischen Wirkstoff selbst auch die Verfahrensschritte zur Herstellung des Arzneimittels Gegenstand von Patenten sein können.[140] Gerade im Gegensatz zu chemischen Arzneimitteln unterliegen Biologika einem aufwändigen Herstellungsprozess mit zahlreichen komplexen Verfahrens- und Entwicklungsschritten, die alle potenziell schutzfähig sind. Insbesondere die Identifikation und Gewinnung des Mikroorganismus, Kultivierung weiterer Zellen und Reinigungs- sowie Analysemethoden der spezifischen Zwischenprodukte sind denkbare patentfähige Prozesse.[141] Daneben schützen Verfahrenspatente gem. § 9 Nr. 3 PatG auch die unmittelbar aus dem geschützten Verfahren gewonnenen Verfahrenserzeugnisse. Dadurch ergeben sich viele Möglichkeiten, ein biologisches Arzneimittel neben dem aktiven Wirkstoff oder der Produktformulierung durch Verfahrenspatente vor Nachahmungen zu schützen.[142] Auch Indikation, Dosierung und/oder die Patientengruppen, bei denen das Medikament zur Anwendung kommen kann, sind nach § 3 Abs. 3 und 4 PatG schutzfähig. 61

Die zahlreichen Möglichkeiten biologische Arzneimittel mit Patentschutz zu versehen, beeinflussen auch die Hersteller von Biosimilars, die sich dem originalen biologischen Arzneimittel annähern müssen. Jedes bestehende Patent um dieses Biologikum herum kann Ausgangspunkt für Rechtsstreitigkeiten zwischen Biosimilar- und Referenzprodukthersteller sein. 62

b) Mögliche patentrechtliche Verfahren im Zusammenhang mit Biosimilars in Deutschland und Europa

Rechtsstreitigkeiten in Bezug auf Patente sind bei Biosimilars grundsätzlich in zwei Richtungen möglich. 63

aa) Rechtsbehelfe des Biosimilar-Herstellers

Zum einen können Biosimilar-Hersteller versuchen, sich gegen Patente, die das Referenzprodukt schützen, bereits vorbeugend zu verteidigen. 64

Eine denkbare Möglichkeit hierzu ist der Angriff auf den Bestand der Patente des Referenzproduktherstellers. Dies kann entweder fristgebunden nach Erteilung des jeweiligen Patentes im Wege des Einspruchs vor der Erteilungsbehörde geschehen oder durch eine nach Ablauf der Einspruchsfrist zeitlich unbegrenzt 65

140 *Sarpatwari/Barenie/Curfman/Darrow/Kesselheim*, The US Biosimilar Market: Stunted Growth and Possible Reforms, in: Clinical Pharmacology & Therapeutics 2019, 92 (96).

141 *Milbradt*, Durchsetzung von Patentansprüchen gegen Biosimilars, in: Kühnen (Hrsg.), 80 Jahre Patentgerichtsbarkeit in Düsseldorf, Festschrift zum 80-jährigen Bestehen des Patentgerichtsstandortes Düsseldorf am 1. Oktober 2016, S. 393 (401).

142 *Feldman/Misra*, The Fatal Attraction of Pay-for-Delay, in: Chicago-Kent Journal of Intellectual Property 2019, 249 (271).

zulässige Nichtigkeitsklage, die entweder national vor dem BPatG oder im Falle eines Europäischen Patents mit einheitlicher Wirkung, das nicht durch einen Opt-Out in der Übergangsphase der Gerichtsbarkeit entzogen wurde, nun auch vor dem UPC erhoben werden kann.

66 Daneben ist für den Biosimilar-Hersteller sowohl vor den nationalen Gerichten als auch vor dem UPC eine negative Feststellungsklage vor dem Markteintritt des Biosimilars denkbar, mit dem Inhalt, dass das Biosimilar ein oder mehrere Patente des Referenzproduktherstellers nicht verletzt. Diese ist jedoch in Deutschland mit hohen Hürden verbunden. Aktivlegitimiert ist nur derjenige, der wegen einer angeblichen Schutzrechtsverletzung in Anspruch genommen wurde und über ein Feststellungsinteresse nach § 256 ZPO verfügt, das typischerweise dadurch begründet wird, dass sich der Beklagte eines bestimmten Anspruchs berühmt, dessen Nichtbestehen mit der negativen Feststellungsklage geklärt werden soll.[143] Der Referenzprodukthersteller muss also bereits ausdrücklich Ansprüche aus einem bestimmten Patent gegenüber dem Biosimilar-Hersteller geltend gemacht haben. Dies kann im Rahmen einer Abmahnung, eines gerichtlichen Verfahrens oder konkludent aus den Umständen einer Anfrage hervorgehen, vorausgesetzt, er bringt darin hinreichend zum Ausdruck, dass er von einer Verletzung seiner Patente/seines Patents durch das Biosimilar ausgeht.[144] Auch ein Verletzungsvorwurf in einem ausländischen Rechtsstreit kann eine stillschweigende Berühmung darstellen, das betreffende Präparat verletze auch den (prinzipiell nach denselben rechtlichen Regeln auszulegenden) deutschen Teil eines europäischen Patents.[145] Ob vergleichbare Voraussetzungen für Aktivlegitimation und Feststellungsinteresse auch bei einer negativen Feststellungsklage vor dem UPC vorliegen müssen, bleibt abzuwarten. Zumindest ist nach dem UPCA kein dem § 256 ZPO entsprechendes besonderes Feststellungsinteresse für eine Feststellungsklage vorgesehen. Ob dies in der gerichtlichen Praxis auch für die negative Feststellungsklage gilt und welche Anforderungen an die Aktivlegitimation zu stellen sind, ist allerdings offen.

bb) Rechtsbehelfe des Referenzproduktherstellers

67 Sofern aber tatsächlich eine potenzielle Verletzungshandlung in Bezug auf seine Patente im Raum steht, wird gerade der Hersteller des Referenzproduktes versuchen, diese zu unterbinden und zu diesem Zweck aus seinen Patenten gegen den Biosimilar-Hersteller vorgehen.

68 Als Instrument dafür bietet sich eine Verletzungsklage an, die sich in der Regel auf Unterlassung nach § 139 Abs. 1 PatG, Schadensersatz gem. § 139

143 *Kühnen*, Handbuch der Patentverletzung, G. Rn. 8.

144 Ebda., G. Rn. 14 f.

145 OLG Düsseldorf BeckRS 2000, 5831.

Abs. 2 PatG und Auskunftserteilung sowie Rechnungslegung gem. § 140b PatG richtet.[146]

69 Unterstützend können Patentinhaber dabei auf den Besichtigungsanspruch des § 140c Abs. 1 PatG zurückgreifen, wenn sie die Verletzung nicht zumutbar durch gleichermaßen geeignete eigene Maßnahmen zur Sachaufklärung feststellen können.[147] Der Besichtigungsanspruch ist entweder im Hauptsache oder einstweiligem Verfügungsverfahren oder im Rahmen eines selbstständigen Beweisverfahrens nach §§ 485 ff. ZPO zu erheben. Nach dem »Düsseldorfer Modell« kann er auch in einem kombinierten Verfahren aus selbstständigem Beweisverfahren und einstweiliger Verfügung geltend gemacht werden, in dem ein neutraler Sachverständiger zunächst die Besichtigung vornimmt, zu deren Duldung der Biosimilar-Hersteller aufgrund der Verfügung verpflichtet ist, und anschließend das Gericht entscheidet, ob und in welchem Umfang das Sachverständigengutachten an den Patentinhaber weitergeleitet wird.[148] Der Besichtigungsanspruch ermöglicht es dem Patentinhaber oder dem Sachverständigen, Zugang zu Urkunden und Sachen, die sich in der Verfügungsgewalt des Gegners befinden sowie zu einem Verfahren erlangen, das Gegenstand des Patents ist. Gerade bei Biosimilars, deren Herstellungsverfahren nicht öffentlich stattfindet oder bekannt ist, ist dies oft der einzige Weg für den Patentinhaber festzustellen, ob tatsächlich ein Patent verletzt wird – gerade wenn das Referenzprodukt durch Verfahrenspatente geschützt wird.[149] Voraussetzung eines solchen Besichtigungsanspruches ist, dass die Benutzung der patentgemäßen Lehre hinreichend wahrscheinlich ist, wobei keine besonders hohen Hürden an die Wahrscheinlichkeit gestellt werden.[150] Es darf ungewiss sein, ob eine Patentverletzung tatsächlich vorliegt, der Antragsteller muss lediglich konkrete Anhaltspunkte darlegen, die für eine Schutzrechtsverletzung sprechen.[151] Anhaltspunkte können z.B. die Beschaffenheit von im patentfreien Ausland vertriebenen Parallelprodukten, sowie Angaben, die der Besichtigungsschuldner in Werbeaussagen macht und die eine bestimmte Beschaffenheit des Erzeugnisses indizieren, die Vermutungswirkung des § 139 Abs. 3 PatG oder Industriestandards, deren Einhaltung durch den Inanspruchgenommenen naheliegend scheint, sein.[152]

70 Sofern der Patentinhaber, eventuell unter Zuhilfenahme des Besichtigungsanspruchs, eine Verletzung ausmacht, steht es ihm frei Unterlassung geltend zu

146 *Milbradt*, Durchsetzung von Patentansprüchen gegen Biosimilars, in: Kühnen (Hrsg.), 80 Jahre Patentgerichtsbarkeit in Düsseldorf, Festschrift zum 80-jährigen Bestehen des Patentgerichtsstandortes Düsseldorf am 1. Oktober 2016, S. 393 (405).

147 BGH GRUR 2006, 962 (966, 967) – Restschadstoffentfernung.

148 *Milbradt*, Durchsetzung von Patentansprüchen gegen Biosimilars, in: Kühnen (Hrsg.), 80 Jahre Patentgerichtsbarkeit in Düsseldorf, Festschrift zum 80-jährigen Bestehen des Patentgerichtsstandortes Düsseldorf am 1. Oktober 2016, S. 393 (406).

149 Ebda., S. 393 (405).

150 OLG Düsseldorf GRUR-RS 2016, 1094 (Rn. 4) – Oberflächenrauigkeit.

151 OLG Düsseldorf GRUR-RS 2016, 1094 (Rn. 4) – Oberflächenrauigkeit.

152 *Kühnen*, Handbuch der Patentverletzung, B. Rn. 27–31.

machen. Allerdings ist der Unterlassungsanspruch nach § 139 Abs. 1 PatG gegen Biosimilar-Hersteller nur dann erfolgreich, wenn eine Wiederholungs- oder Erstbegehungsgefahr vorliegt. Für die Wiederholungsgefahr muss bereits eine Verletzungshandlung vorgefallen sein.[153] Dies wird vor der Marktzulassung in aller Regel bei Biosimilars nicht zu beanstanden sein, da auch hier die Roche-Bolar-Regelung des § 11 Abs. 2b. PatG gilt, nach der Studien und Versuche und die sich daraus ergebenden praktischen Anforderungen, die für die Erlangung einer arzneimittelrechtlichen Genehmigung für das Inverkehrbringen in der Europäischen Union oder einer arzneimittelrechtlichen Zulassung in den Mitgliedstaaten der Europäischen Union oder in Drittstaaten erforderlich sind (also insbesondere die Herstellung und der Import des Wirkstoffes für Versuche), keine Patentverletzung begründen können.

71 Zumindest kann aber auf eine Erstbegehungsgefahr abgestellt werden, sobald greifbare Anhaltspunkte dafür vorliegen, dass eine Patentverletzung nach den gesamten Umständen unmittelbar bevorsteht.[154] Im Falle des Markteintritts eines Arzneimittels ist dies in der Regel dann der Fall, wenn der Biosimilar-Hersteller einen Antrag auf Aufnahme des Arzneimittels in die IFA-Datenbank und auf Veröffentlichung in den IFA Informationsdiensten stellt, womit angezeigt wird, dass eine Vermarktung beabsichtigt ist und unmittelbar bevorsteht.[155]

72 Um die Vermarktung eines Biosimilars in diesen Fällen möglichst schnell zu verhindern, bietet es sich insbesondere an, den Unterlassungsanspruch des § 139 Abs. 1 PatG im Wege einer einstweilige Verfügung geltend zu machen.[156]

73 Eine Besonderheit im Verfügungsverfahren stellt sich im Hinblick auf Biosimilars bei der Frage, inwiefern der Antragsteller den Rechtsbestand des Verfügungspatentes darzulegen hat. Grundsätzlich können Ansprüche aus einem Patent nur geltend gemacht werden, wenn das Patent rechtsbeständig ist.[157] Die Erteilung eines Patents allein ist dabei kein Garant für den Schutz des Rechtsbestandes. Vielmehr kann dieses von jedermann und über die gesamte Schutzdauer des Patents nach § 81 PatG mit der Nichtigkeitsklage angefochten werden. Über

153 *Kühnen*, Handbuch der Patentverletzung, D. Rn. 521.

154 Ebda., D. Rn. 547.

155 LG München I GRUR-RS 2021, 37988 (Rn. 42) – Sorafenibtosylat. Die IFA GmbH (IFA) ist dafür zuständig, nach der Beauftragung durch den Anbieter eines Arzneimittels, diesem eine Pharmazentralnummer (PZN) zuzuteilen und es in seine Datenbank aufzunehmen. Darauf kann dann z. B. mittels Apothekensoftware, DV-Systemen des pharmazeutischen Großhandels oder durch Krankenversicherungen zugegriffen werden, was Voraussetzung für die Erhältlichkeit und Vermarktung des Arzneimittels ist, s. *IFA*, Information IFA-Datenbank und IFA-Informationsdienste, online: https://www.ifaffm.de/mandanten/1/documents/01_ifa_gmbh/ifa-datenbank/IFA-Info_Datenbank_Informationsdienste.pdf (zuletzt geprüft am 05.06.2023).

156 *Milbradt*, Durchsetzung von Patentansprüchen gegen Biosimilars, in: *Kühnen* (Hrsg.), 80 Jahre Patentgerichtsbarkeit in Düsseldorf, Festschrift zum 80-jährigen Bestehen des Patentgerichtsstandortes Düsseldorf am 1. Oktober 2016, S. 393 (407).

157 *Kühnen*, Handbuch der Patentverletzung, E. Rn. 901.

die Erfolgsaussichten eines solchen Angriffs auf das Patent hat aufgrund des Trennungsprinzips zwar nicht das Verletzungsgericht im Verfügungsverfahren zu entscheiden. Wegen der unterschiedlichen Geschwindigkeiten des Verfügungs- und des Rechtsbestandsverfahrens kann das Verletzungsgericht aber auch nicht die Entscheidung im Rechtsbestandsverfahren abwarten, da ein Zuwarten zu einer wirtschaftlichen Entwertung des Patents für die Dauer des Rechtsbestandsverfahrens führen würde, in der der Patentinhaber gegenüber potentiellen Verletzern schutzlos gestellt wäre.[158] Zugleich kann das Gericht bei seiner Entscheidung den Rechtsbestand nicht gänzlich außer Acht lassen, da sonst die Gefahr bestünde, dass der vermeintliche Verletzer eines letztlich nicht rechtsbeständigen Patents über Jahre hinweg zu Unrecht in seiner wirtschaftlichen Betätigung eingeschränkt und einen kaum zu kompensierenden Schaden erleiden würde.[159]

Daher haben die Oberlandesgerichte eine Rechtsprechungslinie entwickelt, 74
nach der es dem Antragsteller obliegt, das Verletzungsgericht vom Rechtsbestand des Verfügungspatents zu überzeugen.[160] Während dafür nach der Rechtsprechung des OLG München grundsätzlich ein mit hoher Wahrscheinlichkeit zu prognostizierender, d. h. hinreichend gesicherter Rechtsbestand des Verfügungspatents für den Erlass einer einstweiligen Verfügung ausreicht, kann dem Antragsteller dies nach der Rechtsprechung der Düsseldorfer Gerichte nur gelingen, wenn das Verfügungspatent bereits ein erstinstanzliches Einspruchs- oder Nichtigkeitsverfahren überstanden hat.[161] Die 21. Zivilkammer des LG München I hat an diesem Maßstab Bedenken geäußert und dem EuGH die Frage vorgelegt, ob diese Rechtsprechung mit Art. 9 Abs. 1 der Durchsetzungsrichtlinie vereinbar ist.[162] Der EuGH hat die Frage in seiner Entscheidung über die Vorlagefrage verneint und festgestellt, dass Art. 9 Abs. 1 der Richtlinie 2004/48/EG einer nationalen Rechtsprechung entgegensteht, wonach der Erlass einstweiliger Maßnahmen wegen der Verletzung von Patenten grundsätzlich verweigert wird, wenn das Patent nicht zumindest ein erstinstanzliches Einspruchs- oder Nichtigkeitsverfahren überstanden hat.[163] Diese Entscheidung ist in der Praxis auf erhebliche Kritik gestoßen. Kritisiert wird insbesondere, dass das LG München I die Rechtsprechung in Deutschland in seinem Vorlagebeschluss fehlerhaft wiedergegeben hat, wodurch bereits die Grundlage für die Entscheidung des EuGH

158 *Deichfuß*, Nochmals: Die Prüfung des Rechtsbestands des Patents im einstweiligen Rechtsschutz, in: GRUR 2022, 800 (801).

159 Ebda.

160 *Gundt/Neuhaus*, Der Verfügungsgrund bei der einstweiligen Verfügung im Patentrecht, in: GRUR-Prax 2018, 321 (321).

161 OLG Düsseldorf BeckRS 2017, 125978 (Rn. 54) – Nicht-invasive Pränataldiagnostik; OLG München GRUR-RS 2017, 118983 (Rn. 87) – Äquivalente Patentverletzung im einstweiligen Verfügungsverfahren.

162 LG München I, Beschluss vom 19.01.2021 – 21 O 16782/20.

163 EuGH GRUR 2022, 811 – Phoenix Contact/Harting.

fehlerhaft war.[164] So setzt nach den Schilderungen des Vorlagebeschlusses der Erlass einer einstweiligen Verfügung wegen Patentverletzung »regelmäßig« voraus, dass das Verfügungspatent bereits ein erstinstanzliches Einspruchs- oder Nichtigkeitsverfahren überstanden habe, wobei Ausnahmen von dieser Regel »derart restriktiv angewandt« würden, dass sie »faktisch (...) bloße Theorie« blieben.[165] Dies verfehlt jedoch die tatsächliche Rechtspraxis in Deutschland, die durchaus Ausnahmen von dem Erfordernis eines überstandenen Rechtsbestandsverfahrens vorsieht. Dementsprechend hat die Entscheidung des EuGH bei den deutschen Gerichten auch zu keiner Änderung der Rechtsprechungspraxis geführt.

75 Als eine Ausnahme von dem Erfordernis eines überstandenen Rechtsbestandverfahrens ist in der Rechtsprechung daher weiterhin anerkannt, dass »außergewöhnlicher Umstände« vorliegen können, die es für den Antragsteller wegen der ihm aus einer Fortsetzung der Verletzungshandlung drohender Nachteile unzumutbar machen, den Ausgang eines Einspruchs- oder Nichtigkeitsverfahrens abzuwarten.[166] Als solche außergewöhnliche Umstände werden beispielsweise bei Generika anerkannt, dass der von ihnen angerichtete Schaden im Falle einer Aufrechterhaltung des Patents vielfach enorm und nicht wiedergutzumachen ist, insbesondere im Hinblick auf den durch mit der Einführung von Konkurrenzprodukten verursachten Preisverfall.[167] Dagegen hat eine unberechtigte Verfügung lediglich zur Folge, dass der Generikahersteller vorübergehend zu Unrecht vom Markt ferngehalten wird, was durch entsprechende Schadensersatzzahlungen des Patentinhabers ausgeglichen werden kann.[168] Diese Überlegungen hat das LG Düsseldorf unter der Bedingung einer vergleichbaren Sachlage auch auf Biosimilars angewandt, sodass der Antragsteller in der Regel nicht nachweisen muss, dass das Verfügungspatent bereits ein erstinstanzliches Einspruchs- oder Nichtigkeitsverfahren überstanden hat.[169] In der im Rahmen des Erlasses einer einstweiligen Verfügung zu erstellende Gesamtabwägung ist zudem zugunsten

164 *Deichfuß*, Nochmals: Die Prüfung des Rechtsbestands des Patents im einstweiligen Rechtsschutz, in: GRUR 2022, 800 (802); *Kühnen*, Anmerkungen zum LG München I: EuGH-Vorlage zur Notwendigkeit einer erstinstanzlichen Einspruchs- oder Nichtigkeitsentscheidung vor Erlass einer e. V. – Rechtsbestand im Verfügungsverfahren, in: GRUR 2021, 466 (468); *Schmitz/Zilliox*, Erleichterter einstweiliger Rechtschutz in Patentsachen, in: GRUR-Prax 2022, 314 (314).

165 LG München I, Beschluss vom 19.01.2021 – 21 O 16782/20.

166 OLG Düsseldorf InstGE 12, 114 (Rn. 50) – Harnkatheterset.

167 OLG Düsseldorf, GRUR-RR 2013, 236 (240) – Flupirtin-Maleat.

168 OLG Düsseldorf, GRUR-RR 2013, 236 (240) – Flupirtin-Maleat; *Kühnen*, Handbuch der Patentverletzung, G. Rn. 70.

169 LG Düsseldorf BeckRS 2014, 20348; *Kühnen*, Handbuch der Patentverletzung, G. Rn. 76; *Zigann* in: Haedicke/Timmann, Handbuch des Patentrechts, Rn. 370; zur Vergleichbarkeit einstweiliger Verfügungen gegen Generika und Biosimilar auch *Gundt/Neuhaus*, Der Verfügungsgrund bei der einstweiligen Verfügung im Patentrecht, in: GRUR-Prax 2018, 321 (322).

des Antragstellers zu berücksichtigen, ob das Verfügungspatent in Kürze auslaufen wird, so dass der Patentinhaber für die Restlaufzeit rechtlos gestellt wäre.[170] Dies ist in der Praxis insbesondere im pharmazeutischen Bereich gegenüber Nachahmern an der Tagesordnung.[171] Eine einstweilige Verfügung ist dementsprechend auch bei Biosimilars unter vergleichbar einfachen Voraussetzungen zu erlangen.

Einstweilige Verfügung und Hauptsacheverfahren werden auch vor dem UPC 76
für Europäische Patente mit einheitlicher Wirkung, die nicht durch einen Opt-Out in der Übergangsphase der Gerichtsbarkeit entzogen wurden, möglich sein. Welche besonderen Anforderungen hier im Verfahren an die Parteien bestehen und ob diese zu den bisher in Deutschland praktizierten Voraussetzungen vergleichbar sein werden, bleibt abzuwarten. Unter dem UPC wird es für den Patentinhaber nach Art. 60 Abs. 3 und 4 UPCA zumindest entsprechend dem deutschen Besichtigungsanspruch des § 140c PatG möglich sein, Zugang zu Informationen über das Herstellungsverfahren von Biosimilars zu erhalten.

Auch ohne die Ungewissheiten, die die Verfahren vor dem UPC betreffen, 77
zeigt sich insgesamt bereits anhand der dargestellten potenziellen Verfahrensmöglichkeiten in Deutschland das erhebliche patentrechtliche Verfahrenspotential, dem sich Arzneimittelhersteller im Zusammenhang mit Biosimilars ausgesetzt sehen.

c) Besonderheiten und Probleme

Aus der Zusammenschau der dargestellten Grundsätze zur Eigenart biologischer 78
Arzneimittel und den patentrechtlichen Verfahrensoptionen, ergibt sich eine besondere Ausgangslage betreffend der patentrechtlichen Zugangshürden, die den Markteintritt von Biosimilars erschwert.

aa) Anzahl der Patente und Patentanmeldungen

Ein biologisches Medikament wird für gewöhnlich durch mehr Patente geschützt 79
als ein chemisches Arzneimittel.[172] Während chemische Arzneimittel durchschnittlich von 8–10 Patenten geschützt werden, umgeben Biologika im Schnitt 50–70 Patente.[173] Nicht nur der Wirkstoff wird regelmäßig patentiert, sondern auch die Produktformulierung, Indikation, Dosierung und Patientengruppe sowie

170 OLG Düsseldorf GRUR-RR 2011, 330 (353) – Pramipexol.
171 *Zigann* in: Haedicke/Timmann, Handbuch des Patentrechts, Rn. 370.
172 *Wu/Cheng*, Into the Woods: A Biologic Patent Thicket Analysis, in: Chicago-Kent Journal of Intellectual Property 2020, 93 (109, 179).
173 *Blackstone/Fuhr*, Biosimilars and Biologics, The Prospects for Competition, in: Declerck/Endrenyi/Chow (Hrsg.), Biosimilar Drug Product Development, S. 413 (419).

Analysemethoden oder bestimmte Schritte im Herstellungsverfahren.[174] Aufgrund des aufwändigen und komplexen Prozesses, der zur Herstellung eines Biologikums notwendig ist, bietet insbesondere letzteres zahlreiche Anknüpfungspunkte für jeweils patentierbare Entwicklungsschritte.[175] Biologische Arzneimittel sind daher regelmäßig von einem wahren Dickicht an Patenten umgeben, wobei die Schutzdauer der Patente unterschiedlich ausfällt.[176]

80 Hersteller eines Originalproduktes, denen an einem möglichst langen Schutz ihres Medikamentes gelegen ist, versuchen den Schutzzeitraum insbesondere über späte Patentanmeldungen zu verlängern.[177] Diese als »Evergreening« bekannte Praxis, bei der zu späteren Zeitpunkten noch »Verbesserungs«-Patente auf die Originalprodukte angemeldet werden, die neue Merkmale wie unterschiedliche Dosierungen, Formulierungen mit verlängerter Freisetzung oder neuartige Verabreichungsformen beanspruchen, ergänzen bereits bestehende Patente um das Produkt, wodurch das Dickicht vorhandener Patente zusätzlich verstärkt und der Schutzzeitraum für das Referenzprodukt erhöht wird.[178] Auch wenn Biosimilars daher nach Ablauf des Kernpatents für das Referenzarzneimittel grundsätzlich auf den Markt kommen könnten, wird das Referenzprodukt noch durch eine Reihe schwächerer Patente geschützt, die beispielsweise Herstellungsverfahren, Formulierung oder Verpackung betreffen.[179]

81 Referenzprodukthersteller können zusätzlich jederzeit über Teilanmeldungen, deren Schutzgegenstand aus dem Offenbarungsgehalt von bereits erteilten oder zur Erteilung anhängigen Patenten (sog. Stammanmeldung) entspringt, weitere Patente erhalten, die die Anzahl der Patente um ein Produkt herum erhöhen.[180] Durch die Teilung der Patentanmeldung nach § 39 PatG oder Art. 76 EPÜ entstehen eine oder mehrere zusätzliche Patentanmeldungen, über deren Erteilung das zuständige Patentamt zu entscheiden hat.[181] Auch aus einer solchen Teilanmeldung können wiederum weitere Teilanmeldungen abgezweigt werden, sodass

174 *Milbradt*, Durchsetzung von Patentansprüchen gegen Biosimilars, in: Kühnen (Hrsg.), 80 Jahre Patentgerichtsbarkeit in Düsseldorf, Festschrift zum 80-jährigen Bestehen des Patentgerichtsstandortes Düsseldorf am 1. Oktober 2016, S. 393 (399 ff.).

175 Ebda., S. 393 (400).

176 *Wu/Cheng*, Into the Woods: A Biologic Patent Thicket Analysis, in: Chicago-Kent Journal of Intellectual Property 2020, 93 (109, 179).

177 Ebda., 93 (154).

178 *Feldman*, May your drug price be evergreen, in: Journal of Law and the Biosciences 2018, 590 (602).

179 *Freilich*, Patent Infringement In The Context Of Follow-On Biologics, in: Stanford Technology Law Review 2012, 9 (11).

180 *Gleiter/Fischer* in: *Fitzner/Kubis/Bodewig* (Hrsg.), BeckOK Patentrecht, EPÜ Art. 76 Rn. 8.

181 Ebda.

aus einer Patentanmeldung letztlich eine große Patentfamilie entstehen kann.[182] Im Verhältnis der Stammanmeldung zu den Teilanmeldungen gilt dabei der Grundsatz der Unabhängigkeit, weshalb Teilpatente als eigenständige Patente zu behandeln sind, deren Erteilung und Rechtsbestand nicht vom Schicksal der Stammanmeldung abhängt.[183] Anders ausgedrückt bleibt das erhaltene Teilpatent also solange bestehen, wie es nicht selbst widerrufen oder vernichtet wurde.[184] Ein Biosimilar-Hersteller muss daher jedes der erteilten Teilpatente in ihrem Rechtsbestand angreifen, wenn er sein vom Patent betroffenes Nachahmerprodukt vor Ablauf der Patentlaufzeit auf den Markt bringen will.[185] Bei einer hohen Anzahl an erteilten Teilpatenten stellt dies eine erhebliche finanzielle Belastung dar. Referenzprodukthersteller können diese Belastung zudem noch vergrößern, indem sie bei Bestandsangriffen entweder versuchen, negative Urteile abzuwenden, indem sie das Patent widerrufen oder die Länder, in denen nationale Verfahren beginnen, nicht mehr benennen, während sie zugleich neue Teilungspatente mit nahezu identischen Ansprüchen einreichen, gegen die ein erneuter Bestandsangriff notwendig wird.[186] Bereits die Aussicht auf die bloße Anzahl an erforderlichen kostspieligen Verfahren führt in der Praxis häufig zu einem Abwarten der Biosimilar-Hersteller bis zum Ablauf der Patentlaufzeit des Teilpatents und hat damit letztlich eine Verzögerung des Markteintritts des Biosimilars zur Folge.[187]

Aber auch ohne ein erteiltes Patent können Referenzprodukthersteller über 82
noch schwebende Anmeldungen von Teilpatenten bereits ein eigenständiges Risiko für Biosimilar-Hersteller schaffen.[188] Zwar ist nicht immer absehbar, ob ein beantragtes Teilpatent letztlich auch erteilt wird, allerdings besteht in jedem Fall ein hohes Risiko, dass das abgezweigte Patent im Falle seiner Erteilung selbst auch das Biosimilar umfasst, da es einen ähnlichen Inhalt wie die Stammanmeldung haben wird, in deren Schutzbereich das Biosimilar fällt.[189] Biosimilar-Hersteller müssen insofern grundsätzlich fürchten, dass ein zur Prüfung angemeldetes Teilpatent bei seiner Erteilung den Markteintritt des Biosimilars in Zukunft

182 EPA 28.06.2007 – G 1/05 und G 1/06; *Foss-Solbrekk*, The Divisional Game: Using Procedural Rights to Impede Generic/Biosimilar Market Entry, in: IIC 2022, 1007 (1008).

183 *Bacchin* in: Beckedorf/Ehlers (Hrsg.), Benkard Europäisches Patentübereinkommen: EPÜ, Art. 76 Rn. 6.

184 *Foss-Solbrekk*, The Divisional Game: Using Procedural Rights to Impede Generic/Biosimilar Market Entry, in: IIC 2022, 1007 (1008).

185 Ebda., 1007 (1023).

186 *Foss-Solbrekk*, The Divisional Game: Using Procedural Rights to Impede Generic/Biosimilar Market Entry, in: IIC 2022, 1007 (1023).

187 Ebda.

188 *Minniti*, Sandoz v. Amgen. Why Current Interpretation of the Biologic Price Competition and Innovation Act of 2009 is Flawed and Jeopardizes Future Competition, in: JPTOS Notes 2009, 172 (186).

189 *Foss-Solbrekk*, The Divisional Game: Using Procedural Rights to Impede Generic/Biosimilar Market Entry, in: IIC 2022, 1007 (1022).

weiter verzögert bzw. ein bereits vermarktetes Biosimilar wieder vom Markt genommen werden muss, sofern das Teilpatent nicht später über kostenintensive Bestandsangriffe vernichtet werden kann.[190] Gleichzeitig ist zum Zeitpunkt der Anmeldung noch nicht klar, mit welchem Inhalt eine Erteilung möglicherweise erfolgt, da sich dieser im Laufe des Verfahrens verändern kann, was die Vorbereitung von Bestandsangriffen und die Einschätzung des Risikos, ob das Biosimilar unter den Schutzumfang des angemeldeten Teilpatents fällt, zusätzlich erschwert.[191] Teilanmeldungen schaffen daher auch ohne ihre Erteilung bereits außerordentliche Rechtsunsicherheiten über den Patentschutz des Referenzproduktes für Biosimilar-Hersteller, die so kaum einen Markteintritt ihres Produktes risikofrei planen können.[192]

bb) Verletzungsanalyse

83 Hersteller von Biosimilars, die mit dieser Anzahl an Patenten und Anmeldungen des Referenzproduktes konfrontiert werden und dennoch das Biosimilar möglichst frühzeitig auf den Markt bringen wollen, müssen sich mit allen bestehenden Patenten und Anmeldungen auseinandersetzen.

84 Grundlegend ist es, zunächst zu identifizieren, welche Patente das Referenzprodukt schützen.[193] Bereits diese Recherche wird in der Regel zeitaufwändig sein und birgt die Gefahr Patente zu übersehen.[194] Schwierigkeiten, die relevanten biologischen Patente zu erkennen, ergeben sich insbesondere aus der Art der Patente, denn biologische Patente können schwer zu beurteilen sein, da sie oft breite Wirkstoffgruppen abdecken und viele Produkte über Formulierungspatente verfügen, die bestimmte Formen oder Anwendungen von Medikamenten schützen.[195] Zudem machen spätere, im Wege einer Evergreening- oder Teilanmeldungs-Strategie des Originalherstellers hinzukommende Patente eine regelmäßige Überwachung der Patentanmeldungen erforderlich.

cc) Marktzutritt bei andauernder Patentlaufzeit

85 Selbst wenn alle relevanten Patente bekannt sind, sind die Herausforderungen für Biosimilar-Hersteller dennoch nicht erschöpft. Um möglichst frühzeitig mit

190 *Foss-Solbrekk*, The Divisional Game: Using Procedural Rights to Impede Generic/Biosimilar Market Entry, in: IIC 2022, 1007 (1023).

191 *Foss-Solbrekk*, The Divisional Game: Using Procedural Rights to Impede Generic/Biosimilar Market Entry, in: IIC 2022, 1007 (1023).

192 Ebda., 1007 (1023).

193 *Dalpoas/Socal/Proctor/Shermock*, Barriers to biosimilar utilization in the United States, in: American Journal of Health-System Pharmacy 2020, 2006 (2009).

194 Ebda.

195 *Falit/Singh/Brennan*, Biosimilar Competition In The United States: Statutory Incentives, Payers, And Pharmacy Benefit Managers, in: Health Affairs 2015, 294 (298).

ihrem Biosimilar auf den Markt treten zu können, müssen sie bestehende Patente entweder umgehen, vernichten, lizensieren oder auf eigenes Risiko auf den Markt treten. Bei allen Optionen handelt es sich um kosten- und risikobehaftete Vorgehensweisen.

Besonders Verfahrenspatente, die bei Biologika praktisch immer vorliegen, 86 verhindern, dass sich Unternehmen bei der Herstellung von Biosimilars geschützter Produktionsmethoden bedienen.[196] Da bei biologischen Produkten aber der Prozess maßgeblich das Produkt bestimmt, werden Biosimilar-Hersteller entweder von der Produktion eines Nachahmungspräparats für die Patentlaufzeit völlig ausgeschlossen oder müssen äquivalente Umgehungsprozesse entwickeln.[197] Umgehungslösungen für einen patentgeschützten Herstellungsschritt zu entwickeln, erfordert allerdings eigene Forschungs- und Entwicklungsarbeit, die sowohl zeitaufwändig als auch kostenintensiv ist.[198] Zudem ist es gerade im Bereich der Herstellungsprozesse biologischer Medikamente nicht uneingeschränkt möglich, von bestimmten Herstellungsschritten abzuweichen, da wie beschrieben schon kleinste Veränderungen des Produktionsprozesses die Zusammensetzung des Endproduktes verändern können.[199] Die Möglichkeiten der Hersteller, Patente zu umgehen, sind insofern begrenzt.

Eine andere Lösung, um den Patentschutz des Originals auszuschalten, besteht 87 daher darin, Patente, die das Referenzprodukt schützen, in ihrem Bestand anzugreifen oder die Nichtverletzung gerichtlich feststellen zu lassen.[200] Solche Angriffe sind allerdings mit einem erheblichen Prozess- und Kostenrisiko versehen und können letztlich nur bei solchen Patenten gelingen, die die Erteilungsvoraussetzungen nicht erfüllen oder tatsächlich nicht verletzt werden. Dies wird regelmäßig nicht bei allen Patenten, die das Referenzprodukt schützen, der Fall sein. Hinzukommt, dass bereits der Aufwand, alle Patente, die ein Referenzprodukt umgeben, auf ihre Angreifbarkeit im Bestand und eigene Verletzung hin zu

196 *Sahil/Aakash/Jindoliya*, Regulation and Challenges of Biosimilars in European Union, in: Applied Clinical Research, Clinical Trials & Regulatory Affairs 2019, 192 (203); *Royzman/Anderson*, What's Next for U.S. Biosimilar Litigation (20.11.2020), online: https://news.bloomberglaw.com/health-law-and-business/whats-next-for-u-s-biosimilar-litigation (zuletzt geprüft am 05.06.2023).

197 *Kent/Rickwood/Di Biase*, Disruption and maturity: The next phase of biologics, QuintileIMS, online: https://www.iqvia.com/-/media/iqvia/pdfs/nemea/uk/disruption_and_maturity_the_next_phase_of_biologics.pdf (zuletzt geprüft am 05.06.2023), S. 17.

198 *Kent/Rickwood/Di Biase*, Disruption and maturity: The next phase of biologics, QuintileIMS, online: https://www.iqvia.com/-/media/iqvia/pdfs/nemea/uk/disruption_and_maturity_the_next_phase_of_biologics.pdf (zuletzt geprüft am 05.06.2023), S. 17; *Price*, Regulating Secrecy, in: Washington Law Review 2016, 1769 (1789).

199 *Sarpatwari/Barenie/Curfman/Darrow/Kesselheim*, The US Biosimilar Market: Stunted Growth and Possible Reforms, in: Clinical Pharmacology & Therapeutics 2019, 92 (96).

200 Ebda.

evaluieren, enorm und mit erheblichen Kosten für Biosimilar-Hersteller verbunden ist.[201]

88 Patente, die nicht umgangen oder vernichtet werden können, könnten zwar auch lizensiert werden.[202] Biosimilar-Hersteller sind dazu aber auf den Willen des Lizenzgebers oder den Referenzprodukthersteller angewiesen, der die Patente hält. Sofern letzterer diese überhaupt lizensieren will, wird er sich, angesichts des drohenden Umsatzverlusts aufgrund eines Konkurrenzproduktes, die Lizenz mit einer entsprechenden Gebühr kompensieren lassen. Auch dies belastet den Biosimilar-Hersteller finanziell.

89 Eine weitere Möglichkeit für Biosimilar-Hersteller, trotz bestehender Patente rechtssicher in den Markt eintreten zu können, besteht darin, vor Markteinführung des Biosimilars eine negative Feststellungsklage zu erheben, die zum Inhalt hat, dass das Biosimilar eines oder mehrere Patente des Referenzproduktherstellers nicht verletzt. Nach deutschem Recht ist der Biosimilar-Hersteller hierzu allerdings nur aktivlegitimiert, wenn er bereits wegen einer angeblichen Schutzrechtsverletzung in Anspruch genommen wurde.[203] Gleiches gilt für das nach § 256 ZPO erforderliche Feststellungsinteresse, das typischerweise nur dann besteht, wenn sich der Beklagte eines bestimmten Anspruches berühmt, dessen Nichtbestehen mit der negativen Feststellungsklage geklärt werden soll.[204] Beides ist regelmäßig vor der Zulassung nicht gegeben, weil der Biosimilar-Hersteller noch nicht wegen einer angeblichen Schutzrechtsverletzung in Anspruch genommen wurde oder der Referenzprodukthersteller sich keines Anspruches gegenüber dem Biosimilar berühmt.[205] Dass sich die Referenzprodukthersteller meist keiner Ansprüche berühmen und damit der Weg einer negativen Feststellungsklage für Biosimilar-Hersteller verschlossen ist, liegt vor allem darin begründet, dass die Verletzung für den Referenzprodukthersteller als Patentinhaber oder Lizenznehmer eines sein Biologikum betreffendes Patents schwer festzustellen ist. Insbesondere wird der Referenzprodukthersteller im Rahmen des europäischen Zulassungsverfahrens nicht darüber informiert, ob eine Zulassung für ein Biosimilar seines Produktes beantragt wurde. Es ist zudem nicht vorgesehen, dass der Referenzprodukthersteller Einblick in die Zulassungsunterlagen des Biosimilars erhält.[206] Infolge dessen kann er in der Regel keine Maßnahmen

201 *Sarpatwari/Barenie/Curfman/Darrow/Kesselheim,* The US Biosimilar Market: Stunted Growth and Possible Reforms, in: Clinical Pharmacology & Therapeutics 2019, 92 (96).

202 *Kunst/Kaufmann*, Authorized Generics and Biosimilars as Part of Drug Life Cycle Management, in: GRUR International 2020, 1105 (1106).

203 *Kühnen*, Handbuch der Patentverletzung, G. Rn. 6.

204 BGH, GRUR 2011, 995 (996) – Besonderer Mechanismus.

205 *Kühnen*, Handbuch der Patentverletzung, G. Rn. 6, 8; BGH GRUR 2011, 995 (996) – Besonderer Mechanismus.

206 Näher dazu sogleich im Rahmen der verfahrensspezifischen Probleme in Verletzungsverfahren.

einleiten, um eine potenzielle Verletzung zu prüfen und sich gegenüber dem Biosimilar-Hersteller eines Anspruches zu berühmen.[207]

Sofern die Nichtverletzung daher nicht gerichtlich festgestellt werden kann, 90
besteht natürlich auch die Möglichkeit für den Biosimilar-Hersteller auf eigenes Risiko in den Markt einzutreten. Er muss jedoch mit hoher Wahrscheinlichkeit davon ausgehen, dass der Referenzprodukthersteller versuchen wird, seine Patente im Wege des einstweiligen Rechtsschutzes oder einer Verletzungsklage durchzusetzen. Denn der Originalhersteller kann nicht nur die potenziell verletzten Patente leichter bewerten, er hat auch einen hohen Anreiz, seine Patente gegen das Nachahmerprodukt durchzusetzen, um seine eigene Monopolstellung im Markt zu verteidigen und ggf. Schadenersatz zu erhalten. Solche Verfahren können sich über mehrere Jahre erstrecken und belasten die finanziellen Ressourcen beider Parteien, was sich durch die Anzahl an Patenten, die der Referenzprodukthersteller in Stellung bringen kann, und deren Komplexität noch potenziert.[208] Angesichts der Anzahl an Patenten erhöht sich für den Biosimilar-Hersteller auch die Gefahr, dass der Originalhersteller aus einem der Patente eine einstweilige Verfügung erwirken kann, die den Markteintritt des Biosimilars empfindlich verzögert. Gleichzeitig ist er auch der Gefahr langwieriger Hauptsacheverfahren zur Untersuchung eines Verletzungsvorwurfs ausgesetzt. Da diese erst nach seinem Markteintritt erfolgen können, wird die Einführung eines Biosimilars langfristig mit Rechtsunsicherheiten belastet.

Unabhängig davon also, welche Strategie der Biosimilar-Hersteller verfolgt, 91
kann jedes das Referenzprodukt schützende Patent kosten- und risikoreichen Interventionen auslösen oder erforderlich machen. Dabei erhöht sich das Interventionsrisiko bei Biosimilars aufgrund der bloßen Anzahl der Patente, die das Referenzprodukt schützen, und wird durch die Abhängigkeit des Endproduktes vom Herstellungsprozess noch verstärkt, der kaum patentvermeidenden Veränderungen zugänglich ist.[209] Entsprechend hoch war weltweit auch die Anzahl an gerichtlichen Auseinandersetzungen zwischen Herstellern von Referenzprodukten

207 *Milbradt*, Durchsetzung von Patentansprüchen gegen Biosimilars, in: *Kühnen* (Hrsg.), 80 Jahre Patentgerichtsbarkeit in Düsseldorf, Festschrift zum 80-jährigen Bestehen des Patentgerichtsstandortes Düsseldorf am 1. Oktober 2016, S. 393 (396).

208 *Hasson/Salgado*, Biosimilars Enter the Courts: How Will Patent Infringement Settlements Be Tested for Validity Under Antitrust Laws?, online: https://www.pillsburylaw.com/images/content/1/0/109239.pdf (zuletzt geprüft am 05.06.2023), S. 8; *Wong/Rumore/Chan*, Biosimilars in the United States: Emerging Issues in Litigation, in: BioDrugs 2017, 189 (198); *Sarpatwari/Barenie/Curfman/Darrow/Kesselheim*, The US Biosimilar Market: Stunted Growth and Possible Reforms, in: Clinical Pharmacology & Therapeutics 2019, 92 (96).

209 *Sarpatwari/Barenie/Curfman/Darrow/Kesselheim*, The US Biosimilar Market: Stunted Growth and Possible Reforms, in: Clinical Pharmacology & Therapeutics 2019, 92 (96).

und Biosimilars.[210] Besonders diese gerichtlichen Verfahren stellen mit Kosten- und Zeitaufwand für die Klärung komplexer Rechtsfragen und der möglichen Verzögerung des Markteintritts daher ein erhebliches Hindernis für die Konkurrenzfähigkeit von Biosimilars dar.[211]

dd) Verfahrensspezifische Probleme in Verletzungsverfahren

92 Auch die für den Referenzprodukthersteller zur Verfügung stehenden gerichtlichen Verfahren gegen ein Biosimilar werden durch weitere Umstände erschwert.

93 Biologika werden wesentlich über Verfahrenspatente geschützt, allerdings haben Referenzprodukthersteller für gewöhnlich keinen Einblick in das Herstellungsverfahren des Biosimilars.[212] Um feststellen zu können, ob überhaupt eine Verletzung ihrer Verfahrenspatente vorliegt, müssen die Hersteller daher den Weg des § 140c PatG beschreiten und Produktionsanlagen des Biosimilar-Herstellers zur Untersuchung besichtigen. Die Besichtigung kann zwar bei begründetem Verdacht einer Patentverletzung erfolgen, ein solcher Verdacht ist gerade bei Verfahrenspatenten aber regelmäßig nicht zu begründen, da keine konkreten Anhaltspunkte für eine Verletzung zu finden sind.[213] Der Untersuchung eines Produktes lässt sich kein Anhaltspunkt für eine Verletzung entnehmen, wenn das vertriebene Produkt auch auf andere Weise als durch das geschützte Verfahren hergestellt werden kann.[214] Zudem wird ein unberechtigter Nutzer des patentgeschützten Verfahrens öffentliche Aussagen über sein Herstellungsverfahren vermeiden.[215] Auch auf die Vermutungswirkung des § 139 Abs. 3 PatG wird sich

210 *Blackstone/ Fuhr*, Innovation, Patents and Biologics: The Road to Biosimilar Competition: Factors Influencing Investment, Business Decisions and Marketing of Biosimilars, in: Gutka/Yang/Kakar (Hrsg.), Biosimilars, S. 23 (31); *Rose/Rice*, The Biosimilar Action Plan: An Effective Mechanism for Balancing Biologic Innovation and Competition in the United States?, in: University of the Pacific Law Review 2020, 539 (565).

211 *Forsyth/McClearn*, Five barriers that could keep biosimilar manufacturers from cracking the US market (29.06.2018), online: https://blogs.deloitte.co.uk/health/2018/06/five-barriers-that-could-keep-biosimilar-manufacturers-from-cracking-the-us-market.html (zuletzt geprüft am 05.06.2023); *Ladonnikov*, The Biosimilar Patent Dance – If You Don't Dance, You're No Friend Of Mine, in: Santa Clara High Technology Law Journal 2018, 135 (139).

212 *Milbradt*, Durchsetzung von Patentansprüchen gegen Biosimilars, in: Kühnen (Hrsg.), 80 Jahre Patentgerichtsbarkeit in Düsseldorf, Festschrift zum 80-jährigen Bestehen des Patentgerichtsstandortes Düsseldorf am 1. Oktober 2016, S. 393 (406).

213 *Neuhaus*, Verfahrenspatente – Papiertiger oder wirksame Schutzrechte? Gedanken zur »hinreichenden Wahrscheinlichkeit« i.S.d. § 140c PatG (09.06.2021), online: https://www.dusip.de/2021/06/09/verfahrenspatente-papiertiger-oder-wirksame-schutzrechte-gedanken-zur-hinreichenden-wahrscheinlichkeit-i-s-d-§-140c-patg/ (zuletzt geprüft am 05.06.2023).

214 Ebda.

215 Ebda.

der Referenzprodukthersteller in der Regel nicht berufen können, da in solchen Situationen entweder ein Besichtigungsverfahren dem Grunde nach gar nicht nötig erscheint, weil aufgrund der Vermutungswirkung mit Beweislastumkehr bereits eine substantiierte Klage erhoben werden kann oder Inhalt des Verfahrenspatents gerade eine nicht dem Industriestandard entsprechende Neuerung ist.[216] Der Besichtigungsanspruch läuft daher gerade für Verfahrenspatente häufig ins Leere. Auch in anderen Fällen ist durch § 140c PatG nicht sichergestellt, dass tatsächlich eine Besichtigung erfolgen kann. Ausgeschlossen ist dies nach dem Gesetz bereits, wenn der Biosimilar-Hersteller, gegen den sich das Verfahren richtet, nicht die Verfügungsgewalt, also tatsächliche Sachherrschaft über die Produktionsstätte oder die Unterlagen besitzt. Zudem wird die Besichtigung in der Regel erst mit Erhebung der Klage oder dem Antrag auf eine einstweilige Verfügung verfolgt, um den Überraschungseffekt aufrechtzuerhalten[217], sodass die Klage oder Verfügung trotz Besichtigungsanspruch letztlich ohne sachliche Information auf Verdacht eingereicht werden muss. Darüber hinaus kostet die Untersuchung, sofern sie vor Einleitung eines Verfahrens oder im Wege des selbstständigen Beweisverfahrens stattfinden kann, Zeit, die zur Vorbereitung einer Klage oder einstweiligen Verfügung ohnehin bereits knapp bemessen ist.

Denn Referenzprodukthersteller werden nicht über die Zulassung eines Bio- 94
similars benachrichtigt.[218] Sie sind auf die Datenbank der IFA angewiesen, in der die Arzneimittel kurz vor ihrer Markteinführung gelistet werden.[219] Ihr Handlungszeitraum, insbesondere um eine einstweilige Verfügung zu erwirken, ist daher angesichts der Dringlichkeitserfordernisse im Verfahren besonders kurzfristig und erschwert eine gründliche Vorbereitung.[220] Gerade wenn der Zeitverlust eine einstweilige Verfügung betrifft, drohen nicht wiedergutzumachende Schäden durch den Markteintritt des Biosimilars, den Verlust von Marktanteilen an das Nachahmerprodukt und den anschließenden Preisverfall.[221] Ein übereiltes

216 *Neuhaus*, Verfahrenspatente – Papiertiger oder wirksame Schutzrechte? Gedanken zur »hinreichenden Wahrscheinlichkeit« i.S.d. § 140c PatG (09.06.2021), online: https://www.dusip.de/2021/06/09/verfahrenspatente-papiertiger-oder-wirksame-schutzrechte-gedanken-zur-hinreichenden-wahrscheinlichkeit-i-s-d-§-140c-patg/ (zuletzt geprüft am 05.06.2023).

217 *Milbradt*, Durchsetzung von Patentansprüchen gegen Biosimilars, in: Kühnen (Hrsg.), 80 Jahre Patentgerichtsbarkeit in Düsseldorf, Festschrift zum 80-jährigen Bestehen des Patentgerichtsstandortes Düsseldorf am 1. Oktober 2016, S. 393 (396, 405).

218 Ebda., S. 393 (396, 405).

219 *IFA*, Informationsdienstleister für den Pharmamarkt!, online: https://www.ifaffm.de/de/home.html (zuletzt geprüft am 05.06.2023).

220 *Milbradt*, Durchsetzung von Patentansprüchen gegen Biosimilars, in: Kühnen (Hrsg.), 80 Jahre Patentgerichtsbarkeit in Düsseldorf, Festschrift zum 80-jährigen Bestehen des Patentgerichtsstandortes Düsseldorf am 1. Oktober 2016, S. 393 (396).

221 LG Düsseldorf BeckRS 2014, 20348 (Ziff. 2); *Kühnen*, Handbuch der Patentverletzung, G. Rn. 70, 76.

Vorgehen ohne eingehende Untersuchung kann andererseits in einem Antrag oder einer Klage ins Blaue hinein und damit mit erhöhtem Prozesskostenrisiko für den Referenzprodukthersteller enden und birgt für ihn zusätzlich die Gefahr, verletzte Patente zu übersehen.[222]

95 Dies schadet auch den Biosimilar-Herstellern, die gegebenenfalls unberechtigten Angriffen ausgesetzt werden, die aber dennoch ihren Markteintritt verzögern. Zudem bleibt für sie zu befürchten, dass die Originalhersteller ohne ausreichende Informationen oder Vorbereitungszeit Patente übersehen, die sie später noch gegen das Biosimilar geltend machen können, sodass sie sich über längere Zeit in einer unsicheren Rechtsposition befinden.

96 Das Informationsdefizit der Originalhersteller über Zulassung und Herstellungsverfahren der Biosimilars führen daher zusätzlich zu einer Erschwerung der Verfahrensführung.

d) Patentrechtliche Verfahren im Zusammenhang mit Biosimilars in der Praxis

97 Die dargestellten Schwierigkeiten bei Patentverletzungsverfahren im Zusammenhang mit Biosimilars zeigen sich auch in der gerichtlichen Praxis in Deutschland und Europa.

98 Biosimilars sind nur in seltenen Fällen Gegenstand patentrechtlicher Prozesse.[223]

99 So gab es bisher weder in Deutschland noch in den europäischen Mitgliedsstaaten des UPC Verfahren, die eine negative Feststellungsklage eines Biosimilar-Herstellers zum Gegenstand hatten, mit der er die Feststellung begehrte, dass sein Biosimilar ein erteiltes Patent eines Referenzarzneimittelherstellers nicht verletzt.

100 Auch Verletzungsprozesse von Referenzproduktherstellern gegen Biosimilars sind selten. In Deutschland und den europäischen Mitgliedsstaaten des UPC wurden bisher nur für drei Biologika Verfahren gegen Biosimilars geführt. Die Verfahren fanden dabei teils in mehreren, teils auch nur in einzelnen Ländern statt.

222 *Milbradt*, Durchsetzung von Patentansprüchen gegen Biosimilars, in: Kühnen (Hrsg.), 80 Jahre Patentgerichtsbarkeit in Düsseldorf, Festschrift zum 80-jährigen Bestehen des Patentgerichtsstandortes Düsseldorf am 1. Oktober 2016, S. 393 (402).

223 In anderen Bereichen des Rechts sind Biosimilars dagegen häufiger Gegenstand gerichtlicher Verfahren. So waren Biosimilars in Deutschland bereits Gegenstand sozialrechtlicher Rechtsprechung, s. BSG BeckRS 2018, 42998 (zur gesetzlichen Abschlagspflicht der Pharmaunternehmen für patentfreie und wirkstoffgleiche Arzneimittel) oder wettbewerbsrechtlicher Überprüfung, s. HansOLG PharmR 2010, 135 und HansOLG GRUR-RR 2015, 74 (beide zur wettbewerbswidrigen Arzneimittelwerbung).

aa) Herceptin

101 Die große Mehrzahl dieser Verletzungsprozesse betrafen das Biologikum mit dem Wirkstoff Trastuzumab, das von der Unternehmensgruppe Roche (im Folgenden: Roche) unter dem Handelsnamen Herceptin vertrieben und bei der Therapie von Brust- und Magenkrebs eingesetzt wird.[224] Für dieses Biologikum besaß Roche ein Europäisches Patent, das unter anderem in Deutschland, den Niederlanden, Belgien, Schweden und Dänemark validiert war. Schutzgegenstand nach Anspruch 1 dieses Patents war eine

»Zusammensetzung, umfassend ein Gemisch aus Anti-HER2-Antikörper und einer oder mehreren sauren Varianten davon, worin die Menge der sauren Variante(n) weniger als etwa 25 % beträgt, und worin die saure(n) Variante(n) vorwiegend desamidierte Vari- anten sind, worin ein oder mehrere Asparaginreste des Anti-HER2-Antikörpers desami- diert wurden, und worin der Anti-HER2-Antikörper humMAb4D5-8 ist, und worin in den desamidierten Varianten Asn30 in CDR1 einer der beiden oder beider VL-Regionen von humMAb4D5-8 zu Aspartat geändert ist.«

102 Diesen Anspruch hat Roche in Deutschland, den Niederlanden und Belgien gegen ein Trastuzumab-Biosimilar geltend gemacht, das unter dem Markennamen Herzuma von der Celltrion-Gruppe und deren Handelspartner Mundipharma (im Folgenden: Celltrion) hergestellt und vertrieben wird. In Schweden und Dänemark richtete sich der Verletzungsvorwurf aus dem Patent gegen ein Trastuzumab-Biosimilar mit dem Markennamen Ontruzamt. Dieses Biosimilar wird von Samsung Bioepsis und deren Vertriebspartner Merck Sharp & Dohme hergestellt und vertrieben.

103 In allen Fällen versuchte Roche, den Markteintritt des Biosimilars im Wege des einstweiligen Rechtsschutzes zu verhindern.

104 In Deutschland ersuchte Roche das Landgericht Düsseldorf um eine Unterlassungsverfügung im Wege des einstweiligen Rechtsschutzes.[225] Das Landgericht wies den Antrag allerdings mit der Begründung zurück, die Antragstellerin habe keinen Verfügungsanspruch glaubhaft machen können.[226] Das Verfügungspatent schütze vereinfacht ausgedrückt eine im Hinblick auf saure Varianten besonders reine Variante eines Antikörpergemischs und offenbare hierzu ein Verfahren, mit dem Antikörper gereinigt werden können und durch das ein anspruchsgemäßes Gemisch produziert werden kann.[227] Anspruch 1 des Verfügungspatents sei allerdings weder auf ein Reinigungsverfahren, noch auf einen nach dem Reinigungsverfahren gereinigten Antikörper gerichtet.[228] Vielmehr gewähre Anspruch 1 (absoluten) Stoffschutz hinsichtlich des dort definierten Antikörper-Gemischs, ohne

224 *EMA*, Herceptin, online: https://www.ema.europa.eu/en/medicines/human/EPAR/herceptin (zuletzt geprüft am 05.08.2023).
225 LG Düsseldorf BeckRS 2018, 24128.
226 LG Düsseldorf BeckRS 2018, 24128.
227 LG Düsseldorf BeckRS 2018, 24128.
228 LG Düsseldorf BeckRS 2018, 24128.

dass es darauf ankomme, wie dieses erzeugt wurde.[229] Die Verfügungsklägerin habe jedoch nicht glaubhaft machen können, dass die angegriffene Ausführungsform von Merkmal 3 des Verfügungspatents,

»worin die Menge der sauren Variante(n) weniger als etwa 25 % beträgt«,

Gebrauch mache.[230] Zwischen den Parteien war bezogen auf Merkmal 3 strittig, wie die Menge der sauren Varianten in der angegriffenen Ausführungsform zu messen ist.[231] Die Messmethoden des Verfügungspatents bezogen sich auf veraltete Verfahren, die unstreitig nicht mehr verwendet werden, das Verfügungspatent gab aber auch keine Messmethode zur Berechnung der sauren Varianten vor.[232] Bei der Anwendung neuerer Messmethoden wiesen weder das Biosimilar, noch das Referenzprodukt einen Anteil von weniger als 25 % saurer Varianten auf.[233] Das Landgericht vertrat die Auffassung, dass der Fachmann zur objektiven Bestimmung des Anteils grundsätzlich alle zum Prioritätszeitpunkt zur Verfügung stehenden präzisen Messmethoden zu berücksichtigen habe, so dass es genüge, wenn bereits nach einer dieser Messmethoden ein Anteil von mehr als 25 % gemessen werde, was in diesem Fall gegeben sei.[234] Zudem habe die Beklagte nur Messergebnisse einer Probe der angegriffenen Ausführungsform während der Herstellung vorlegen können, sodass nach Ansicht des Landgerichts Düsseldorf bereits nicht festgestellt werden konnte, dass das gemessene Produkt auch im Auslieferungszustand weniger als etwa 25 % saure Anteile aufgewiesen habe.[235] Messungen einer tatsächlich im Inland vertriebenen angegriffenen Ausführungsform wurden nicht vorgelegt.[236] Die Antragstellerin scheiterte in Deutschland also gleich aus mehreren Gründen an einer unzureichenden Glaubhaftmachung der Verletzung.

105 Mit derselben Begründung blieb auch das von Roche in den Niederlanden vor der Rechtbank Den Haag angestrengte Verfahren ohne Erfolg.[237] Der Richter des einstweiligen Rechtsschutzes vertrat bezüglich des Merkmals 3 die Auffassung, dass entgegen der Auslegung der Antragstellerin auch eine Messmethodik gewählt werden könne, die nicht ausdrücklich im Patent genannt wird.[238] Da mit einer solchen Methode unstreitig festgestellt werden konnte, dass die Menge der

229 LG Düsseldorf BeckRS 2018, 24128.
230 LG Düsseldorf BeckRS 2018, 24128.
231 LG Düsseldorf BeckRS 2018, 24128.
232 LG Düsseldorf BeckRS 2018, 24128.
233 LG Düsseldorf BeckRS 2018, 24128.
234 LG Düsseldorf BeckRS 2018, 24128.
235 LG Düsseldorf BeckRS 2018, 24128.
236 LG Düsseldorf BeckRS 2018, 24128.
237 Rechtbank Den Haag, F. Hoffmann La Roche et al. v Mundipharma Pharmaceuticals B.V., C/09/565454/KG ZA 18-1345.
238 Ebda.

sauren Variante(n) in dem angegriffenen Biosimilar mehr als 25 % beträgt, verneinte das Gericht konsequenterweise eine Verletzung.[239]

Einstweiliger Rechtsschutz wurde Roche mit derselben Begründung auch von der niederländischsprachigen Ondernemingsrechtbank Brussel in Belgien versagt.[240] 106

Auch das Bezirksgericht Stockholm hat den Erlass einer einstweiligen Verfügung abgelehnt.[241] Wie die anderen Gerichte verwies auch das Bezirksgericht auf die fehlende Verwirklichung von Merkmal 3 des Verfügungspatents.[242] Dazu stellte es nicht nur fest, dass das Verfügungspatent nicht auf eine bestimmte Analysemethode beschränkt sei, sodass die mit neueren Methoden gemessenen Anteile saurer Varianten des Biosimilars von über 25 % aus dem Schutzbereich des Patents herausführen, sondern trat ergänzend auch dem Vortrag der Antragstellerin entgegen, einige der gemessenen Varianten seien nicht als »saure Varianten« im Sinne des Patentes zu qualifizieren.[243] Das Verfügungspatent enthalte keine Unterscheidung zwischen sauren Varianten, die eine relevante Antikörperbindungsfähigkeit besitzen, und sauren Varianten, denen diese Eigenschaft fehlt.[244] Im Übrigen habe die Antragstellerin auch nicht hinreichend dargelegt, dass die angegriffene Ausführungsform saure Varianten enthalte, die keine relevante Antikörperbindungsfähigkeit besitzen.[245] 107

Dieser Bewertung schloss sich auch das See- und Handelsgericht in Kopenhagen an, das Roche in Dänemark ebenfalls den Erlass einer einstweiligen Unterlassungsverfügung verweigerte.[246] 108

In der Gesamtschau war somit keines der Verfahren von Roche gegen ein Biosimilar von Herceptin erfolgreich. 109

bb) Rituximab

Der zweite größere Verfahrenskomplex betraf das Biologikum Rituximab zur Behandlung von rheumatoider Arthritis, chronischer lymphatischer Leukämie und anderen Krebsarten, das von Biogen entwickelt und von Roche als Lizenznehmer 110

239 Rechtbank Den Haag, F. Hoffmann La Roche et al. v Mundipharma Pharmaceuticals B.V., C/09/565454/KG ZA 18-1345.

240 Ondernemingsrechtbank Brussel, F. Hoffmann-La Roche vs. Mundipharma, C/18/00049 und C/18/00089

241 Stockholms Tingsrätt, F. Hoffmann La Roche et al. vs. Merck Sharp & Dohme (Sweden) AB, 16162-18.

242 Ebda.

243 Ebda.

244 Ebda.

245 Stockholms Tingsrätt, F. Hoffmann La Roche et al. vs. Merck Sharp & Dohme (Sweden) AB, 16162-18.

246 Sø- og Handelsretten, F. Hoffmann La Roche et al. vs. Samsung Bioepis NL B.V. et al., Sag BS-34191/2018-SHR und Sag BS-1208/2019-SHR.

(im Folgenden zusammen: Biogen) unter dem Markennamen MabThera vertrieben wird.[247]

111 Zu diesem Produkt wurden in Europa zwei Biosimilars auf dem Markt gebracht. So wird ein Biosimilar unter dem Markennamen Truxima von Celltrion in Deutschland und den Niederlanden vertrieben. Unter anderem in Belgien ist zudem Hersteller Sandoz mit seinem Rituximab-Biosimilar Rixathon auf dem Markt.

112 Im März 2017 beantragte Biogen vor dem Landgericht München I eine einstweilige Verfügung gegen Celltrion und das Biosimilar Truxima, gestützt auf den deutschen Teil eines europäischen Patents sowie auf ein weiteres Patent.[248] Auf der Grundlage beider Patente machte Biogen Verwendungsansprüche gegen das Biosimilar geltend, um eine Unterlassungsverfügung zu erwirken.[249] Nach einer vorläufigen Stellungnahme des Landgerichts zur Rechtsbeständigkeit des deutschen Teils des europäischen Patents nahm Biogen den Verfügungsantrag jedoch teilweise zurück und beschränkte sich auf die Geltendmachung des zweiten Verfügungspatents.[250] Der Antrag blieb dennoch erfolglos. Das Landgericht München I ging auch hinsichtlich des verbliebenen Verfügungspatents nicht von einem hinreichend gesicherten Rechtsbestand aus, sodass es den Erlass einer Unterlassungsverfügung mangels Verfügungsgrund zurückwies.[251]

113 Auch das parallel in den Niederlanden eingeleitete einstweilige Verfügungsverfahren gegen Celltrion und Truxima blieb erfolglos, wobei sich Biogen ausschließlich auf den niederländischen Teil des europäischen Patents stützte, dessen deutscher Teil vor dem Landgericht München auf Hinweis des Gerichts wegen unzureichender Bestandsaussicht zurückgenommen wurde.[252] Ebenso wie das Landgericht München I ging auch die Rechtbank Den Haag davon aus, dass sich das Patent weder im anhängigen Hauptsacheverfahren noch im Einspruchsverfahren als rechtsbeständig erweisen werde, sodass es nicht Grundlage eines auch nur vorläufigen Verbots sein könne.[253]

114 Trotz dieser Niederlagen versuchte Biogen erneut, gegen ein weiteres Biosimilar vorzugehen und beantragte in Belgien eine einstweilige Verfügung, um den Markteintritt des Biosimilars Rixathon zu verhindern. Die gegen das Biosimilar von Sandoz geltend gemachten Patente wurden allerdings von der Einspruchsabteilung und der niederländischsprachigen Ondernemingsrechtbank Brussel

247 EMA, MabThera, online: https://www.ema.europa.eu/en/medicines/human/EPAR/mabthera (zuletzt geprüft am 05.08.2023).

248 LG München I, Urteil vom 19.04.2017 – 21 O 4325/17.

249 LG München I, Urteil vom 19.04.2017 – 21 O 4325/17; Rechtbank Den Haag, Biogen Inc. et al. v Celltrion Inc. et al., C/09/531270 / KG ZA 17- 519.

250 Rechtbank Den Haag, Biogen Inc. et al. v Celltrion Inc. et al., C/09/531270/KG ZA 17-519.

251 LG München I, Urteil vom 19.04.2017 – 21 O 4325/17.

252 Rechtbank Den Haag, Biogen Inc. et al. v Celltrion Inc. et al., C/09/531270/KG ZA 17-519.

253 Ebda.

vernichtet, sodass Biogen auch in Bezug auf dieses Biosimilar keine einstweilige Verfügung erwirken konnte.[254]

Alle von Biogen initiierten Verfahren scheiterten somit am Rechtsbestand der geltend gemachten Patente. 115

cc) Adalimumab

Auch ein Biosimilar von AbbVie's Biologikum Adalimumab, vertrieben unter dem Markennamen Humira zur Behandlung von rheumatoider Arthritis, chronisch-entzündlichen Darmerkrankungen und schweren Fällen von Schuppenflechte,[255] war Gegenstand eines gerichtlichen Prozesses. 116

In den Niederlanden ging AbbVie aus zwei Patenten gegen die Hersteller Alvotech und Stada vor, die einen Antrag auf Marktzulassung für ihr Adalimumab-Biosimilar AVT02 bei der EMA gestellt und bereits angekündigt hatten, ihr Biosimilar bei einer Zulassung noch vor Ablauf der streitgegenständlichen Patente auf den europäischen Markt bringen zu wollen.[256] Das Zulassungsverfahren war zum Zeitpunkt des Antrags und der Entscheidung jedoch noch nicht abgeschlossen.[257] AbbVie beantragte vor der Rechtbank Amsterdam eine grenzüberschreitende Unterlassungsverfügung. Diese wurde vom Gericht mangels eines rechtswidrigen Verhaltens jedoch abgelehnt.[258] Der Antrag einer Marktzulassung reiche nicht aus, um einen Unterlassungsanspruch zu begründen.[259] AbbVie habe nicht darlegen oder nachweisen können, dass die bloße Beantragung einer Full-Label-Marktzulassung ohne weitere Umstände zu einem rechtswidrigen Verhalten in den verschiedenen Ländern auf der Grundlage des geltenden Rechts führen würde.[260] 117

In Folge dieses Beschlusses hat AbbVie bislang keine weiteren Verletzungsverfahren gegen Biosimilars eingeleitet. 118

dd) Zwischenergebnis

Die Probleme bei der Durchsetzung von Verletzungsansprüchen gegen Biosimilars zeigen sich mithin auch in der Praxis. 119

Trotz der großen Anzahl an biologischen Medikamenten werden in ganz Europa nur wenige Verfahren gegen Biosimilars geführt. Allen Verfahren ist dabei 120

254 Ondernemingsrechtbank Brussel, Biogen Inc et al. vs. De N.V. Sandoz, A/17/03546.
255 EMA, Humira, online: https://www.ema.europa.eu/en/medicines/human/EPAR/humira (zuletzt geprüft am 05.08.2023).
256 Rechtbank Amsterdam, AbbVie Biotechnology Ltd. v Alvotec et al., C/13/700378/KG ZA 21-282.
257 Ebda.
258 Ebda.
259 Rechtbank Amsterdam, AbbVie Biotechnology Ltd. v Alvotec et al., C/13/700378/KG ZA 21-282.
260 Ebda.

gemein, dass es sich um einstweilige Verfügungsverfahren der Referenzproduktthersteller gegen Biosimilar-Hersteller handelt, mit Hilfe derer der Markteintritt eines Biosimilars verhindert werden soll.

121 Referenzprodukthersteller greifen zur Erwirkung einer entsprechenden Verfügung bislang ausschließlich auf Wirkstoff-, Zusammensetzungs- oder Verwendungsansprüche zurück. Es handelt sich also um solche Ansprüche, deren Voraussetzungen leicht anhand des Biosimilars selbst oder dessen bekannter Verwendung und Dosierung glaubhaft gemacht werden können. Verfahrenspatente werden dagegen nicht zur Durchsetzung herangezogen, obwohl sie den größten Anteil im Patentportfolio der Referenzprodukthersteller ausmachen. Dies dürfte darin begründet liegen, dass der Nachweis einer Verletzung für Verfahrensansprüche für die Referenzprodukthersteller kaum möglich ist.

122 Allerdings blieben auch die von den Referenzproduktherstellern angestrengten Verfügungsverfahren bisher ausnahmslos ohne Erfolg. Teilweise zeigen sich hier die angesprochenen Besonderheiten und Probleme. So versuchten Referenzprodukthersteller bereits frühzeitig, also noch vor der Zulassung eines Biosimilars, einen Markteintritt des Nachahmers zu verhindern. Zu diesem Zeitpunkt besteht jedoch europaweit aus Sicht der Rechtsprechung noch keine hinreichende Verletzungswahrscheinlichkeit, so dass keine Unterlassungsverfügung erwirkt werden kann. Neben diesen zeitlichen Voraussetzungen bestehen zudem die für das Patentrecht typischen Auslegungs- und Beweisprobleme, die der Referenzprodukthersteller als Antragsteller zu bewältigen hat. Einzelfälle zeigen, dass es für die Referenzprodukthersteller dabei nicht in jeden Fall möglich ist, das im Inland vertriebene Biosimilar zu erhalten. Es ist daher nicht immer möglich, das Produkt zu testen, um einen Verletzungsvorwurf glaubhaft machen zu können, was zu Beweisproblemen führt. Auch der Rechtsbestand der geltend gemachten Patente muss hinreichend sicher sein. Offensichtlich gilt dies nicht für alle Patente der Referenzprodukthersteller.

123 Es ist den Referenzproduktherstellern somit auch in der Praxis nur unter hohen Hürden möglich, eine einstweilige Verfügung gegen ein Biosimilar zu erwirken.

e) Zwischenfazit

124 Insgesamt führen die benannten Besonderheiten und Probleme daher letztlich zu einer Situation, die sowohl Biosimilar- als auch Referenzprodukthersteller in unterschiedlichen Aspekten nicht zufrieden stellt.

125 Biosimilar-Hersteller wollen mit ihrem Produkt möglichst frühzeitig auf den Markt und gleichzeitig keinen Rechtsunsicherheiten durch patentrechtliche Verfahren des Referenzproduktherstellers ausgesetzt sein. Sie wollen dabei nicht nur möglichst wenige Patente verhandeln, um Kosten zu sparen, sondern gerade auch nach der Zulassung ungehindert und dauerhaft Marktzugang erlangen. Bisher wird ihnen dies in Deutschland und Europa nicht ermöglicht. Bis auf Rechtsbestands- und, in seltenen Fällen, Feststellungsverfahren sind Prozesse erst nach oder unmittelbar vor dem Markteintritt möglich. Biosimilar-Hersteller

müssen daher, insbesondere nachdem ein geltend gemachtes Patent im einstweilige Verfügungsverfahren nicht bereits ein erstinstanzliches Einspruchs- oder Nichtigkeitsverfahren überstanden haben muss, mit einer Verzögerung des Markteintritts oder langwierigen und kostenaufwendigen Verletzungsverfahren rechnen.

Gleichzeitig wollen Referenzprodukthersteller Nachahmerprodukte möglichst lange vom Markt fernhalten und ihr geistiges Eigentum vor unberechtigter Nachahmung schützen. Dazu sind sie auf die Durchsetzung ihrer Patente angewiesen. Hierfür benötigen sie insbesondere Zugang zu Informationen des Biosimilar-Herstellers, die das Herstellungsverfahren betreffen. Die Möglichkeit dazu bekommen sie aber erst im Rahmen eines Verfahrens, dass erst kurz vor der Marktzulassung stattfinden kann und das in der Regel mangels Besichtigungsmöglichkeiten der Unterlagen und Herstellungsverfahren des Produktes auf Verdacht erfolgt. Ein Verfahren gründlich vorzubereiten, das rechtzeitig den Markteintritt des Biosimilars verhindern kann, ist daher derzeit kaum möglich. Dies erhöht das Risiko rechtlich unsubstantiierter Verfahren gegen Biosimilars. 126

Die vorbeschriebenen Hürden in der patentrechtlichen Auseinandersetzung leisten insofern einen überaus relevanten Beitrag zum verzögerten oder erschwerten Markteintritt von Biosimilars. Im Gegensatz zu den Eigenschaften von Biologika, die Zugangshürden bedingen, aber naturgegeben und damit nicht veränderbar sind, bieten Patentstreitigkeiten einen Ansatzpunkt für eine zielführende gesetzliche Regulierung, die auf einen leichteren Marktzugang von Biosimilars hinwirken kann. Im Unterschied zu anderen regulatorischen Einwirkungen, etwa auf die Preissetzung von Arzneimitteln durch Festpreise und Rabattverträge, die erst greifen können, wenn Nachahmerprodukte schon auf dem Markt sind[261], kann das Patentrecht bereits den Zugang zum Markt eröffnen. 127

Es lohnt sich daher, gerade für die bestehenden patentrechtliche Probleme bei Biosimilars, mögliches Verbesserungspotential zu evaluieren und dazu die Herangehensweise anderer Länder und Rechtssysteme zu beleuchten. 128

261 Siehe zudem Untersuchungen von *Rémuzat/Kapuśniak/Caban/Ionescu/Radière/Mendoza/Toumi,* Supply-side and demand-side policies for biosimilars: an overview in 10 European member states, in: Journal of Market Access & Health Policy 2017, 1 (10) und *Rémuzat/Dorey/Cristeau/Ionescu/Radière/Toumi*, Key drivers for market penetration of biosimilars in Europe, in: Journal of Market Access & Health Policy 2017, 1 (11) mit der Schlussfolgerung, dass selbst Preissteuerungen nach Markteinführung alleine noch nicht zur Marktdurchdringung führen.

Kapitel 3 Biosimilars in den USA: BPCIA und Patent Dance

Die Regulierung von Biosimilars geriet, verglichen mit der EU, in den USA erst 129
spät in den Fokus der Rechtssetzung. Während sich in der EU bereits im Jahr 2003 die erste Richtlinie mit einer vereinfachten Zulassung von Biosimilars beschäftigte[262], bestand in den USA vergleichsweise lange keine eigenständige Regelung für die Zulassung von Biosimilars.[263] Zwar gab es für die Zulassung eines Biopharmazeutikums bereits die Möglichkeit eine »biological license application«, kurz »BLA«, zu beantragen. Dieser Antrag führte jedoch lediglich dazu, dass das Medikament in einem für Biologika spezialisierten Verfahren zugelassen wurde. Die Zulassung aufgrund einer BLA sieht jedoch gerade keine Aussage dazu vor, ob das zugelassene Medikament eine vergleichbare Wirkung wie ein anderes, bereits zugelassenes innovatives Biologikum besitzt oder gegebenenfalls sogar mit diesem in der Behandlung ausgetauscht werden kann.[264] Da Hersteller von Biosimilars aber gerade auf diese Bezugnahme zum Referenzprodukt im direkten Wettbewerb mit dessen Hersteller angewiesen sind, um als günstiges Ersatzprodukt selbst Marktanteile zu erlangen, war der Anreiz einer einfachen BLA-Zulassung für sie gering.[265] Auch die hohen Kosten und die lange Dauer der Studien, die für eine BLA benötigt werden, führten dazu, dass dieser Zulassungsweg für Biosimilars unattraktiv blieb.[266] Unter diesen Bedingungen wäre es den Herstellern angesichts des finanziellen Aufwands der BLA-Zulassung kaum gelungen, Biosimilars günstiger als die innovativen Biologika am Markt anzubieten.[267]

Auch die Anwendung von bereits geschaffenen Zulassungswegen für Nach- 130
ahmungspräparate anderer Art schied in den USA aus. Zwar existierte beispiels-

262 *Kurki/Ekman*, Biosimilar Regulation in the EU, in: Expert Review of Clinical Pharmacology 2015, 649 (650).

263 *Timmis*, The Biologics Price Competition and Innovation Act: Potential Problems in the Biologic-Drug Regulatory Scheme, in: Northwestern Journal of Technology and Intellectual Property 2015, 215 (222).

264 42 U.S.C. § 262 (a).

265 *Garcia/Stroud*, Ships in the Night: Resolving Administrative Conflict between FDA- and Patent-related Legislation, in: American University Law Review 2019, 1111 (1136).

266 *Lietzan*, The Uncharted Waters of Competition and Innovation in Biological Medicines, in: Florida State Law Review 2017, 883 (889).

267 *Hirsch*, The Riddle of the Mysterious Patent Dance Wrapped in an Enigma: Is the Patent Dance of the BPCIA Optional or Mandatory?, in: Fordham Intellectual Property, Media & Entertainment Law Journal 2017, 645 (663).

weise ein durch den Hatch-Watxman Act geschaffenes vereinfachtes Zulassungsverfahren für Nachahmungspräparate, dieses bezog sich jedoch ausschließlich auf Generika.[268] Die Regelungsstruktur des Hatch-Waxman Acts konnte auch nicht unmittelbar auf Biosimilars angewandt werden, da es für Biosimilars aufgrund ihrer komplexen Natur und der sehr variablen Herstellung oft unmöglich ist, Bioäquivalenz nachzuweisen. Dies stellt aber eine wesentliche Anforderung des Hatch-Waxman Acts dar.[269]

131 Dass insofern ein legislatives Vakuum für die Zulassung von Biosimilars bestand, erlaubte es Herstellern von Biopharmazeutika lange, ohne direkte Konkurrenz am US-amerikanischen Markt aufzutreten und letztlich die Preise ihrer Produkte ohne wettbewerblichen Druck festzusetzen.[270] Entsprechend gehörten biologische Arzneimittel zu den Medikamenten mit den höchsten Preisen auf dem Markt.

132 Auch der US-amerikanische Gesetzgeber war sich dieser Regelungslücke und den daraus resultierenden Marktverhältnissen bewusst. Jedoch wurde erst im Jahr 2009 eine dem Hatch-Waxman Act vergleichbare Regelung für die Zulassung von Biosimilars geschaffen und am 23. März 2010 durch den damaligen US Präsidenten Obama in Kraft gesetzt.[271] Nach langem gesetzgeberischem Ringen wurde der Biologics Price Competition and Innovation Act (BPCIA) als Teil des Patient Protection and Affordable Care Acts (PPACA) verabschiedet. Er fügte dem Public Health Service Act (PHSA) die Absätze 351 (k), 351 (l) und 351 (m) hinzu – kodifiziert unter 42 U.S.C. § 262 –, die einen neuen, abgekürzten Zulassungsweg für Biosimilars enthielten. Auch der Patent Act wurde angepasst und in 35 U.S.C. § 271 (e) (2) (C) erweitert.[272]

268 *Kelly*, Biologics in the Practice of Law, in: Harvard Journal of Law & Public Policy 2016, 21 (22); *Lu*, Biologics Price Competition and Innovation Act: Striking a Delicate Balance Between Innovation and Accessibility, in: Minnesota Journal of Law, Science & Technology 2014, 613 (615 f.).

269 *Wu/Cheng*, Into the Woods: A Biologic Patent Thicket Analysis, in: Chicago-Kent Journal of Intellectual Property 2020, 93 (103); *Hirsch,* The Riddle of the Mysterious Patent Dance Wrapped in an Enigma: Is the Patent Dance of the BPCIA Optional or Mandatory?, in: Fordham Intellectual Property, Media & Entertainment Law Journal 2017, 645 (660).

270 *Kelly*, Biologics in the Practice of Law, in: Harvard Journal of Law & Public Policy 2016, 21 (22).

271 Ebda., 21 (22); *Mund*, Patenting biosimilars, in: Matthews/Zech (Hrsg.), Research Handbook on Intellectual Property and the Life Sciences, S. 3 (12); *Lu*, Biologics Price Competition and Innovation Act: Striking a Delicate Balance Between Innovation and Accessibility, in: Minnesota Journal of Law, Science & Technology 2014, 613 (615 f.).

272 *Epstein*, The Constitutional Protection of Trade Secrets and Patents under the Biologics Price Competition and Innovation Act of 2009, in: Food Drug Law Journal 2011, 285 (285 f.); *Dougherty,* The New Follow-On-Biologics Law: A Section by Section Analysis of the Patent Litigation Provisions in the Biologics Price Competition and Innovation Act of 2009, in: Food and Drug Law Journal 2010, 231 (231, 240).

Mit der Gesetzgebung wurden maßgeblich zwei scheinbar gegensätzliche Ziele verfolgt: zum einen sollte durch die neue Regelung Konkurrenz geschaffen und dadurch der Preis von Biopharmazeutika gesenkt werden, sodass breiten Bevölkerungsschichten Zugang zu erforderlichen Medikamenten und Therapien ermöglicht wird; zum anderen sollte gleichzeitig gewährleistet bleiben, dass auch weiterhin innovative Biopharmazeutika von der Industrie entwickelt werden.[273] 133

Um diese Ziele zu verwirklichen, beschränkte sich der Gesetzgeber nicht nur auf die Schaffung eines verkürzten Zulassungsverfahrens für Biosimilars vor der amerikanischen Arzneimittelzulassungsbehörde (FDA) und die Gewährleistung von Exklusivitätszeiträumen für innovative Biopharmazeutika nach europäischem Vorbild.[274] Der BPCIA beinhaltet darüber hinaus auch ein komplexes Verfahren, durch das Patentstreitigkeiten zwischen dem Referenzprodukthersteller (auch Sponsor genannt) und dem Hersteller des Biosimilars (im Verfahren aufgrund seines Zulassungsantrags für ein Biosimilar als Antragsteller bezeichnet[275]) möglichst vor der Zulassung des Biosimilars ausgeräumt werden sollen.[276] Durch die frühzeitige Beilegung von Patentstreitigkeiten sollen Gerichtsverfahren und die damit verbundenen Verzögerungen und Unsicherheiten beim Markteintritt 134

273 *Lu*, Biologics Price Competition and Innovation Act: Striking a Delicate Balance Between Innovation and Accessibility, in: Minnesota Journal of Law, Science & Technology 2014, 613 (614); *Koballa*, The Biologics Proce Competition and Innovation Act: Is a Generic Market for Biologics Attainable, in: William & Mary Business Law Review 2018, 479 (482); *McMahon*, The Biologics Price Competition and Innovation Act of 2009: Legislative Imprudence, Patent Devaluation, and the False Start of a Multi-Billion Dollar Industry, in: Kentucky Law Journal 2012, 635 (636); *Woodage*, Blinded by (a Lack of) Science: Limitations in Determining Therapeutic Equivalence of Follow-On Biologics and Barriers to Their Approval and Commercialization, in: Stanford Technology Law Review 2012, 9 (9); *Wu/Cheng*, Into the Woods: A Biologic Patent Thicket Analysis, in: Chicago-Kent Journal of Intellectual Property 2020, 93 (93); *Maini/Feng/Hwang/Klimek*, Biosimilar Entry and the Pricing of Biologic Drugs (04.01.2021), online: https://ssrn.com/abstract=3760213 (zuletzt geprüft am 05.06.2023).

274 *Shepherd*, Disrupting the Balance: The Conflict between Hatch-Waxman and Inter Partes Review, in: N.Y.U. Journal of Intellectual Property & Entertainment Law 2016, 14 (24,26); *Brougher*, The Biosimilars Act: Promoting or Discouraging the Development of Generic Biologics?, in: Biotechnology Healthcare 2010, 22 (22).

275 Der Begriff Antragsteller ist dabei weit zu verstehen und schließt denjenigen ein, der beabsichtigt, durch seine Beteiligung an der Herstellung, der Einfuhr, dem Vertrieb und/oder dem Verkauf des Biosimilars einen unmittelbaren Nutzen aus der Zulassung zu ziehen, in der Regel also das den Antrag einreichende oder vorbereitende Unternehmen, AbbVie Inc. v. Alvotech hf., No. 1:21-cv-02258, Doc. 51 (N.D. Ill. Aug. 23, 2021).

276 *Kulathila*, BPCIA Update: Entropy Is the Price of an Ordered Framework, in: Berkeley Technology Law Journal 2018, 1277 (1278).

von Biosimilars verkürzt werden.[277] Gleichzeitig soll mittels des frühzeitigen Austauschs sichergestellt werden, dass Referenzprodukthersteller ihre Patente gegen unberechtigte Nachahmungspräparate durchsetzen können, ohne den Markteintritt von Konkurrenzprodukten und damit eine Schwächung der eigenen Marktposition abwarten zu müssen.[278] Dadurch soll auch erreicht werden, dass der Anreiz zur Entwicklung innovativer Medikamente für die Referenzprodukthersteller bestehen bleibt.[279]

135 Das dafür geschaffene und als »Patent Dance« bezeichnete Verfahren beinhaltet mehrere komplexe Schritte, innerhalb derer sowohl ein Informationsaustausch als auch Verhandlungen zwischen den beteiligten Parteien stattfinden sollen. Legislativ ist dies ohne historisches Vorbild.[280] Ob und wie ein Prozedere zur Klärung von Patentverletzungsfragen gestaltet werden sollte, war während des Gesetzgebungsverfahrens äußerst umstritten. Der Patent Dance in seiner heutigen Form hat sich schließlich aus mehreren konträren Entwürfen entwickelt, die im Laufe des Gesetzgebungsprozesses zur Debatte standen. Dieser legislative Prozess wird im Folgenden mit Vorgriff auf den Inhalt der Regelung (B.) näher untersucht und insbesondere im Hinblick auf die verschiedenen Regelungsentwürfe zur Klärung von Patentstreitigkeiten beleuchtet (A.).

A. Entwicklung des BPCIA

136 Der Gesetzgebungsprozess, der den Text des BPCIA formte, dauerte über vier Jahre und hatte insgesamt acht verschiedene Gesetzesentwürfe sowie zahlreiche Anhörungen zum Gegenstand.[281] Während sich die entscheidenden Ideen gerade im Hinblick auf die patentrechtlichen Regelungen bereits schon in den ersten Entwürfen befanden, dauerte es wesentlich länger, aus allen vorgeschlagenen Lösungen einen ausgewogenen Kompromiss zu entwickeln.

277 *Falit/Singh/Brennan*, Biosimilar Competition In The United States: Statutory Incentives, Payers, And Pharmacy Benefit Managers, in: Health Affairs 2015, 294 (294); *Rai*, The »Follow-On« Challenge: Statutory Exclusivities and Patent Dances, in: Lynch/Cohen (Hrsg.), FDA in the Twenty-First Century, S. 402.

278 *Lietzan et al.*, Amgen Inc. v. Sandoz Inc.: Brief for Amici Curiae 11 Professors in Support of Amgen Inc. as Cross-Petitioners (17.03.2017).

279 *Lu*, Biologics Price Competition and Innovation Act: Striking a Delicate Balance Between Innovation and Accessibility, in: Minnesota Journal of Law, Science & Technology 2014, 613 (614).

280 *Kelly*, Biologics in the Practice of Law, in: Harvard Journal of Law & Public Policy 2016, 21 (25).

281 *Henriksen*, Australia's de facto biosimilar patent dance: a comparison with the United States' BPCIA, in: European Intellectual Property Review 2020, 406 (408).

I. Anstoß der Debatte

Im Jahr 2006 begann im 109. Kongress die ernsthafte legislative Debatte über die Zulassung von Biosimilars.[282] Im Wesentlichen bestand Einigkeit darüber, dass für Biosimilars ein eigenständiger neuer Zulassungsweg geschaffen werden sollte. Dieser sollte es einem Antragsteller zum Zwecke der Zulassung seines Biosimilars ermöglichen, in seinem Antrag auf das Biopharmazeutikum des Referenzproduktherstellers Bezug zu nehmen. Damit waren allerdings nur grobe Züge des vorgesehenen Verfahrens geklärt. Offen und damit Gegenstand der Diskussionen blieben insbesondere Fragen dazu, welche Voraussetzungen und Nachweise ein Antragsteller im Verfahren erbringen muss, damit sein Produkt als Biosimilar zugelassen werden kann. Zu maßgeblichen Differenzen führte auch die Frage, ob und wenn ja für welche Dauer ein exklusiver Zeitraum für innovative Biopharmazeutika nach deren Zulassung gewährt werden sollte, in dem Biosimilars dieses Produkts nicht zugelassen werden dürfen. Hintergrund war der Gedanke, den Referenzproduktherstellern unabhängig von einem Patentschutz ihres Produktes ausreichend Zeit ohne marktwirtschaftliche Konkurrenz zu geben, um ihre Forschungs- und Entwicklungskosten für innovative Medikamente erwirtschaften zu können. Einer der umstrittensten Punkte des Gesetzgebungsverfahrens war jedoch die Einführung und Gestaltung eines Verfahrens, dass die Klärung von Patentverletzungsfragen bereits vor der Zulassung eines Biosimilars ermöglichen sollte. Dementsprechend enthielt die Mehrzahl der eingebrachten Gesetzesentwürfe Mechanismen zur Beilegung von Streitigkeiten im Zusammenhang mit Patenten, die jeweils unterschiedliche Ideen aufgriffen.[283] 137

Die Diskussion um die Biosimilar-Zulassung wurde 2006 durch einen ersten Gesetzesentwurf angestoßen. Im Repräsentantenhaus stellte der Abgeordnete Waxman H.R. 6257 vor, der von Senator Schumer in nahezu identischer Fassung im Senat eingebracht wurde. Beide Entwürfe werden zusammengefasst auch als »First Waxman Bill« bezeichnet. Sinn dieses Entwurfes war zunächst lediglich, eine Debatte über die Einrichtung eines verkürzten Zulassungsweges für Biosimilars anzuregen. Niemand rechnete ernsthaft damit, dass die Vorschläge tatsächlich im 109. Kongress verabschiedet würden, da dieser zum November desselben Jahres neu gewählt werden würde.[284] Der Entwurf formulierte dennoch 138

282 *Carver/Elikan/Lietzan*, An Unofficial Legislative History of the Biologics Price Competition and Innovation Act of 2009, in: Food and Drug Law Journal 2010, 671 (716).

283 *Henriksen*, Australia's de facto biosimilar patent dance: a comparison with the United States' BPCIA, in: European Intellectual Property Review 2020, 406 (408); *Carver/Elikan/Lietzan*, An Unofficial Legislative History of the Biologics Price Competition and Innovation Act of 2009, in: Food and Drug Law Journal 2010, 671 (716).

284 *Carver/Elikan/Lietzan*, An Unofficial Legislative History of the Biologics Price Competition and Innovation Act of 2009, in: Food and Drug Law Journal 2010, 671 (716); *Lietzan*, Biosimilar Law and Regulation: An Essential Guide, S. 9.

erstmalig Anforderungen an die Vergleichbarkeit eines Biosimilars mit dem Referenzprodukt, enthielt allerdings noch keine Exklusivitätsbestimmungen. Er umfasste jedoch bereits einen Mechanismus zur Beilegung von Streitigkeiten im Zusammenhang mit Patenten vor der Zulassung.[285] Diese sollten nach Möglichkeit durch private Verhandlungen zwischen Antragsteller und Sponsor ausgeräumt werden. Vorgeschlagen wurde eine insbesondere Biosimilar Hersteller favorisierende Regelung. Ihnen wurde als Antragsteller freigestellt, von dem Verfahren nach ihrem Ermessen Gebrauch zu machen. Es sollte dem Sponsor obliegen, alle relevanten Patente für die Verhandlungen zu identifizieren, ohne dass er Zugriff auf Informationen bezüglich des potenziell patentverletzenden Biosimilars gehabt hätte. Der Antragsteller konnte nach dem vorgesehenen Verfahren daraufhin gegenüber dem Sponsor vortragen, warum er die geltend gemachten Patente für nicht verletzt oder nicht valide hält. Dieser Vortrag war zu jedem Zeitpunkt des Verfahrens zulässig und die Wahl des Zeitpunkts oblag der freien Entscheidung des Antragstellers. Ausschließlich für den Sponsor galten zeitliche Fristen in den Verhandlungen. Deren Versäumen konnte nach dem Entwurf unter anderem dazu führen, dass einzelne Patente nicht mehr gerichtlich durchgesetzt werden konnten. Wie erwartet führte die First Waxman Bill zwar zu einer Diskussion um die Zulassung von Biosimilars, diese wurde jedoch zunächst von den Wahlen im November unterbrochen.[286]

II. Konkurrierende Vorschläge

139 Um die angestoßene Diskussion über die Zulassung von Biosimilars nicht abbrechen zu lassen, wurden nach den Wahlen im November 2006 erneut diesbezügliche Gesetzesentwürfe eingeführt. Wieder waren es Waxman und Schumer, die in ihren jeweiligen Kammern im Februar 2007 als erste einen erneuten und zueinander identischen Entwurf einbrachten. Der Gesetzesvorschlag H.R. 1038, auch »Second Waxman Bill" genannt, enthielt im Vergleich zu H.R. 6257 mehrere Änderungen. Diese Unterschiede betrafen in erster Linie den erforderlichen analytischen Vergleich zwischen den Produkten, die Definition und Modalitäten der Austauschbarkeit sowie die Benennung von Biosimilars. Änderungen an dem entworfenen patentrechtlichen Verfahren wurden dagegen nicht vorgenommen.[287]

140 Die Entwürfe erfuhren jeweils eine kritisch Resonanz. Insbesondere wurde eine Übervorteilung der Biosimilar-Hersteller bemängelt. Daraufhin wurden in den Folgemonaten weitere Gesetzesvorschläge eingebracht. Als maßgeblicher

285 H.R.6257 — 109th Congress (2005-2006) (16)f.

286 *Carver/Elikan/Lietzan*, An Unofficial Legislative History of the Biologics Price Competition and Innovation Act of 2009, in: Food and Drug Law Journal 2010, 671 (716 ff.).

287 Ebda., 671 (725).

Gegenentwurf zu den Waxman-Entwürfen gilt die im April 2007 durch den Abgeordneten Inslee im Repräsentantenhaus eingebrachte »Inslee Bill«, H.R. 1956. Im Gegensatz zu H.R. 1038 enthielt der Inslee-Entwurf keine patentrechtlichen Bestimmungen. Dafür wurde ein 14-jähriger Exklusivitätszeitraum für das Referenzprodukt vorgeschlagen. In einer etwas modifizierten Version brachte Senator Gregg im März 2007 einen zur Inslee-Bill vergleichbaren Gesetzesentwurf, S. 1505, im Senat ein. Abweichend von H.R. 1956 enthielt dieser Entwurf auch Bestimmungen, die die Klärung von Patentverletzungsfragen durch den Antragsteller vor der Zulassung des Biosimilars ermöglichen sollten.[288] Diese sahen vor, den Sponsoren einen Anspruch auf Zugang zu Informationen über diejenigen Biosimilars zu verschaffen, die in ihrem Zulassungsantrag auf deren Produkte Bezug nehmen. Auch hier war im Anschluss ein privates, optionales Schlichtungsverfahrens zwischen den Beteiligten vorgesehen, dessen Durchführung im Gegensatz zu den Waxman-Bills aber zur Disposition des Sponsors gestanden hätte. Daneben befanden sich im Entwurf auch zeitliche Beschränkungen der Klagemöglichkeiten von Antragstellern und die zumindest teilweise Abhängigkeit der Zulassung eines Biosimilars von dem Ausgang eines zuvor geführten Patentverletzungsverfahrens. Insgesamt waren diese Gesetzesentwürfe damit verstärkt zum Vorteil der Innovatoren formuliert.[289]

Nach mehreren Anhörungen im Senat und Repräsentantenhaus zu den ver- 141
schiedenen Entwürfen wurde im Jahr 2008 noch einmal ein gänzlich neuer Entwurf durch die Abgeordnete Eshoo im Repräsentantenhaus eingebracht. Ihre H.R. 5629 sah einen leicht reduzierten Exklusivitätszeitraum von zwölf Jahren für Innovatoren vor und enthielt noch einmal neu formulierte patentrechtliche Bestimmungen.[290] Im Gegensatz zu den vorherigen Entwürfen sollte der Austausch zwischen Antragsteller und Sponsor verpflichtend sein. Auch dieser Entwurf sah vor, dass der Antragsteller Informationen über das Biosimilar, insbesondere über dessen Herstellungsverfahren, an den Sponsor übermittelt. Daraufhin sollten die Beteiligten in privaten Verhandlungen Informationen über möglicherweise verletzte Patente austauschen. Signifikante Neuerungen im Vergleich zu den vorherigen Entwürfen stellten der strikte Zeitplan, der Fristen für bestimmte Schritte in den Verhandlungen vorsah, und die Beteiligung Dritter an den Verhandlungen dar. So sollten auch vom Sponsor des Referenzproduktes verschiedene Personen, zum Beispiel Inhaber eines relevanten Patents oder Dritte mit dem Recht, Verletzungsklagen in Bezug auf das relevante Patent einzuleiten oder sich daran zu beteiligen, an den Verhandlungen teilnehmen können. Parallel zu dem Vorschlag von Senator Gregg waren zudem zeitliche Beschränkungen

288 S. 1505 — 110th Congress (2007–2008) (8)f.

289 *Carver/Elikan/Lietzan*, An Unofficial Legislative History of the Biologics Price Competition and Innovation Act of 2009, in: Food and Drug Law Journal 2010, 671 (739, 745); *Tanaka*, »Shall« We Dance? Interpreting the BPCIA's Patent Provisions, in: Berkeley Technology Law Journal 2016, 659 (665).

290 H.R. 5629 — 110th Congress (2007–2008).

der Klagemöglichkeiten von Antragstellern gegen Patente der Sponsoren geplant und die Verweigerung der Zulassung eines Biosimilars vorgesehen, wenn der Sponsor in einem zuvor geführten Patentverletzungsverfahren obsiegt hatte.[291] Auch dieser Entwurf entsprach damit vorrangig den Interessen von Patentinhabern und Innovatoren.

III. Kompromissvorschlag des HELP-Committees

142 Nach weiteren Anhörungen konnte letztlich ein Kompromiss aus den verschiedenen Regelungsentwürfen erzielt werden. Dieser wurde durch vier Mitglieder des sogenannten »HELP Committee« (kurz für Senate Committee on Health, Education, Labor, and Pensions) geprägt. Bereits 2007 einigten sich die Senatoren Kennedy, Clinton, Hatch und Enzi auf die Ausarbeitung eines Gesetzesentwurfs, der einen Ausgleich zwischen den Interessen der Biosimilar- und der Innovatoren-Industrie herstellen sollte.[292] Zwar wurde ein entsprechender Entwurf (S. 1695) noch im selben Jahr fertiggestellt, er konnte allerdings aufgrund anhaltender Diskussionen um weitere Änderungen erst im November 2008 formell vorgelegt werden.[293] Inhaltlich entspricht dieser Entwurf weitestgehend dem später verabschiedeten Text des BPCIA.[294]

143 Auch wenn bis zu der Verabschiedung des Gesetzes im Jahr 2009 noch ein dritter Entwurf der Waxman Bill und eine Zweite Eshoo-Bill zur Debatte standen, die keine wesentlichen Änderungen im Vergleich zu den vorangegangenen Entwürfen enthielten, konnte sich keiner dieser Entwürfe schlussendlich durchsetzen.[295] Stattdessen wurde der Vorschlag des HELP-Committees 2009 zum Mittelpunkt der Gespräche im Kongress und Ausgangspunkt letzter Änderungen. Die

291 *Carver/Elikan/Lietzan*, An Unofficial Legislative History of the Biologics Price Competition and Innovation Act of 2009, in: Food and Drug Law Journal 2010, 671 (771); *Tanaka*, »Shall« We Dance? Interpreting the BPCIA's Patent Provisions, in: Berkeley Technology Law Journal 2016, 659 (665); *Mannebach*, We Shall Dance, Unless You Choose Not To, in: University of Kansas Law Review 2017, 687 (701).

292 *Henriksen*, Australia's de facto biosimilar patent dance: a comparison with the United States' BPCIA, in: European Intellectual Property Review 2020, 406 (408).

293 *Carver/Elikan/Lietzan*, An Unofficial Legislative History of the Biologics Price Competition and Innovation Act of 2009, in: Food and Drug Law Journal 2010, 671 (767).

294 *Tanaka*, »Shall« We Dance? Interpreting the BPCIA's Patent Provisions, in: Berkeley Technology Law Journal 2016, 659 (666); *Henriksen*, Australia's de facto biosimilar patent dance: a comparison with the United States' BPCIA, in: European Intellectual Property Review 2020, 406 (408); S. 1695 — 110th Congress (2007–2008).

295 *Carver/Elikan/Lietzan*, An Unofficial Legislative History of the Biologics Price Competition and Innovation Act of 2009, in: Food and Drug Law Journal 2010, 671 (777 f.).

Debatte fokussierte sich dabei insbesondere auf die Länge der Exklusivität für innovative Biopharmazeutika.[296] Hierzu wurden gleich mehrere Änderungsvorschläge eingebracht. Das vorgesehene Resolutionsschema für Patentstreitigkeiten wurde jedoch grundlegend beibehalten.[297] Trotz einer kritischen Eingabe der Federal Trade Commission (FTC), die befand, dass es aufgrund der zahlreichen und unterschiedlichen Patente, die biologische Arzneimittel schützen, unwahrscheinlich ist, dass ein spezielles Verfahren zur Lösung von Patentfragen vor der FDA-Zulassung erfolgreich sein wird, wurde an den patentrechtlichen Bestimmungen insgesamt festgehalten.[298]

Aus dem finalisierten Entwurf des HELP-Committees entstand so schließlich 144 der BPCIA, der Ende 2009 von Senat und Repräsentantenhaus als Teil des Gesundheitsreformpakets Patient Protection and Affordable Care Act (PPACA) verabschiedet wurde. Obwohl der Präsident noch nach der Verabschiedung des Gesetzes Bedenken bezüglich der gewährten Exklusivitätsperiode äußerte und auf eine Änderung drängte, wurden keine weiteren Veränderungen am Text mehr vorgenommen. So wurde am 23. März 2010 das Gesetz endgültig unterzeichnet und in Kraft gesetzt. Aus dem Gesetzentwurf wurde damit das öffentliche Gesetz Nr. 111–152.[299]

B. Inhalt des BPCIA

Der durch das HELP-Committee gefundene Kompromiss reflektierte inhaltlich 145 das Gesetzgebungsverfahren. Der BPCIA bedient sich im Wesentlichen der Ideen aus den eingebrachten Gesetzesentwürfen und kombiniert diese, um sowohl dem Bedürfnis gerecht zu werden, einen Anreiz für Innovationen zu erhalten, gleichzeitig aber auch dem Verbraucherinteresse nach einer beschleunigten Zulassung von günstigeren Nachahmungspräparaten zu entsprechen. Dazu umfasst der BPCIA im Kern drei Regelungselemente. Zum einen wurde ein verkürzter Zulassungsweg für Bioismilars geschaffen, der es dem Antragsteller teilweise

296 *Lietzan,* Biosimilar Law and Regulation: An Essential Guide, S. 13; *Carver/Elikan/Lietzan*, An Unofficial Legislative History of the Biologics Price Competition and Innovation Act of 2009, in: Food and Drug Law Journal 2010, 671 (777).

297 *Carver/Elikan/Lietzan*, An Unofficial Legislative History of the Biologics Price Competition and Innovation Act of 2009, in: Food and Drug Law Journal 2010, 671 (784 ff.)

298 *Mannebach*, We Shall Dance, Unless You Choose Not To, in: University of Kansas Law Review 2017, 687 (704); *Carver/Elikan/Lietzan*, An Unofficial Legislative History of the Biologics Price Competition and Innovation Act of 2009, in: Food and Drug Law Journal 2010, 671 (788).

299 *Carver/Elikan/Lietzan*, An Unofficial Legislative History of the Biologics Price Competition and Innovation Act of 2009, in: Food and Drug Law Journal 2010, 671 (806); *Lietzan,* Biosimilar Law and Regulation: An Essential Guide, S. 13 f.

erlaubt, auf eigne Studien zu verzichten und stattdessen auf die klinischen Versuchsdaten eines zugelassenen Referenzprodukts Bezug zu nehmen. Ausgleichend wird Herstellern innovativer Biologika eine zwölfjährige Exklusivitätsphase auf dem Markt gewährt und ein Verfahren zur effizienten Lösung von Patentstreitigkeiten innerhalb dieser Zeitspanne vorgesehen.[300] Besonders dieses zur Klärung von Patentstreitigkeiten geschaffene Verfahren wird nachfolgend untersucht (II.). Da das patentrechtliche Verfahren in den Zulassungsprozess von Biosimilars eingebettet ist, ist allerdings zunächst ein Überblick über die Rahmenbedingungen der Zulassung von Biosimilar in den USA erforderlich (I.).

I. Rahmenbedingungen der Zulassung eines Biosimilars

146 Als Biosimilar kann in den USA ein Medikament nur unter Bezugnahme auf ein bereits von der FDA zugelassenes Biologikum (Referenzprodukt) zugelassen werden. Dabei unterliegt es sowohl sachlichen als auch zeitlichen Zulassungsvoraussetzungen.

1. Sachliche Zulassungsvoraussetzungen

147 Im Rahmen des BPCIA kann der Hersteller eines Biosimilars, der so genannte »Biosimilar Applicant« (Antragsteller), eine »abbreviated Biologics License Application« (kurz aBLA), also einen verkürzten Zulassungsantrag für ein Biologikum einreichen.[301] Um aufgrund dieses Antrags eine Zulassung für sein Biosimilar zu erlangen, muss der Antragsteller nachweisen, dass sein Produkt mit dem originalen Biologikum, also dem Referenzprodukt, biologisch vergleichbar (»biosimilar«) oder mit diesem austauschbar (»interchangeable«) ist.[302]

148 42 U.S.C. § 262 (i) (2) definiert die Voraussetzungen, unter denen ein Biologikum als »biosimilar« zugelassen werden kann. Um den Status eines Biosimilars zu erhalten, muss ein Hersteller nachweisen, dass das betreffende Präparat »dem Referenzprodukt ungeachtet geringer Unterschiede bei klinisch inaktiven Bestandteilen [...] sehr ähnlich ist« und dass es »keine klinisch bedeutsamen Unterschiede zwischen dem biologischen Produkt und dem Referenzprodukt in Bezug auf die Sicherheit, Reinheit und Wirksamkeit des Produkts gibt«.[303] Der

300 *Tanaka*, »Shall« We Dance? Interpreting the BPCIA's Patent Provisions, in: Berkeley Technology Law Journal 2016, 659 (659).

301 *Wang/Williams/McGlynn/Rice/Shmuel*, How Biosimilars Are Approved and Litigated: Patent Dance Timeline (12.08.2020), online: https://www.fr.com/how-biosimilars-approved-litigated-patent-dance-timeline/ (zuletzt geprüft am 05.06.2023).

302 *Paradise*, The Devil Is in the Details: Health-Care Reform, Biosimilars, and Implementation Challenges for the Food And Drug Administration, in: Jurimetrics Journal 2011, 279 (284).

303 42 U.S.C. § 262 (i) (2).

Hersteller eines Biosimilars muss also grundsätzlich nachweisen, dass die chemische und die klinische Ähnlichkeit so groß sind, dass kein signifikanter Unterschied zum Referenzprodukt festgestellt werden kann.[304]

Dagegen muss für den Status als »interchangeable« zusätzlich gem. 149
42 U.S.C. 262 (k) (4) durch Studien nachwiesen werden, dass das Produkt bei einem beliebigen Patienten das gleiche klinische Ergebnis wie das Referenzprodukt erzielt, und der Wechsel zwischen den beiden Produkten kein Risiko für den Patienten in Bezug auf Sicherheit oder verminderte Wirksamkeit darstellt. Nur in diesem Fall, kann das Produkt in der Apotheke automatisch gegen das Referenzprodukt ausgetauscht werden.[305]

2. Zeitliche Zulassungsvoraussetzungen

Auch in anderer Hinsicht wird die Konkurrenz zwischen Original- und Nachah- 150
mungspräparaten reguliert. Neben den inhaltlichen Voraussetzungen ist die Zulassung von Biosimilars zusätzlich zeitlich beschränkenden Vorgaben unterworfen. Die Zulassung eines Biosimilars kann nach den Bestimmungen des BPCIA nicht unmittelbar nach der Zulassung des Referenzproduktes erfolgen. Dem Hersteller eines innovativen Biologikums wird gem. 42 U.S.C. § 262 (k) (7) eine – von einem möglicherweise bestehenden Patentschutz unabhängige – Zeitspanne gewährt, in der er ohne Konkurrenz sein Produkt am Markt etablieren und dadurch Forschungs- und Entwicklungskosten für das innovative Medikament erwirtschaften kann. Dies soll den Anreiz für Hersteller erhalten, auch weiterhin innovative Produkte zu entwickeln und auf den Markt zu bringen und gleichzeitig ausgleichen, dass der Patentschutz für den Wirkstoff aufgrund der langen Zeit- und Entwicklungsspanne des Medikaments häufig nicht mehr in voller Länge besteht.[306] Der BPCIA sieht als Zeitspanne für diesen exklusiven Marktzugang insgesamt zwölf Jahre vor.

Diese Exklusivitätsperiode teilt sich in zwei Abschnitte auf. Für die ersten vier 151
Jahre besteht gem. 42 U.S.C. § 262 (k) (7) (B) eine sog. »Datenexklusivität«. Innerhalb dieses Zeitraums darf kein Antragsteller auf die zur Zulassung eingereichten Daten des innovativen Biologikums Bezug nehmen. Die FDA ist dadurch effektiv gezwungen, innerhalb dieser vier Jahre keine Anträge auf Zulassung eines Biosimilars entgegenzunehmen. Nach diesem Zeitraum darf ein

304 *Ludonnikov*, The Biosimilar Patent Dance – If You Don't Dance, You're No Friend Of Mine, in: Santa Clara High Technology Law Journal 2018, 135 (139).

305 *McTague*, The Biologics Price Competition and Innovation Act: The Pros and Cons of Biosimilar Approval (08.02.2011), online: https://news.bloomberglaw.com/pharma-and-life-sciences/the-biologics-price-competition-and-innovation-act-the-pros-and-cons-of-biosimilar-approval (zuletzt geprüft am 05.06.2023)

306 *Holman*, Maintaining Incentives for Healthcare Innovation: A Response to the FTC's Report on Follow-On Biologics, in: Minnesota Journal of Law, Science & Technology 2010, 755 (762).

Antragsteller zwar mittels eines aBLA auf die Zulassungsdaten des innovativen Biologikums Bezug nehmen, eine Marktzulassung des Biosimilars kann durch die FDA jedoch erst gem. 42 U.S.C. § 262 (k) (7) (A) nach Ablauf von weiteren acht Jahren ausgesprochen werden (»Marktexklusivität«). Es dauert also mindestens zwölf Jahre nach der Zulassung eines Biologikums, bis Biosimilars überhaupt auf dem Markt verfügbar sind.[307]

152 Damit diese Zugangsschranke auch tatsächlich auf zwölf Jahre beschränkt bleibt, enthält der BPCIA in gem. 42 U.S.C. § 262 (k) (7) (C) Bestimmungen, die ein Evergreening der innovativen Medikamente verhindern sollen. Verschiedene Verbesserungen des Referenzproduktes, die der BPCIA auflistet, führen nicht dazu, dass das Biologikum eine erneute Exklusivitätsperiode erhält. Dadurch soll verhindert werden, dass Hersteller der Referenzprodukte strategisch kleine Verbesserungen an ihren Produkten vornehmen, um dadurch ihre Monopolstellung auf dem Markt zu verlängern.[308]

153 Die Exklusivitätsbestimmungen des BPCIA nehmen auch Auswirkung auf den Mechanismus zur Klärung von Patentverletzungsfragen. Insbesondere die Zeitspanne zwischen dem Zulassungsantrag im aBLA-Verfahren, der nach Ablauf der Datenexklusivität gestellt werden kann, und dem tatsächlich möglichen Zulassungszeitpunkt nach Ablauf der Marktexklusivität ist von entscheidender Bedeutung und markiert den Ausgangspunkt für die patentrechtlichen Bestimmungen des BPCIA.

II. Patent Dance

154 Die patentrechtlichen Bestimmungen, die auch als Patent Dance bezeichnet werden, sind zentraler Bestandteil des BPCIA. Wie bereits aufgezeigt, sind mit einem in Aussicht stehenden Markteintritt von Biosimilars häufig Fragen zu einer möglichen Patentverletzung verbunden. Dabei gibt es bei patentrechtlichen Streitigkeiten über Biosimilars in der Regel zwei Parteien: den Sponsor, der ein Patent auf ein innovatives biologisches Arzneimittel, dessen Herstellung, Verwendung oder Anderes hält oder lizensiert hat, und den Antragsteller, der eine Nachfolgeversion dieses Arzneimittels auf den Markt bringen will.[309] Dies spiegelt sich

307 *McMahon*, The Biologics Price Competition and Innovation Act of 2009: Legislative Imprudence, Patent Devaluation, and the False Start of a Multi-Billion Dollar Industry, in: Kentucky Law Journal 2012, 635 (644 f.); *Blackstone/ Fuhr*, Innovation, Patents and Biologics: The Road to Biosimilar Competition: Factors Influencing Investment, Business Decisions and Marketing of Biosimilars, in: Gutka/Yang/Kakar (Hrsg.), Biosimilars, S. 23 (30).

308 *Freilich,* Patent Infringement In The Context Of Follow-On Biologics, in: Stanford Technology Law Review 2012, 9 (23).

309 *Li,* Does it still take two to tango? A modern Interpretation of the BPCIA's Patent Dance, in: N.Y.U. Journal of Intellectual Property & Entertainment Law 2019, 107 (108).

auch in den beteiligten Parteien am Patent Dance wieder. Maßgeblich sind an den Verhandlungen innerhalb des Patent Dance nur Antragsteller und Sponsor beteiligt. Dagegen spielen Dritte sowie die FDA, der die wesentliche Entscheidungsgewalt über den Zulassungsprozess zukommt, in diesem Verfahren nur eine untergeordnete Rolle. Während des Patent Dance wird gerade die Zulassungsbehörde in patentrechtliche Fragen nicht involviert. Sie entscheidet vielmehr lediglich über die Zulassung des Biosimilars, unabhängig vom Ausgang des patentrechtlichen Verfahrens.[310] Der Patent Dance findet also losgelöst von der Zulassung statt.

Dass überhaupt im Rahmen des Patent Dance über eine Patentverletzung durch 155
ein Biosimilar verhandelt werden kann, setzt jedoch zunächst voraus, dass eine Verletzungshandlung des Antragstellers vorliegt. Grundsätzlich ist dies bei Medikamenten nur der Fall, wenn das Präparat vermarktet wird und alle Elemente eines Patentanspruchs oder deren Äquivalent aufweist, letztlich also erst nachdem eine Zulassung des Biosimilars überhaupt erfolgt ist und ein Markteintritt zumindest zeitnah in Aussicht steht.[311] Um mögliche Patentstreitigkeiten aber schon vor der Zulassung und dem Markteintritt des Biosimilars ausräumen zu können, installiert der BPCIA eine vorgezogene fingierte Verletzungshandlung, das sog. »artificial infringement«. Diese liegt nach 35 U.S.C. § 271 (e) (2) (C) bereits dann vor, wenn der Antragsteller seinen aBLA-Antrag auf Zulassung des Biosimilars bei der FDA einreicht. Die Antragstellung wird insofern als Verletzungshandlung gewertet.

Nachdem der Antrag aufgrund der zunächst geltenden Datenexklusivität des 156
Referenzproduktes frühestmöglich vier Jahre nach der Zulassung des Referenzproduktes gestellt werden kann, bleiben den Parteien daher im besten Fall acht Jahre Zeit, um mögliche Patentstreitigkeiten vor der Zulassung des Biosimilars zu klären, die nach Ablauf der zwölfjährigen Marktexklusivität des Originalpräparats möglich wird. Aber auch im Fall eines erst nach Ablauf der Datenexklusivität erfolgten Antrags oder später veröffentlichter Patente soll das Regelungssystem des BPCIA ermöglichen, dass der Rechtsstreit soweit wie möglich bereits während der Zulassung und vor dem Markteintritt des Biosimilars geführt wird, ohne dabei jedoch die Möglichkeiten eines gerichtlichen Vorgehens der Parteien auch nach der Zulassung und Markteinführung übermäßig zu beschneiden.[312] Dazu sieht das Gesetz ein systematisch schrittweise geführtes Verfahren vor, dass in zwei Grundphasen aufgeteilt werden kann.[313]

310 *Lietzan,* Biosimilar Law and Regulation: An Essential Guide, S. 59.

311 *Malkin,* Biosimilars patent litigation in the EU and the US: a comparative strategic overview, in: Generics and Biosimilars Initiative Journal 2015, 113 (115); *Masur/Ouellette,* Patent Law, S. 374.

312 *Lietzan,* Biosimilar Law and Regulation: An Essential Guide, S. 55.

313 Ebda., S. 55; *Wang/Williams/McGlynn/Rice/Shmuel,* How Biosimilars Are Approved and Litigated: Patent Dance Timeline (12.08.2020), online: https://www.fr.com/how-biosimilars-approved-litigated-patent-dance-timeline/ (zuletzt geprüft am 05.06.2023).

1. 1. Phase

157 Die erste Phase beginnt mit dem Zulassungsantrag des Antragstellers an die FDA, der wie bereits dargestellt nach 35 U.S.C. § 271 (e) (2) (C) eine Patentverletzung fingiert. Dies erlaubt es dem Referenzprodukthersteller allerdings zunächst nicht, aus seinen Patenten unmittelbar gerichtlich gegen den Antragsteller vorzugehen.[314] Auf Grundlage des eingereichten Antrags versendet die FDA zunächst eine Mitteilung an den Antragsteller mit dem Inhalt, dass der eingereichte aBLA-Antrag zur Begutachtung angenommen wurde.[315]

a) 1. Schritt: Offenlegung vertraulicher Informationen

aa) 1. Alternative: Offenlegung

158 Nach dem Erhalt der FDA-Mitteilung kann der erste Schritt des patentrechtlichen Prozesses eingeleitet werden. Der Antragsteller hat gem. 42 U.S.C. § 262 (l) (2) (A) ab diesem Zeitpunkt 20 Tage Zeit, um dem Sponsor des Referenzproduktes vertraulichen Zugang zu seiner aBLA und anderen Informationen zu gewähren, die den Herstellungsprozess des Biosimilars betreffen. Zusätzlich kann der Antragsteller nach 42 U.S.C. § 262 (l) (2) (B) auf Wunsch des Referenzproduktherstellers auch weitere Informationen über das Biosimilar zur Verfügung stellen, wobei die Vorschrift die Weitergabe solcher Dokumente in das Ermessen des Antragstellers stellt. In der Praxis umstritten ist dabei, wie weit die Offenlegungspflicht des Antragstellers tatsächlich reicht. 42 U.S.C. § 262 (l) (2) ist in dieser Hinsicht nicht eindeutig formuliert:

»the subsection (k) applicant —

(A) shall provide to the reference product sponsor a copy of the application submitted to the Secretary under subsection (k), and such other information that describes the process or processes used to manufacture the biological product that is the subject of such application; and

(B) may provide to the reference product sponsor additional information requested by or on behalf of the reference product sponsor.«

Übersetzt:

»der Antragsteller des Unterabschnitts (k) —

(A) stellt dem Sponsor des Referenzprodukts eine Kopie des beim Sekretär gemäß Unterabschnitt (k) eingereichten Antrags sowie weitere Informationen zur Verfügung, die den Prozess oder die Prozesse beschreiben, die zur Herstellung des biologischen Produkts verwendet werden, das Gegenstand eines solchen Antrags ist; und

(B) kann dem Sponsor des Referenzprodukts zusätzliche Informationen zur Verfügung stellen, die vom Sponsor des Referenzprodukts oder in dessen Namen angefordert werden.«

314 *Lietzan,* Biosimilar Law and Regulation: An Essential Guide, S. 58.
315 *Kulathila*, BPCIA Update: Entropy Is the Price of an Ordered Framework, in: Berkeley Technology Law Journal 2018, 1277 (1283).

Aufgrund der Formulierung dieser Vorschrift werden verschiedene Auffassungen dazu vertreten, welche Auskünfte der Antragsteller dem Sponsor im Rahmen des Informationszugangs zu offenbaren hat.[316] Während die Antragsteller in der Regel zum Schutz ihrer Produktionsprozesse eine möglichst restriktive Auslegung bevorzugen, befürworten die Sponsoren eine weite Auslegung der Bestimmung, um Zugang zu möglichst vielen Informationen zu bekommen, die ihnen die Beurteilung der Verletzung, aber auch eine eingehende Analyse des Konkurrenzproduktes erlauben.[317] Sie haben daher in der Vergangenheit die Auffassung vertreten, dass das Gesetz von dem Antragsteller verlangt, sowohl seine gesamte aBLA als auch die Informationen über die Herstellung des Biosimilars gegenüber dem Sponsor offenzulegen.[318] Dagegen hat sich ein Teil der Antragsteller des Öfteren darauf berufen, bereits mit der Offenlegung ihrer aBLA ihrer Informationspflicht zu genügen, sofern dieses Dokument ausreichende Informationen über den Herstellungsprozess des Biosimilars enthält.[319] Andere hielten es sogar für ausreichend, ihre aBLA nur teilweise zu offenbaren, wenn der offengelegte Teil ihrer Ansicht nach dem Sponsor ausreichende Informationen zur Beurteilung der Verletzung liefert.[320] Der bisher einzige Versuch einer gerichtlichen Klärung zur Frage des notwendigen Informationsumfangs scheiterte. Die Feststellungsklage 159

316 *Zullow/Cottler/Whitehill,* INSIGHT: The Ongoing Debate About Disclosing Manufacturing Process Information in the Patent Dance (02.07.2018), online: https://news.bloomberglaw.com/pharma-and-life-sciences/insight-the-ongoing-debate-about-disclosing-manufacturing-process-information-in-the-patent-dance-2 (zuletzt geprüft am 05.06.2023).

317 *Coggio/Vogel/Francis*, Litigation-Related Issues Under the Biologics Price Competition and Innovation Act, in: Gutka/Yang/Kakar (Hrsg.), Biosimilars, S. 75 (98).

318 Janssen Biotech Inc. v. Celltrion Healthcare Co., 2015 WL 7078048 (D. Mass. Mar. 6, 2015); Amgen Inc. v. Hospira, Inc., No. 15-839-RGA (D. Del. Aug. 5, 2016), Genentech, Inc. v. Amgen, Inc., No. 1:17-cv-00165 (D. Del. Mar. 3, 2017); Genentech v. Tanvex, No. 3:22 cv-00809-RBM-JLB (S.D. Cal.).

319 Janssen Biotech Inc. v. Celltrion Healthcare Co., 2015 WL 7078048 (D. Mass. Mar. 6, 2015): Celltrion machte geltend, dass Janssen seine Liste der potenziell verletzten Patente auch ohne die Herstellungsinformationen angemessen erstellen könne und kündigte an, Herstellungsinformationen erst im Rahmen einer Verletzungsklage offenzulegen. Janssen befand die Informationen aus dem aBLA allein für unzureichend, um eine Verletzung beurteilen zu können. Gleiches wurde im Fall Amgen Inc. v. Hospira, Inc., No. 15-839-RGA (D. Del. Aug. 5, 2016) von Amgen vorgebracht, obwohl die aBLA hier mit der Offenlegung von über 507 Originaldateien sowie 747.000 zusätzlichen Seiten mit Informationen über das Produkt und das Verfahren zu seiner Herstellung verbunden war.

320 Genentech, Inc. v. Amgen, Inc., No. 1:17-cv-00165 (D. Del. Mar. 3, 2017): konträr zu seiner im Verfahren gegen Hospira als Sponsor geäußerten Ansicht (s. Fn. 203), vertrat Amgen als Antragstellerin hier die Auffassung, selbst eine beschränke Übermittlung des aBLA genüge den Anforderungen des 42 U.S.C. § 262 (l) (2). Genentech bestritt die Möglichkeit anhand der erhaltenen Informationen eine Verletzung seiner Patente beurteilen zu können.

des Sponsors Genentech Inc. gegen Amgen Inc., mit der auch eine gerichtliche Order zur Offenlegung aller relevanten Informationen ersucht wurde, hat der U.S. District Court (Delaware) wegen sachlicher Unzuständigkeit abgewiesen.[321] Das Gericht befand, dass das einzige Rechtsmittel des Sponsors bei einem Verstoß gegen 42 U.S.C. § 262 (l) (2) darin besteht, eine Klage wegen Patentverletzung zu erheben.[322] Entsprechende Verletzungsprozesse, in denen die Frage zur Reichweite der Offenlegungspflicht umstritten war, haben die Parteien danach zwar geführt. Letztlich wurde die Frage der ausreichenden Informationsoffenbarung allerdings nie entscheidungserheblich, sodass die Anforderungen an die Reichweite der Informationspflicht weiterhin gerichtlich ungeklärt sind.

160 Unklarheit besteht auch bezüglich der Art und Weise der Informationsoffenbarung. Während die Sponsoren auf einen möglichst einfachen und übersichtlichen Zugang zu den Originaldokumenten bestehen, gewähren die Antragsteller teilweise nur Einsicht in selbst erstellte und besonders gesicherte Dateien, in denen die Informationen zur aBLA und zum Herstellungsprozess des Biosimilars in vom Antragsteller bearbeiteter Form übermittelt werden.[323] Ob ein solches Vorgehen den gesetzlichen Vorgaben genügt, wurde bisher nicht prozessual aufgearbeitet und rechtskräftig entschieden.

161 Für alle Informationen, die die Parteien dennoch austauschen, sieht der BPCIA jedenfalls Regelungen vor, um der Sensibilität der Informationen Rechnung zu tragen und deren Geheimhaltung zu gewährleisten. Abweichend können die Parteien zwar eigene Vertraulichkeitsbestimmungen vereinbaren. Sofern sie dies jedoch nicht tun, enthält 42 U.S.C. § 262 (l) (1) verbindliche Regelungen, die die Vertraulichkeit der offengelegten Informationen sicherstellen sollen.

162 42 U.S.C. § 262 (l) (1) sieht vor, dass der Kreis der Personen, die Zugriff auf die Informationen haben, streng limitiert wird. Lediglich ein externer Anwalt und ein interner Anwalt des Sponsors, die beide nicht an der Patentverfolgung im Zusammenhang mit dem Referenzprodukt beteiligt waren, sind nach der Bestimmung berechtigt, den Antrag und andere zur Verfügung gestellte Informationen zu prüfen.[324] Der Antragsteller kann die Informationen zusätzlich dem Vertreter eines Inhabers eines Patents zur Verfügung stellen, für das der Sponsor in Bezug

321 Genentech, Inc. v. Amgen, Inc., No. 1:17-cv-00165 (D. Del. Mar. 3, 2017).

322 Genentech, Inc. v. Amgen, Inc., No. 1:17-cv-00165 (D. Del. Mar. 3, 2017).

323 Immunex Corp. v. Sandoz Inc., No. 3:16-cv-01118 (D. N.J.): in diesem Fall hatte Sandoz Immunex lediglich einen Fernzugriff auf eine von Sandoz gehostete Datenbank mit TIFF-Bildern gewährt, die so modifiziert waren, dass sie zusätzliche Vertraulichkeitsvermerke enthielten und von denen Sandoz behauptete, dass sie seine aBLA und Informationen über das Herstellungsverfahren für das Biosimilar-Produkt darstellen würden. Immunex war der Auffassung, dass dies den Anforderungen des 42 U.S.C. § 262 (l) (2) nicht genüge, da die Überprüfung der offengelegten Informationen sehr aufwändig gewesen sei und die offengelegten Informationen (einschließlich der aBLA) nicht in unverändertem Zustand vorlägen.

324 42 U.S.C. § 262 (l) (1) (B) (ii) (I) und (II).

auf das Referenzprodukt eine Exklusivlizenz erworben hat.[325] Allerdings gilt dies nur wenn der Patentinhaber sich das Recht vorbehalten hat, das Patent geltend zu machen oder sich an einem Rechtsstreit über das Patent zu beteiligen, und wenn der Vertreter den Sponsor und den Antragsteller über sein Einverständnis informiert, den Vertraulichkeitsbestimmungen des Absatzes (1) zu unterliegen (einschließlich aller alternativen Regeln).[326]

Diejenigen Personen, die die vertraulichen Informationen erhalten, dürfen sie 163
ohne die vorherige schriftliche Zustimmung des Antragstellers, die nicht unbillig verweigert werden darf, nicht an andere Personen oder Einrichtungen weitergeben; das schließt andere Mitarbeiter des Sponsors, externe wissenschaftliche Berater oder andere externe Rechtsberater mit ein.[327] Vertrauliche Informationen sind zudem streng zweckgebunden zu verwenden. Sponsoren dürfen sie nur zur Feststellung verwenden, ob Ansprüche aus Patenten, die der Sponsor hält oder die von ihm exklusiv lizenziert wurden, vernünftigerweise geltend gemacht werden könnten, wenn der Antragsteller an der Herstellung, der Verwendung, dem Anbieten zum Verkauf, dem Verkauf oder der Einfuhr des Biosimilars beteiligt wäre.[328]

Durch die Offenlegung ändert sich ausdrücklich auch nichts an der Rechtsin- 164
haberschaft an den Informationen. Die offengelegten vertraulichen Informationen bleiben in jedem Fall im Eigentum des Antragstellers.[329] Das Verfahren für den vertraulichen Zugang gewährt dem Sponsor oder einem externen Rechtsbeistand keine Rechte an den vertraulichen Informationen oder eine Lizenz für diese zu irgendeinem anderen Zweck.[330]

Reicht der Sponsor eine Patentverletzungsklage ein, gelten die dargestellten 165
Vertraulichkeitsbestimmungen so lange, bis das Gericht eine Schutzverfügung bezüglich der Informationen erlässt. Bis dahin dürfen sie nicht in eine öffentlich zugängliche Klage oder einen Schriftsatz aufgenommen werden.[331] Nach Erlass einer Schutzverfügung kann der Antragsteller die vertraulichen Informationen gemäß den Bedingungen der erlassenen Schutzverfügung neu kennzeichnen.[332]

Nach vollständigem Abschluss des Patent Dance sieht das Gesetz zwei Mög- 166
lichkeiten für den Umgang mit den übergebenen Informationen vor. So können entweder alle erhaltenen vertraulichen Informationen durch den Sponsor zurückgegeben werden oder der Antragsteller besteht auf deren Vernichtung durch den Sponsor, die ihm dann schriftlich zu bestätigen ist.[333]

325 42 U.S.C. § 262 (l) (1) (B) (iii).
326 42 U.S.C. § 262 (l) (1) (B) (iii).
327 42 U.S.C. § 262 (l) (1) (C).
328 42 U.S.C. § 262 (l) (1) (D).
329 42 U.S.C. § 262 (l) (1) (E).
330 42 U.S.C. § 262 (l) (1) (E).
331 42 U.S.C. § 262 (l) (1) (F).
332 42 U.S.C. § 262 (l) (1) (F); *Lietzan,* Biosimilar Law and Regulation: An Essential Guide, S. 55 f.
333 42 U.S.C. § 262 (l) (1) (F); *Lietzan,* Biosimilar Law and Regulation: An Essential Guide, S. 56.

167 Die Offenlegung vertraulicher Informationen unter Verstoß gegen die Vertraulichkeitsbestimmungen des Absatz (1) wird nach 42 U.S.C. § 262 (l) (1) (H) als irreparabler Schaden für den Antragsteller des Biosimilars gewertet, für den es kein angemessenes Rechtsschutzmittel gibt. Ein Gericht hat deshalb eine einstweilige Verfügung als angemessenen und notwendigen Rechtsbehelf für einen Verstoß oder drohenden Verstoß gegen Absatz (1) zu prüfen.[334]

168 Schon der erste Schritt im Patent Dance ist also für den Antragsteller mit erheblichen Konsequenzen verbunden: der Offenlegung seiner Anmeldeunterlagen und ggf. weiterer Informationen gegenüber dem Sponsor, der zwar strengen Geheimhaltungsbestimmungen unterworfen, aber gleichzeitig einer seiner direkten Konkurrenten im pharmazeutischen Markt ist.

bb) 2. Alternative: Opt-Out aus dem Patent Dance

169 Antragsteller sind allerdings nicht zwingend der gesetzlich vorgesehenen Informationsoffenbarung ausgeliefert. Der BPCIA erlaubt es ihnen, bereits an dieser Stelle aus dem patentrechtlichen Verfahren auszusteigen, indem sie dem Sponsor keine Informationen übermitteln und den Patent Dance damit effektiv nicht zur Anwendung bringen. Dies war lange umstritten, wurde jedoch im Jahr 2017 endgültig durch ein Grundsatzurteil des Supreme Court in der Sache Sandoz vs. Amgen entschieden.[335] Ausgangspunkt des Rechtsstreits war die Formulierung des BPCIA in 42 U.S.C. § 262 (l) (2) (A), der bestimmt:

»the subsection (k) applicant—

(A) shall provide to the reference product sponsor [it's aBLA and additional information];«

Übersetzt:

»der Antragsteller des Unterabschnitts (k)—

(A) stellt dem Sponsor des Referenzprodukts eine Kopie [seines aBLA und zusätzliche Informationen] zur Verfügung«

170 Uneinigkeit bestand über die Bedeutung des Wortes »shall«, das von einigen als pflichtgebend, von anderen lediglich als Ausdruck einer Option des Biosimilar-Herstellers verstanden wurde. Während gerade die im Gesetzgebungsverfahren getroffenen Erwägungen und der Wortlaut der Bestimmung dafür sprachen, die Informationsübermittlung als verpflichtende Handlung zu betrachten, stützte sich der Supreme Court maßgeblich darauf, dass im Falle einer Nichtbefolgung durch den Biosimilar-Hersteller gesetzlich kein Verfügungsanspruch gegen diesen vorgesehen ist, sodass er letztlich nicht dazu verpflichtet werden kann, die Informationen herauszugeben.[336] In Folge dieser Entscheidung steht es dem Biosimilar-

334 42 U.S.C. § 262 (l) (1) (F); *Lietzan,* Biosimilar Law and Regulation: An Essential Guide, S. 56.

335 Sandoz Inc. v. Amgen, Inc., 137 S. Ct. 1664 (2017).

336 Sandoz Inc. v. Amgen, Inc., 137 S. Ct. 1664 (2017).

Hersteller daher frei, sich am Patent Dance zu beteiligen oder aber Patentverletzungsfragen ohne Anwendung dieses Verfahrens zu klären.[337]

Sofern der Antragsteller die Informationen nicht innerhalb der Frist gegenüber dem Sponsor offenlegt, besteht für den Sponsor daher nach 42 U.S.C. § 262 (l) (9) (C) die Möglichkeit, Klage einzureichen und alle Patente in Bezug auf das Biosimilar geltend zu machen, auch wenn ihm dafür möglicherweise entscheidende Informationen über das Biosimilar-Produkt oder über das Verfahren zu seiner Herstellung fehlen.[338] Der Sponsor kann in diesem Fall auch unter den geltenden gesetzlichen Bestimmungen eine einstweilige Verfügung gegen den Antragsteller erwirken.[339] Ob im Rahmen der Entscheidung darüber zu Lasten des Antragstellers berücksichtigt werden kann, dass er nicht am Patent Dance teilgenommen hat, ist bisher ungeklärt.[340] 171

Dem Antragsteller ist es dagegen im Falle seines Opt-Outs verwehrt, gerichtlichen Rechtsschutz bezüglich der Verletzung, Rechtsbeständigkeit oder Durchsetzbarkeit eines Patents in Anspruch zu nehmen, das das Biosimilar oder eine Verwendung des Biosimilars beansprucht.[341] 172

Nimmt der Antragsteller jedoch die Frist zur Offenbarung seiner aBLA und gegebenenfalls weiterer Informationen wahr, kann zunächst nach 42 U.S.C. § 262 (l) (9) (A) keine der Parteien Klage bezüglich der Verletzung, Rechtsbeständigkeit oder Durchsetzbarkeit eines Patents erheben.[342] Vielmehr wird eine Kette von Mitteilungen und Verhandlungsschritten im Rahmen des Patent Dance ausgelöst, die es ermöglichen sollen, Patentverletzungsfragen möglichst zwischen den Parteien, jedenfalls jedoch so bald wie möglich vor der Zulassung zu klären.[343] 173

337 *Li,* Does it still take two to tango? A modern Interpretation of the BPCIA's Patent Dance, in: N.Y.U. Journal of Intellectual Property & Entertainment Law 2019, 107 (119 f.).

338 *Coggio/Vogel/Francis*, Litigation-Related Issues Under the Biologics Price Competition and Innovation Act, in: Gutka/Yang/Kakar (Hrsg.), Biosimilars, S. 75 (79).

339 Diese Entscheidung ist in der Literatur von erheblicher Kritik begleitet worden. Im Wesentlichen wurde kritisiert, dass bei einer bloß optionalen Durchführung des Patent Dance die Verhandlung von Verletzungsvorwürfen langwieriger, teurer und ineffizienter werden dürfte und die Möglichkeit eines Opt-Outs gleichzeitig zu einer zusätzlichen Unsicherheit bei Patenten für Biosimilars führe. So beispielsweise *Tanaka*, »Shall« We Dance? Interpreting the BPCIA's Patent Provisions, in: Berkeley Technology Law Journal 2016, 659 (659, 660, 684 ff.)

340 *Coggio/Vogel/Francis*, Litigation-Related Issues Under the Biologics Price Competition and Innovation Act, in: Gutka/Yang/Kakar (Hrsg.), Biosimilars, S. 75 (92).

341 42 U.S.C. § 262 (l) (9) (C).

342 *Kulathila*, BPCIA Update: Entropy Is the Price of an Ordered Framework, in: Berkeley Technology Law Journal 2018, 1277 (1284).

343 *Tanaka*, »Shall« We Dance? Interpreting the BPCIA's Patent Provisions, in: Berkeley Technology Law Journal 2016, 659 (668).

b) 2. Schritt: Erste Patentliste des Sponsors

174 Innerhalb von 60 Tagen nach Erhalt der Informationen durch den Antragsteller muss der Sponsor gem. 42 U.S.C. § 262 (l) (3) (A) eine Liste an den Antragsteller übermitteln. Diese Liste soll alle Patente enthalten, die das Referenzprodukt betreffen und die vernünftigerweise gegen das Produkt oder Verfahren zur Herstellung des Biosimilars geltend gemacht werden könnten.[344] Als vernünftigerweise zu listende Patente gelten dabei auch solche Patente, deren Durchsetzbarkeit seitens des Sponsors nicht sicher evaluiert werden kann, weil nicht alle für die Beurteilung der Verletzung erforderlichen Informationen verfügbar sind bzw. nicht im ersten Schritt durch den Antragsteller übermittelt wurden.[345]

175 Der Sponsor hat dabei keine Konsequenzen zu fürchten, wenn er irrtümlicherweise ein Patent ohne vernünftige Durchsetzungschancen in die erste Liste aufnimmt, für das der Antragsteller keine Informationen nach 42 U.S.C. § 262 (l) (2) (A) vorgelegt hat. Denn das Gesetz sieht keine Sanktion für den Fall vor, dass der Sponsor in gutem Glauben einem Fehler unterliegt.[346] Es wird lediglich verlangt, dass der Sponsor nach einer angemessenen Untersuchung »nach bestem Wissen und Gewissen« handelt.[347] Wenn also ein Sponsor auf der Grundlage einer Untersuchung, die durch die Zurückhaltung von Informationen durch den Antragsteller eingeschränkt wurde, die Durchsetzbarkeit eines Patentes für möglich hält, kann er dieses Patent unbeschadet in die erste Liste aufnehmen.[348] Es ist dann Aufgabe des Antragstellers innerhalb der nachfolgenden Verhandlungen gegebenenfalls weitere Informationen offenzulegen oder Argumente zur Nichtverletzung beizubringen.[349]

176 Es sind nach 42 U.S.C. § 262 (l) (3) (A) (i) allerdings nur solche Patente in die Liste aufzunehmen, deren Inhaber der Sponsor ist oder die er im Wege einer exklusiven Lizenz selbst lizensiert hat. Gleichzeitig sollen in der Liste diejenigen Patente gekennzeichnet werden, die der Sponsor für eine Lizensierung durch den Antragsteller zur Verfügung stellen würde.[350]

177 Die erste Patentliste ist seitens des Sponsors grundsätzlich umfassend zu gestalten. Denn für den Fall, dass ein relevantes Patent nicht in dieser Liste aufgeführt wurde, sieht der BPCIA erhebliche Konsequenzen vor. Die auch als »list it – or lose it« bezeichnete Regelung in 35 U.S.C. § 271 (e) (6) (C) verwehrt dem Patentinhaber die rechtliche Durchsetzung solcher Patente gegen den Antragsteller, die nicht in der ersten Liste enthalten sind. Dieser Ausschluss soll den Sponsor dazu anhalten, jedes Patent, das er möglicherweise gegen das Produkt

344 42 U.S.C. § 262 (l) (3) (A) (i)
345 Amgen Inc. v. Hospira, Inc., 866 F.3d 1355 (Fed. Cir. 2017).
346 Amgen Inc. v. Hospira, Inc., 866 F.3d 1355 (Fed. Cir. 2017).
347 Amgen Inc. v. Hospira, Inc., 866 F.3d 1355 (Fed. Cir. 2017).
348 Amgen Inc. v. Hospira, Inc., 866 F.3d 1355 (Fed. Cir. 2017).
349 Amgen Inc. v. Hospira, Inc., 866 F.3d 1355 (Fed. Cir. 2017).
350 42 U.S.C. § 262 (l) (3) (A) (ii).

oder Verfahren des Biosimilars geltend machen könnte, auch tatsächlich zum Gegenstand des Patent Dance zu machen.[351] Gleichzeitig wird durch die Ausdehnung des Ausschlusses über den Sponsor hinaus auf den Patentinhaber sichergestellt, dass auch ein dritter Patentinhaber nicht gelistete Patente nicht geltend machen kann. So wird ausgeschlossen, dass der Sponsor vor Beginn des Patent Dance Patente an einen Dritten überträgt, um diese dann später für einen Überraschungsangriff gegen den Antragsteller zu nutzen.[352]

c) 3. Schritt: Antwort des Biosimilar-Herstellers

Nachdem der Biosimilar-Hersteller diese Liste erhalten hat, hat er wiederum 60 Tage Zeit, um nach 42 U.S.C. § 262 (l) (3) (B) zu den gelisteten Patenten Stellung zu beziehen. Der Antragsteller kann zunächst, wenn er die Liste des Sponsors für unvollständig hält, selbst zusätzliche Patente auflisten, von denen er glaubt, sie könnten durch den Sponsor gegen sein Produkt oder dessen Herstellungsverfahren geltend gemacht werden.[353] Von dieser Möglichkeit wird in der Regel aber kaum Gebrauch gemacht. Nachdem das »list it – or lose it« – Prinzip gilt, wird der Biosimilar-Hersteller regelmäßig darauf bedacht sein, Patente, die der Sponsor nicht gelistet hat, nicht zum Bestandteil des Patent Dance zu machen, um so eine spätere Durchsetzung der Patente gegen ihn zu sperren.[354] 178

Die Stellungnahme konzentriert sich dementsprechend auf die Analyse der geltend gemachten Patente. Der Antragsteller ist verpflichtet, für jedes in der Liste aufgeführte Patent eine Analyse der einzelnen Ansprüche vorzulegen, in der er die tatsächliche und rechtliche Grundlage dafür darlegt, weshalb er den jeweiligen Anspruch für unwirksam oder nicht durchsetzbar hält oder der Meinung ist, dass der Anspruch durch das Produkt oder Verfahren zur Herstellung des Biosimilars nicht verletzt wird.[355] Alternativ kann der Antragsteller aber auch angeben, dass er mit der Vermarktung seines Arzneimittels warten wird, bis das Patent ausläuft.[356] Neben dieser umfangreichen Analyse muss der Antragsteller auch eine Rückmeldung zu jedem Patent geben, das nach Angaben des Sponsors für eine Lizenz zur Verfügung steht.[357] 179

351 *Coggio/Vogel/Francis*, Litigation-Related Issues Under the Biologics Price Competition and Innovation Act, in: Gutka/Yang/Kakar (Hrsg.), Biosimilars, S. 75 (80).
352 *Lietzan*, A Solution in Front of a Problem at the Biologics Frontier, in: University of Illinois Law Review Online 2018, 19 (31).
353 42 U.S.C. § 262 (l) (3) (B) (i).
354 *Niazi*, Biosimilars and Interchangeable Biologics, S. 71.
355 42 U.S.C. § 262 (l) (3) (B) (ii) (I).
356 42 U.S.C. § 262 (l) (3) (B) (ii) (II).
357 42 U.S.C. § 262 (l) (3) (B) (iii); *Coggio/Vogel/Francis*, Litigation-Related Issues Under the Biologics Price Competition and Innovation Act, in: Gutka/Yang/Kakar (Hrsg.), Biosimilars, S. 75 (80).

180 Die Antwort des Antragstellers legt den Grundstein für seine Verhandlungsposition im Patent Dance-Verfahren, hat aber keine bindende Wirkung für zukünftige Rechtsstreitigkeiten. Gerichtlich wurde entschieden, dass diese Erklärung nicht maßgeblich sei und später geändert werden könne, da es sich um ein fakultatives vorprozessuales Schreiben handele.[358] Dies gelte sogar für Angaben zum Sachverhalt, die später noch revidiert werden können.[359] In der Berufungsinstanz stellte auch das Berufungsgericht fest, dass den Erklärungen zwar ein gewisses Beweisgewicht zukomme, sie aber letztlich nicht bindend seien.[360]

d) 4. Schritt: Erwiderung des Sponsors

181 Nach Erhalt der Antwort des Antragstellers hat der Sponsor nach 42 U.S.C. § 262 (l) (3) (C) ebenfalls 60 Tage Zeit, um darauf eine Erwiderung zu formulieren. Er muss im Rahmen dieser Erwiderung für jedes in der konsolidierten Liste aufgeführte Patent eine Analyse der Verletzung der einzelnen Ansprüche vorlegen, wobei 42 U.S.C. § 262 (l) (3) (C) zusätzlich vorsieht, dass zwingend zur Rechtsbeständigkeit und Nichtdurchsetzbarkeit der Patente Stellung bezogen werden muss.[361]

182 Auch diese Stellungnahme hat keine bindende Wirkung für den Sponsor in möglicherweise nachfolgenden gerichtlichen Verfahren.

e) 5. Schritt: Verhandlungen und erster Rechtstreit

183 Im Anschluss an diese Stellungnahme folgt der zunächst letzte Abschnitt in der ersten Phase des Patent Dance. Die Parteien haben gem. 42 U.S.C. § 262 (l) (4) (B) ab Erhalt der Erwiderung des Sponsors durch den Antragstellers 15 Tage Zeit, um eine Liste aller Patente auszuhandeln, die im Rahmen eines Rechtstreits verhandelt werden sollen. Sobald sie diese Liste fertiggestellt haben, muss der Sponsor innerhalb von 30 Tagen Klage wegen Verletzung aller Patente auf der Liste erheben.[362] Wird die Frist versäumt oder eine eingereichte Klage ohne Vorbehalt abgewiesen oder nicht in gutem Glauben weiterverfolgt, ist der Rechtsbehelf des Sponsors nach 35 U.S.C. § 271 (e) (6) (B) für die Verletzung

358 Genentech, Inc. v. Amgen Inc., No. CV 17-1407-CFC, 2020 WL 636439 (D. Del. Feb. 11, 2020); Amgen Inc. v. Apotex Inc., 2017 U.S. Dist. LEXIS 13919 (S.D. Fla. Jan. 31, 2017) aff'd, 712 Fed. Appx. 985 (Fed. Cir. 2017).

359 Amgen Inc. v. Apotex Inc., 2017 U.S. Dist. LEXIS 13919 (S.D. Fla. Jan. 31, 2017) aff'd, 712 Fed. Appx. 985 (Fed. Cir. 2017).

360 Amgen Inc. v. Apotex Inc., 2017 U.S. Dist. LEXIS 13919 (S.D. Fla. Jan. 31, 2017) aff'd, 712 Fed. Appx. 985 (Fed. Cir. 2017).

361 *Tucker/Wells*, Emerging Competition Issues Involving Follow-on Biologics, in: Antitrust 2014, 100 (101).

362 35 U.S.C. § 271 (e) (6) (A).

dieser Patente auf Zahlung einer angemessenen Lizenzgebühr beschränkt. Es kann also keine Unterlassungsanordnung mehr erwirkt werden.[363]

Können sich die Parteien innerhalb des vorgegebenen Zeitrahmens nicht auf 184
eine Liste von Patenten einigen, die in der ersten Phase verhandelt werden sollen, ist es dem Antragsteller überlassen, dem Sponsor eine Zahl von Patenten zu nennen, die in der ersten Phase gerichtlich geltend gemacht werden können.[364] Diese Pflicht erstreckt sich allerdings ausdrücklich nur auf die Zahl und nicht auf die inhaltliche Bestimmung bestimmter Patente, die der Antragsteller gerne verhandeln würde.[365] Innerhalb von fünf Tagen nach Erhalt der Mitteilung sind die Parteien dann dazu verpflichtet, gleichzeitig Listen mit Patenten auszutauschen, die ihrer Ansicht nach in diese erste Phase des Rechtsstreits einbezogen werden sollten.[366] Die Anzahl der vom Sponsor aufgelisteten Patente darf jedoch die vom Antragsteller ausgewählte Anzahl an Patenten nicht übersteigen.[367] Wenn der Antragsteller hingegen angibt, dass keine Patente verhandelt werden sollen, kann der Sponsor zumindest noch ein Patent angeben.[368] Auch in diesem Fall muss der Sponsor innerhalb von 30 Tagen Klage aus allen Patenten auf der so konsolidierten Liste erheben, um nicht eine Begrenzung seiner potenziellen Regressansprüche zu riskieren.[369]

Über die auf diesem Weg eingereichten Klagen wird im gewöhnlichen Rechts- 185
weg entschieden. Sofern der Zulassungsantrag unmittelbar nach Ablauf der vierjährigen Datenexklusivitätsphase eingereicht wird, haben die Parteien also bei reibungslosem Verlauf des Patent Dance etwas mehr als sieben Jahre Zeit, um die erste Phase des Rechtsstreits zu durchlaufen, und es sollte möglich sein, eine endgültige gerichtliche Entscheidung über die in dieser ersten Phase enthaltenen Patente zu erreichen.[370] Diese Entscheidung enthält dann neben dem Ausspruch über die Unterlassung und ggf. bestehenden Schadensersatz auch die Anordnung, dass das Datum des Inkrafttretens der Zulassung des Arzneimittels, das Gegenstand der Rechtsverletzung ist, nicht vor dem Datum des Ablaufs des verletzten Patents liegen darf.[371] Eine einstweilige Verfügung kann unter diesen Umständen grundsätzlich nur erlassen werden, wenn in der ersten Phase des Verfahrens und vor Ablauf der zwölfjährigen Exklusivitätsfrist keine endgültige gerichtliche

363 *Coggio/Vogel/Francis*, Litigation-Related Issues Under the Biologics Price Competition and Innovation Act, in: Gutka/Yang/Kakar (Hrsg.), Biosimilars, S. 75 (81).
364 42 U.S.C. § 262 (l) (5) (A).
365 Vgl. 42 U.S.C. § 262 (l) (5) (A): »number of patents«.
366 42 U.S.C. § 262 (l) (5) (B) (i).
367 42 U.S.C. § 262 (l) (5) (B) (ii) (I).
368 42 U.S.C. § 262 (l) (5) (B) (ii) (II).
369 35 U.S.C. § 271 (e) (6) (B); *Coggio/Vogel/Francis*, Litigation-Related Issues Under the Biologics Price Competition and Innovation Act, in: Gutka/Yang/Kakar (Hrsg.), Biosimilars, S. 75 (81).
370 *Lietzan,* Biosimilar Law and Regulation: An Essential Guide, S. 55.
371 35 U.S.C. § 271 (e) (4) (A).

Entscheidung über die Verletzung ergeht.[372] Sollte dies nicht möglich sein, etwa weil der Zulassungsantrag erst kurz vor Ablauf der Exklusivitätsfrist eingereicht wurde und eine endgültige Entscheidung dadurch nicht vor dem Ende der Exklusivität erreicht werden kann, ist es für den Sponsor ausnahmsweise auch bereits ohne eine gerichtliche Entscheidung über die Verletzung eines Patents möglich, eine einstweilige Unterlassungsverfügung aus dem Patent zu erwirken.[373]

f) Zusätzliche Schritte für nach Austausch der ersten Patentliste erteilte oder lizenzierte Patente

186 Für den Fall, dass dem Sponsor ein Patent erteilt oder von ihm exklusiv lizenziert wurde, nachdem er dem Antragsteller seine erste Patentliste zur Verfügung gestellt hat, und der Sponsor vernünftigerweise davon ausgeht, dass er aufgrund der Erteilung oder Lizenzierung dieses Patents einen Anspruch wegen Patentverletzung gegen den Antragsteller in Bezug auf das von ihm hergestellte Biosimilar hat, sieht 42 U.S.C. § 262 (l) (7) zusätzliche Schritte im Patent Dance vor. Im Wesentlichen werden dabei die ersten Schritte des Patent Dance für das neue Patent erneut durchgeführt und alle so in den Patent Dance aufgenommenen Patente ebenfalls in die zweite Phase des Patent Dance überführt.[374]

187 So muss der Sponsor spätestens 30 Tage nach einer Erteilung oder Lizenz eines solchen neuen, das Biosimilar betreffende Patent dem Antragsteller eine Ergänzung seiner bereits bereitgestellten ersten Patentliste zur Verfügung stellen, die das neue Patent enthält.[375] Versäumt er diese Frist, gilt auch für neu erteilte oder lizensierte Patente, das »list it – or lose it« – Prinzip des 35 U.S.C. § 271 (e) (6) (C). Wiederum spätestens 30 Tage nach der Bereitstellung dieser Ergänzung stellt der Antragsteller dem Sponsor eine Stellungnahme nach den Anforderungen des 42 U.S.C. § 262 (l) (3) (B) zur Verfügung, in der er zu dem neuen Verletzungsvorwurf Stellung nimmt oder das kommerzielle Inverkehrbringen seines Biosimilars bis zum Ablauf des neuen Patents ausschließt.[376]

188 Weitere Schritte schreibt 42 U.S.C. § 262 (l) (7) (B) dagegen nicht vor. Verhandlungen und das Erstellen oder die Aufnahme der neuen Patente in eine konsolidierte Patentliste sind nach dem Gesetzeswortlaut und beschränkten Verweis auf 42 U.S.C. § 262 (l) (3) (B) nicht notwendig. Dementsprechend scheint für neu erteilte oder lizensierte Patente auch die Rechtsfolge des 35 U.S.C. § 271 (e) (6) (A) nicht zu gelten, die für eine Limitierung des Anspruches auf eine angemessene Lizenzgebühr an die Frist zur Erstellung einer konsolidierten Patentliste anknüpft. Der Sponsor ist bei neu erteilten oder lizensierten Patenten aus

372 *Lietzan,* Biosimilar Law and Regulation: An Essential Guide, S. 55.
373 *Lietzan,* Biosimilar Law and Regulation: An Essential Guide, S. 55.
374 Siehe 42 U.S.C. § 262 (l) (7) (B) unter Verweis auf 42 U.S.C. § 262 (l) (8).
375 42 U.S.C. § 262 (l) (7) (B).
376 42 U.S.C. § 262 (l) (7) (B).

demselben Grund wohl auch nicht an die 30 Tagesfrist zur Klageerhebung nach 42 U.S.C. § 262 (l) (6) (A) und (B) gebunden.

g) Verzichtbarkeit einzelner Schritte

Zwar gibt der Patent Dance die einzelnen Schritte der ersten Phase damit im Grunde detailliert vor. Teilweise haben sich Antragsteller aber auch dazu entschlossen einzelne Schritte des Patent Dance zu überspringen. So haben bereits mehrfach Antragsteller nach der Übermittlung aller Informationen und dem Erhalt der ersten Patentliste des Sponsors auf die weiter folgenden Verhandlungen verzichtet und die erste Liste in der Version des Sponsors als maßgebend für die zu verhandelnden Patente akzeptiert.[377] Mit ihrem Verzicht auf weitere Verhandlungen vertraten die Antragsteller auch ihre Rechtsauffassung, die Sponsoren würden gem. 35 U.S.C. § 271 (e) (6) eine Begrenzung ihrer Regressansprüche riskieren, sollten sie nach Erhalt des Verzichts und der damit konsolidierten Liste nicht innerhalb von 30 Tagen Klage erheben.[378] 189

Diese Ansicht hatte allerdings vor Gericht keinen Bestand. Im Rahmen einer zwischen Janssen Biotech Inc. v. Celltrion Healthcare Co. angestrebten Verständigung, der eine solche Abkürzung des Verfahrens vorausging, stellte das entscheidende Gericht fest, dass die 30 Tagesfrist nie ausgelöst wurde.[379] 42 U.S.C. § 262 (l) (4) und (5) seien dem Wortlaut nach zwingende Bestimmungen, sodass die darin beschriebenen Verfahrensschritte für die Parteien verpflichtend seien.[380] Für einen vollständig abgeschlossenen Patent Dance, der die Voraussetzung für die Anwendung der Beschränkung des 35 U.S.C. § 271 (e) (6) ist, sei es daher erforderlich, dass der Antragsteller entweder gem. 42 U.S.C. § 262 (l) (4) in gutem Glauben verhandelt oder zumindest nach den Vorgaben des 42 U.S.C. § 262 (l) (5) am Patent Dance teilgenommen hat, bevor er die Rückforderung auf eine angemessene Lizenzgebühr begrenzen kann.[381] Der Antragsteller kann aus 190

377 Immunex Corp. v. Sandoz Inc., No. 3:16-cv-01118 (D. N.J.); Amgen Inc. v. Hospira, Inc., 232 F. Supp. 3d 621 (D. Del. 2017); Janssen Biotech Inc. v. Celltrion Healthcare Co., 239 F. Supp. 3d 328 (D. Mass. 2017); *Coggio/Vogel/Francis*, Litigation-Related Issues Under the Biologics Price Competition and Innovation Act, in: Gutka/Yang/Kakar (Hrsg.), Biosimilars, S. 75 (93).

378 Immunex Corp. v. Sandoz Inc., No. 3:16-cv-01118 (D. N.J.); Amgen Inc. v. Hospira, Inc., 232 F. Supp. 3d 621 (D. Del. 2017); Janssen Biotech Inc. v. Celltrion Healthcare Co., 239 F. Supp. 3d 328 (D. Mass. 2017); *Coggio/Vogel/Francis*, Litigation-Related Issues Under the Biologics Price Competition and Innovation Act, in: Gutka/Yang/Kakar (Hrsg.), Biosimilars, S. 75 (93).

379 Janssen Biotech Inc. v. Celltrion Healthcare Co., 239 F. Supp. 3d 328 (D. Mass 2017).

380 Janssen Biotech Inc. v. Celltrion Healthcare Co., 239 F. Supp. 3d 328 (D. Mass 2017).

381 Janssen Biotech Inc. v. Celltrion Healthcare Co., 239 F. Supp. 3d 328 (D. Mass. 2017).

seiner unzureichenden Teilnahme am Patent Dance also keine negativen Folgen für den Sponsor ableiten.

191 Gleichzeitig zeigt die Entscheidung aber auch, dass ein Überspringen einzelner Schritte des Patent Dance grundsätzlich möglich ist. Als Resultat werden dann jedoch einzelne Folgen des Patent Dance nicht ausgelöst, sofern diese davon abhängen, dass die Parteien ihn ordnungsgemäß abgeschlossen haben. Der Antragsteller kann zudem von der Erhebung einer Feststellungsklage in der zweiten Phase des Rechtsstreits nach der Bekanntgabe des Inverkehrbringens seines Biosimilars ausgeschlossen sein.[382]

192 Es bleibt offen, ob die Parteien zum Patent Dance zurückkehren und diesen wiederaufnehmen können, wenn sie einmal einen seiner Schritte übersprungen haben.[383] Zwar ist dies in der Praxis bereits vorgekommen, eine gerichtliche Entscheidung über die »Wiederbelebbarkeit« des Patent Dance erging in diesen Fällen allerdings nicht.[384]

h) Unzureichende oder fehlende Mitwirkung des Antragstellers in der 1. Phase

193 Wirkt der Antragsteller an bestimmten Schritten der ersten Phase nicht oder nur unzureichend mit, kann der Sponsor nach 42 U.S.C § 262 (l) (9) (B) Klage auf Feststellung der Verletzung, Gültigkeit oder Vollstreckbarkeit eines Patents erheben, das in seiner ersten Patentliste aufgeführt ist. Dem Antragsteller steht dagegen in diesen Fällen keine Klagemöglichkeit offen.[385]

194 Zu den von 42 U.S.C § 262 (l) (9) (B) betroffenen zwingenden Schritten der ersten Phase gehört:

- die Stellungnahme des Antragstellers, in der für jeden einzelnen Anspruch eines Patents die sachliche und rechtliche Grundlage für die Auffassung des Antragstellers dargelegt wird, dass ein solches Patent ungültig, nicht durchsetzbar ist oder durch die kommerzielle Vermarktung des Biosimilars nicht verletzt wird oder die Erklärung enthält, dass der Antragsteller nicht beabsichtigt, mit dem kommerziellen Inverkehrbringen des Biosimilars vor dem Datum zu beginnen, an dem die vom Sponsor gelisteten Patente auslaufen (42 U.S.C § 262 (l) (3) (B) (ii));

382 Celltrion, Inc. v. Genentech, Inc., No. 18-CV-00274-JSW, 2018 WL 2448254 (N.D. Cal. May 9, 2018).

383 *McGlynn/Rice/Wang*, A Biosimilar's Guide to the BPCIA Patent Dance: Five Key Questions for Every Biosimilar Applicant to Consider (20.04.2020), online: https://www.jdsupra.com/legalnews/a-biosimilar-s-guide-to-the-bpcia-80004/ (zuletzt geprüft am 05.06.2023).

384 Ebda.

385 *Kulathila*, BPCIA Update: Entropy Is the Price of an Ordered Framework, in: Berkeley Technology Law Journal 2018, 1277 (1284).

- eine entsprechende Stellungnahme für die nach Austausch der ersten Patentliste neu erteilte oder lizenzierte Patente, die der Sponsor nachträglich noch in seine Patentliste aufgenommen hat (42 U.S.C § 262 (l) (7));
- die Teilnahme an den Verhandlungen nach 42 U.S.C § 262 (l) (5);
- die Benachrichtigung des Secretary of Health and Human Services im Falle einer Klage des Sponsors gegen ihn (42 U.S.C § 262 (l) (6) (C) (1)).

Auch bei einem Antrag des Sponsors auf Anordnung einer einstweiligen Verfügung, kann das Gericht möglicherweise berücksichtigen, ob der Antragsteller einen der vorgesehen Schritte der ersten Phase des Patent Dance nicht den Anforderungen entsprechend mitgewirkt hat.[386] 195

2. 2. Phase

Nachdem am Ende der ersten Phase potenziell nicht alle Patente Gegenstand eines Gerichtsverfahrens zur Klärung möglicher Verletzungsfragen werden und diese auch während der ersten Phase nicht Gegenstand eines solchen Verfahrens werden können, muss dem Sponsor die Möglichkeit bleiben, alle übrigen gelisteten Patente auch später noch gegen den Biosimilar-Hersteller geltend zu machen. Dafür sieht der Patent Dance in einer zweiten Phase nach 42 U.S.C. § 262 (l) (8) eine verpflichtende Mitteilung durch den Antragsteller vor, der den Sponsor davon in Kenntnis setzen muss, wenn und wann er sein Produkt auf den Markt bringen will. Die Verpflichtung trifft den Antragsteller unabhängig davon, ob er an der ersten Phase des Patent Dance teilgenommen und ob eine Genehmigung seines Zulassungsantrags durch die FDA bereits stattgefunden hat.[387] Die Mitteilung muss nach 42 U.S.C. § 262 (l) (8) (A) mindestens 180 Tage vor dem tatsächlich beabsichtigten Markteintritt erfolgen, kann aber nach der Rechtsprechung des Supreme Courts auch zu einem erheblich früheren Zeitpunkt abgegeben werden, unabhängig davon, ob bereits die Zulassung des Biosimilars erfolgt ist.[388] Entsprechend ist es möglich, dass sich bei einer frühzeitigen Mitteilung des Biosimilar-Herstellers die beiden Phasen des Patent Dance überlagern.[389] Wie früh die Mitteilung tatsächlich erfolgen kann, ist jedoch bisher ungeklärt. Beispielsweise ist offen, ob der Antragsteller die Mitteilung bereits bei der Einreichung seiner aBLA abgeben kann oder ob der BPCIA (und 196

386 In Sandoz Inc. v. Amgen, Inc., 137 S. Ct. 1664 (2017) hat das Gericht dies ausdrücklich offen gelassen.

387 *Coggio/Vogel/Francis*, Litigation-Related Issues Under the Biologics Price Competition and Innovation Act, in: Gutka/Yang/Kakar (Hrsg.), Biosimilars, S. 75 (83).

388 Sandoz Inc. v. Amgen, Inc., 137 S. Ct. 1664 (2017).

389 *Coggio/Vogel/Francis*, Litigation-Related Issues Under the Biologics Price Competition and Innovation Act, in: Gutka/Yang/Kakar (Hrsg.), Biosimilars, S. 75 (83); *Lietzan,* Biosimilar Law and Regulation: An Essential Guide, S. 58.

seine Bekanntmachungsbestimmungen) erst durch die Annahme der aBLA durch die FDA ausgelöst wird.[390]

197 Sobald die Mitteilung jedoch eingegangen ist, steht es jeder Partei offen, Klage bezüglich der Verletzung, Rechtsbeständigkeit oder Durchsetzbarkeit eines ursprünglich in der ersten Patentliste benannten Patents zu erheben.[391] Dazu zählen nach 42 U.S.C. § 262 (l) (7) (B) auch die nach Austausch der ersten Patentliste neu erteilten oder lizenzierten Patente. Der Sponsor ist jedoch nicht verpflichtet, bereits direkt nach Erhalt der Mitteilung zu klagen, sondern kann dies auch erst nach der Markteinführung tun.[392] Damit wird auch nach Abschluss des Patent Dance eine gerichtliche Verhandlung über eine mögliche Verletzung aller in Frage kommenden Patente gewährleistet. Darüber hinaus kann der Sponsor nach Erhalt der Mitteilung und vor dem Datum des kommerziellen Inverkehrbringens des Biosimilars eine einstweilige Verfügung aus jedem seiner ursprünglich gelisteten Patent beantragen, das in der ersten Phase des Patent Dance nicht berücksichtigt wurde.[393] Das gilt ebenfalls für die nach Austausch der ersten Patentliste neu erteilten oder lizenzierten Patente.[394]

198 Unterlässt der Antragsteller die erforderliche Mitteilung über seine Absicht zur kommerziellen Vermarktung seines Produktes, kann der Sponsor nach 42 U.S.C § 262 (l) (9) (B) Klage auf Feststellung der Verletzung, Gültigkeit oder Vollstreckbarkeit eines Patents, das in seiner ersten Patentliste aufgeführt ist, erheben. Dem Antragsteller steht dagegen in diesen Fällen keine Klagemöglichkeit offen.[395]

199 Mit der Mitteilung der Absicht, das Biosimilar zu vermarkten wird daher endgültig in die ordentlichen gerichtlichen Verfahren übergeleitet und der Patent Dance beendet.

390 Ebda., S. 75 (92).
391 *Lietzan,* Biosimilar Law and Regulation: An Essential Guide, S. 58.
392 Ebda.
393 42 U.S.C § 262 (l) (8) (B).
394 42 U.S.C § 262 (l) (7) (B).
395 *Kulathila,* BPCIA Update: Entropy Is the Price of an Ordered Framework, in: Berkeley Technology Law Journal 2018, 1277 (1284).

3. Übersicht

200

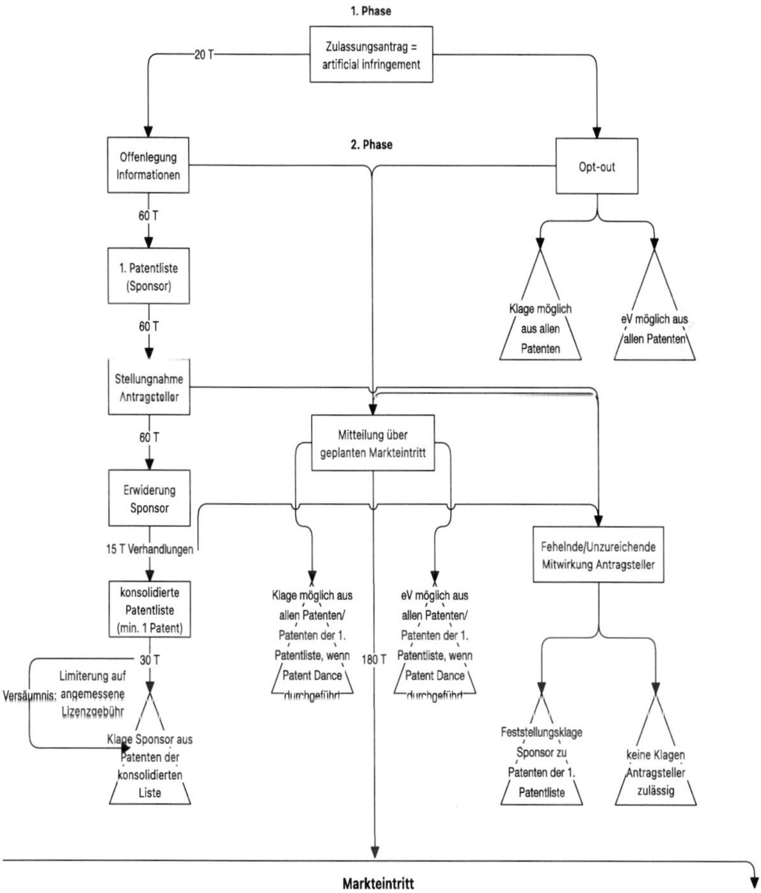

Abbildung 5: Grafische Darstellung des Patent Dance als Flow-Chart

4. Purple Book

201 Der BPCIA schafft insofern ein detailliertes Regelungssystem, das mögliche Klagezeitpunkte bestimmt sowie einen Informationsaustausch und die Identifizierung der maßgeblichen im Streit stehenden Patente zwischen Antragsteller und Sponsor ermöglicht. Um den Aspekt der Identifizierung von relevanten Patenten zu stärken, wurde der BPCIA zusätzlich im Dezember 2020 durch den Biological Product Patent Transparency Act (BPPT) ergänzt, der unter 42 U.S.C. § 262 (k) (9) kodifiziert wurde. Die neue Bestimmung sieht ergänzende Veränderungen vor, die das Purple Book betreffen und mit dem Patent Dance zusammenwirken.

202 Das Purple Book trägt die Bezeichnung »Lists of Licensed Biological Products with Reference Product Exclusivity and Biosimilarity or Interchangeability Evaluations«. Im Purple Book sind alle biologischen Arzneimittel aufgeführt, die von der FDA im Rahmen des PHSA zugelassen wurden. Es enthält zudem Informationen zur Exklusivitätsphase des jeweils eingetragenen Biologikums, die für die Bestimmung des Datums, zu dem ein Biosimilar zugelassen werden oder ein Antrag auf Zulassung gestellt werden kann, nützlich sind. Ursprünglich wurden im Purple Book jedoch keine Patentinformationen aufgeführt, sodass den Herstellern von Biosimilars bei der Ermittlung potenzieller Patentverletzungen zunächst keine Anhaltspunkte für die Identifizierung der das Produkt oder Verfahren schützenden Patente zur Verfügung standen.[396]

203 Durch die Neuregelung wurde diese Lücke zumindest teilweise geschlossen. Der Sponsor ist nun verpflichtet die Liste der zu verhandelnden Patente, die er im Rahmen des Patent Dance mit einem Antragsteller austauscht, auch der FDA zu übermitteln. Diese Mitteilung muss spätestens 30 Tage nach Übergabe der Liste an den Biosimilar-Hersteller erfolgen. Die FDA stellt dann die gelisteten Patente inklusive möglicher nachfolgender Ergänzungen öffentlich in einer durchsuchbaren Online-Datenbank zur Verfügung. Im Gegensatz zu der ursprünglichen Regelung sind die Listen daher nicht mehr zwischen den Parteien vertraulich, sondern für alle einsehbar.[397]

204 Welche praktischen Folgen diese Neuregelung haben wird, bliebt noch abzuwarten.

205 So könnte die Veröffentlichung der Patentlisten nach dem ersten Patent Dance dazu führen, dass es nachfolgenden Antragstellern, die sich auf dasselbe Referenzprodukt stützen, erleichtert wird, ihre Produkte so designen, dass die in der

396 *Wong/Rumore/Chan*, Biosimilars in the United States: Emerging Issues in Litigation, in: BioDrugs 2017, 189 (194).

397 *Diamond/Markus/Temkin/Yen*, »Purple Book« Patent Listing Under Biological Product Patent Transparency Act: What is Required, and What to Expect? (08.04.2021), online: https://www.jdsupra.com/legalnews/purple-book-patent-listing-under-3487914/ (zuletzt geprüft am 05.06.2023).

Liste aufgeführten Patente umgangen werden.[398] Sie könnten zudem keine Veranlassung mehr sehen, noch am Patent Dance teilzunehmen, weil sie bereits aus der Liste absehen können, ob eine mögliche Patentverletzung durch ihr Produkt überhaupt in Frage kommt, was wiederum zur Folge hätte, dass die Sponsoren keine Informationen mehr über die Herstellungsprozesse der Antragsteller für nachfolgende Biosimilar oder deren aBLA erhalten.[399] Gleichzeitig könnten gelistete Patente einen Angriffspunkt für Dritte bieten, deren Bestand anzugreifen und so den Weg zu einer früheren Zulassung ihrer Nachfolgeprodukte zu ermöglichen, weshalb es für Sponsoren fortan günstig sein könnte, nicht alle Patente im Rahmen des ersten Patent Dance aufzulisten und diese für potenzielle Nachfolger vorzuhalten.[400] Dies geht aber auch mit dem Risiko einher, die zurückgehaltenen Patente nicht gegen den ersten Antragsteller durchsetzen zu können.[401]

Auch für die Antragsteller könnte dadurch ein Anreiz geschaffen worden sein, nicht vor anderen Biosimilar-Herstellern am Patent Dance teilzunehmen, um ihnen nicht den Vorteil zu verschaffen, ihre Produkte um die aufgelisteten Patente herum designen zu können und damit Rechtsstreitigkeiten zu vermeiden, wie es dem ersten Antragsteller nicht möglich war.[402] Gerade auch dann, wenn die Teilnahme am Patent Dance für den Antragsteller wesentlich darauf abzielte, produktrelevante Patentinformationen zu erhalten, könnte mit der Veröffentlichung der Anreiz für den Patent Dance im Wesentlichen entfallen.[403] Andererseits bleibt es für die Biosimilar-Hersteller in der Regel lukrativ, der erste Konkurrent des Originalbiologikums zu sein, um sich genügend eigene Marktanteile zu sichern, sodass eine frühe Zulassung mit vorheriger Ausräumung potenzieller Rechtsstreitigkeit daher dennoch lohnend sein kann.[404] Den Patent Dance komplett zu vermeiden, ist aber auch aus einem anderem Grund für nachfolgende Biosimilar-Hersteller riskant. Denn auch wenn die Liste aus dem Patent Dance mit dem ersten Antragsteller öffentlich zugänglich wird, wurden die gelisteten Patente nur aufgrund der spezifischen Informationen über das erste Biosimilar hin vom Sponsor ausgewählt. Es bleibt durchaus die Möglichkeit bestehen, dass bei nachfolgenden Biosimilars mit anderer Zusammensetzung oder anderem Herstellungsverfahren auch andere Patente des Sponsors verletzt werden können.[405] Dies kann letztlich nur durch die zwischen den jeweiligen Parteien ausgetauschten 206

398 *Diamond/Markus/Temkin/Yen*, »Purple Book« Patent Listing Under Biological Product Patent Transparency Act: What is Required, and What to Expect? (08.04.2021), online: https://www.jdsupra.com/legalnews/purple-book-patent-listing-under-3487914/ (zuletzt geprüft am 05.06.2023).

399 Ebda.

400 Ebda.

401 Ebda.

402 Ebda.

403 Ebda.

404 Ebda.

405 Ebda.

Informationen ermittelt werden. Die Teilnahme am Patent Dance hat daher auch nach der Veröffentlichung der Patentlisten im Purple Book noch Vorteile.

5. Zusammenfassung und Verhältnis zu weiteren patentrechtlichen Verfahren

207 Der Patent Dance trägt insgesamt zur Klärung von Patentverletzungsfragen durch ein streng reguliertes System von Verhaltenspflichten und Fristen bei. Für die Antragsteller bietet der Patent Dance eine teilweise Kontrollmöglichkeit über die Anzahl der zu verhandelnden Patente sowie die Aussicht auf einen rechtssicheren Markteintritt, bei dem alle Patentverletzungsfragen bereits geklärt sind. Gleichzeitig schützt der Patent Dance die Patentrechte der Sponsoren und versorgt sie dafür mit den relevanten Informationen über das Produkt und seine Herstellung. Damit wird eine Klärung aller Rechtsfragen auch für die Sponsoren möglichst vor dem drohenden Marktwettbewerb durch Biosimilars gewährleistet.

208 Daneben lässt der Patent Dance Bestandsangriffe auf Patente weiterhin zu und bietet mit der Listung von relevanten Patenten einen Ausgangspunkt für das Führen von Rechtsbestandsverfahren seitens der Antragsteller. In Betracht kommen zum einen verwaltungsrechtliche Verfahren gegen die Erteilung eines Patents, wobei Sponsoren einen zusätzlichen Schutz genießen, weil die Anfechtung von Patenten in diesem Fall vor einem Bundesbezirksgericht erfolgt. Das Gericht geht dabei grundsätzlich davon aus, dass ein Patent gültig ist, es sei denn, der Anfechtungskläger kann die Ungültigkeit durch eindeutige und überzeugende Beweise belegen.[406] Zum anderen können Patente aber auch parallel im Rahmen der Inter Partes Review (IPR) ab neun Monaten nach ihrer Erteilung zu jedem beliebigen Zeitpunkt und von jedem Dritten, der nicht Inhaber des Patents ist, aufgrund von Offensichtlichkeit oder fehlender Neuartigkeit angegriffen werden. Die IPR ist ein gerichtliches Verfahren vor der 2012 neu geschaffenen Patentprüfungs- und Beschwerdekammer (PTAB), die innerhalb von zwölf bis achtzehn Monaten eine endgültige Entscheidung über eine Schutzrechtsklage treffen muss.[407] Aufgrund dieser schnellen Entscheidungsdauer und der statistischen Klägerfreundlichkeit des Verfahrens, erfreut sich das Verfahren der IPR immer größerer Beliebtheit und wird auch von (potenziellen) Antragstellern für relevante Patente der Sponsoren genutzt, um patentrechtliche Hindernisse für Biosimilars auszuräumen.[408]

209 Das IPR-Verfahren kann dabei grundsätzlich gleichzeitig mit dem Patent Dance durchgeführt werden. Der IPR-Antragsteller muss lediglich zwei Voraussetzungen erfüllen: zum einen darf er nicht vor mehr als einem Jahr wegen Verletzung des fraglichen Patents verklagt worden sein, zum anderen darf er parallel keine Zivilklage eingereicht haben, die die Gültigkeit desselben Anspruchs

406 *Shepherd*, Disrupting the Balance: The Conflict between Hatch-Waxman and Inter Partes Review, in: N.Y.U. Journal of Intellectual Property & Entertainment Law 2016, 14 (31).

407 Ebda., 14 (33).

408 Ebda.

anzweifelt.[409] Unter diesen Bedingungen kann ein Kläger, der bei der Ungültigerklärung eines Patents vor dem Bezirksgericht erfolglos war, sogar ein anschließendes IPR-Verfahren zur Anfechtung desselben Patents durchführen.[410] Sollte dies erfolgreich sein, kann ein vorheriges Urteil des Bezirksgerichts, in dem eine Rechtsverletzung festgestellt und Schadensersatz oder eine Unterlassungsverfügung verhängt wurde, umgangen werden.[411] Dementsprechend bleibt für Sponsoren zu beachten, dass trotz eines erfolgreichen Abschlusses des Patent Dance-Verfahrens, in dem die Patente in ihrem Bestand bestätigt wurden, weiterhin die Gefahr bestehen kann, dass das Patent für nichtig erklärt wird.[412]

Der Patent Dance wirkt insofern gemeinsam mit bestehenden Angriffsmöglich- 210
keiten zum Rechtsbestand von Patenten auf eine Klärung von Patentstreitigkeiten hin.

409 *Shepherd*, Disrupting the Balance: The Conflict between Hatch-Waxman and Inter Partes Review, in: N.Y.U. Journal of Intellectual Property & Entertainment Law 2016, 14 (35).

410 Ebda.

411 Ebda.

412 Ebda.

Kapitel 4 Zulassung von Biosimilars in Deutschland: Vergleichbare Regelungen zur Beilegung von Patentstreitigkeiten?

Da der Patent Dance darauf abzielt, patentrechtliche Konflikte möglichst vor der 211
Zulassung und dem Markteintritt des Biosimilars zu lösen und somit bereits parallel zum Zulassungsverfahren stattfindet, lohnt sich ein genauerer Blick auf die Zulassung von Biosimilars in Deutschland (A.), um anschließend zu untersuchen, ob es innerhalb der in Deutschland anzuwendenden Patentrechtssysteme vergleichbare Mechanismen gibt (B.).

A. Zulassung von Biosimilars

Fast alle Biosimilars werden nach EU-Recht im Rahmen des von der EMA über- 212
wachten zentralisierten Verfahrens zugelassen, da sie mit Hilfe von Biotechnologie hergestellt werden, wofür die Nutzung des zentralisierten Verfahrens nach Art. 3 Abs. 1 EG 726/2004 i.V.m. Anhang I verpflichtend ist.[413] Das zentralisierte Verfahren führt zu einer einzigen Zulassung, die in allen Mitgliedstaaten des Europäischen Wirtschaftsraumes gültig ist.[414]

Rechtsgrundlage der Zulassung bilden Art. 10 Abs. 4 der Richtlinie 2001/83/EC 213
und die Richtlinie 2003/63/EC, § 4 Anhang I, Teil II. Ergänzt durch weitere Leitlinien regulieren die Bestimmungen die Anforderungen für die Beantragung der Zulassung, insbesondere die Voraussetzungen für den Nachweis der Biosimilarität und der Qualität des Arzneimittels.[415] Dabei ist es auch hier zur Verkürzung des Verfahrens teilweise erlaubt, unter Verzicht auf eigene Daten im Zulassungsantrag auf Studien des Referenzproduktes Bezug zu nehmen.

413 *Dierks*, Ähnlich aber nicht gleich – Rechtliche Aspekte biotechnologischer Nachfolgepräparate, in: NJOZ 2013, 1 (5). Das Verfahren der gegenseitigen Anerkennung, das dezentralisierte Verfahren oder ausschließlich nationale Verfahren, die alle für natürlich gewonnene biologische Produkte offen stehen, werden dagegen auch für solche Produkte kaum genutzt, s. *EMA & Europäische Kommission*, Biosimilars in the EU – Information guide for healthcare professionals, Stand 02.10.2019, S. 12, und sollen daher bei der Betrachtung außen vor bleiben.

414 *Saini/Aakash/Jindoliya*, Regulation and Challenges of Biosimilars in European Union, in: Applied Clinical Research, Clinical Trials & Regulatory Affairs 2019, 192 (195).

415 *Arzneimittelkommission der deutschen Ärzteschaft*, Biosimilars, Leitfaden der Arzneimittelkommission der deutschen Ärzteschaft, S. 18.

214 Vergleichbar mit der Zulassung in den USA ist die zentralisierte Zulassung dabei auch zeitlichen Schranken unterworfen, um zu gewährleisten, dass der Hersteller des Referenzproduktes seine Investitionen in die Entwicklung des Medikaments amortisieren kann und die Möglichkeit erhält, Gewinne zu erwirtschaften. Anders als in den USA genießt das Referenzarzneimittel unabhängig von einem bestehenden Patentschutz dafür jedoch gem. Art. 10 Abs. 1 der Richtlinie 2001/83/EC nur zehn Jahre Marktexklusivität, in der kein Nachfolgemedikament zugelassen werden darf. Gleichzeitig kann der Zulassungsantrag für ein Biosimilar gem. Art. 10 Abs. 1 der Richtlinie 2001/83/EC nicht bereits nach vier, sondern erst acht Jahre nach der Zulassung des Referenzarzneimittels gestellt werden. Es verbleiben also potenziell nur zwei Jahre, die nach dem System des Patent Dance zur Streitbeilegung vor der Zulassung des Biosimilars genutzt werden könnten.

215 Im Rahmen des Zulassungsverfahrens werden zudem keine möglichen patentrechtlichen Konflikte geprüft oder verhandelt. Die Zulassung erfolgt vollkommen unabhängig von Schutzrechten, die möglicherweise am Produkt, dessen Verwendung oder dem Herstellungsverfahren bestehen.[416]

B. Regelungsmechanismen zur Beilegung von Patentstreitigkeiten zwischen Einleitung des Zulassungsverfahrens und Inverkehrbringen eines Biosimilars

216 Vor diesem Hintergrund ist zu untersuchen, wie die in Deutschland geltenden Patentrechtssysteme bisher mit potenziellen Patentverletzungen nach Einleitung des Zulassungsverfahrens umgehen, insbesondere, ob dem Patent Dance vergleichbare Regelungsmechanismen zur Beilegung von Patentstreitigkeiten vor der Zulassung vorgesehen sind. Dabei sind nicht nur die im deutschen Verfahrensrecht und im UPCA zur Verfügung stehenden Verfahren zu berücksichtigen (I.), sondern auch weitere von der Rechtsprechung entwickelte und in Europa angewandte Rechtsbehelfe (II.).

I. In Deutschland geltende Patentrechtssysteme

217 In Deutschland sind aufgrund der verschiedenen Arten von Patenten gleich zwei Patentrechtssysteme anwendbar. Während für national erteilte Patente und europäische Bündelpatente, die in Deutschland validiert sind, nationales Recht angewendet wird und damit nicht nur die deutschen Gerichte zuständig sind, sondern auch das deutsche Verfahrensrecht anzuwenden ist, gilt dies nicht für das

416 *Courage/Tyler*, Patent Exclusivities Affecting Biosimilars in the United States, Canada and Europe, in: Declerck/Endrenyi/Chow (Hrsg.), Biosimilar Drug Product Development, S. 375 (391).

europäische Einheitspatent. Zwar hat auch dies Wirkung in Deutschland, unterliegt aber dem Rechtssystem des UPCA und der Zuständigkeit des UPC.

Für beide Rechtssysteme ist gleichermaßen festzustellen, dass sie die Möglich- 218
keit einer Nichtigkeitsklage des Biosimilar-Herstellers vorsehen, um das Original schützende Patente zu beseitigen. Daneben kann sich der Biosimilar-Hersteller auch im Rahmen einer negativen Feststellungsklage Gewissheit über eine potenzielle Patentverletzung verschaffen, die beide Rechtssysteme kennen.

Viel interessanter für einen Vergleich mit dem Patent Dance ist jedoch die 219
Frage, ob und wann eine Patentverletzung bei Biosimilars geltend gemacht werden kann und inwieweit hierfür Verhandlungssysteme zwischen den Parteien vorgegeben sind.

1. Nationales Rechtssystem

Nach der derzeitigen Rechtslage in Deutschland besteht für den Referenzpro- 220
dukthersteller auch im Falle der Kenntnis des Zulassungsantrags für ein Biosimilar keine Möglichkeit vor deutschen Gerichten eine Verletzung geltend zu machen. Allein die Tatsache, dass ein Zulassungsverfahren eingeleitet wurde, stellt eine bloße Vorbereitungshandlung dar, die keine patentschützenden Maßnahmen rechtfertigt. So hat das OLG Düsseldorf entschieden, dass der Antrag auf Erteilung einer staatlichen Zulassung noch nicht als Patentverletzung einzuordnen ist, weshalb daraus ohne weitere Umstände keine Erstbegehungsgefahr abgeleitet werden kann, die eine einstweilige Verfügung rechtfertigen könnte.[417] Gleichzeitig verhindern auch das allgemeine Zulassungsprivileg des § 11 Nr. 2 PatG und die Roche-Bolar-Regelung nach § 11 Nr. 2b PatG ein Vorgehen gegen Biosimilar-Hersteller, da danach Benutzungshandlungen während der Patentlaufzeit des Referenzarzneimittels erlaubt sind, die für eine arzneimittelrechtliche Zulassung des Medikamentes notwendig sind.[418] Der Referenzprodukthersteller kann daher nur im Wege einer einstweiligen Verfügung gegen ein Biosimilar vorgehen, wenn über eine bloße Vorbereitung der Zulassung hinaus Umstände vorliegen, die auf eine Verletzungshandlung wie das Inverkehrbringen des Biosimilars hindeuten.[419] Eine Verletzungsklage in der Hauptsache, ohne dass das Biosimilar bereits in den Verkehr gebracht oder außerhalb der Zwecke der Zulassung gebraucht, angeboten oder hergestellt bzw. nicht dafür eingeführt oder besessen wurde, ist daher ebenfalls, und im Unterschied zu dem System des Patent Dance, nicht möglich.

Anders als im Patent Dance ist auch im deutschen Verfahrensrecht nicht vor- 221
gesehen, dass der Referenzprodukthersteller automatisch Einblick in die Zulassungsunterlagen des Biosimilars erhält oder der Biosimilar-Hersteller in

417 OLG Düsseldorf GRUR-RR 2013, 241 (242) – HIV-Medikament.

418 *Milbradt*, Durchsetzung von Patentansprüchen gegen Biosimilars, in: Kühnen (Hrsg.), 80 Jahre Patentgerichtsbarkeit in Düsseldorf, Festschrift zum 80-jährigen Bestehen des Patentgerichtsstandortes Düsseldorf am 1. Oktober 2016, S. 393 (396).

419 OLG Düsseldorf GRUR-RR 2013, 241 (242) – HIV-Medikament.

anderer Art und Weise Unterlagen über das Produkt oder Einblick in das Herstellungsverfahren des Biosimilars gewähren muss. Für den Referenzprodukthersteller bleibt als einziges Mittel, um an Informationen zu gelangen, der Besichtigungsanspruch nach § 140c Abs. 1 PatG, mit dem er Zugang zu Urkunden oder Sachen, die sich in der Verfügungsgewalt des Biosimilar-Herstellers befinden, sowie Zugang zu Verfahren, die Gegenstand eines Patents sind, erhält, sodass er auch die Produktion des Biosimilars begutachten kann.[420] Dieser ist insbesondere im Rahmen des Düsseldorfer Verfahrens bereits vor der Einleitung anderer prozessualer Maßnahmen möglich.[421] Der Besichtigungsanspruch ermöglicht jedoch nicht unbedingt einen Einblick in relevante Unterlagen oder die Produktionsstätten des Biosimilar-Herstellers, insbesondere weil die erforderlichen Aufklärungstatsachen, um die hinreichende Wahrscheinlichkeit einer Patentverletzung zu begründen, dem Referenzprodukthersteller in der Regeln nicht zur Verfügung stehen.[422] Gerade bei Verfahrensansprüchen geht er daher häufig ins Leere[423] und ist nicht gleichwertig mit dem umfangreichen Informationsaustausch, den der Patent Dance vorsieht.

222 Auch Verhandlungen zwischen den Parteien sind während des Zulassungsverfahrens und vor dem Markteintritt des Biosimilars zwar jederzeit möglich, aber im Unterschied zu dem System des Patent Dance gesetzlich nicht vorgesehen oder reguliert. Lediglich im Hauptsacheverfahren ist gesetzlich vorgesehen, dass eine gerichtliche Güteverhandlung gem. § 278 ZPO stattfindet, in deren Rahmen sich die Parteien austauschen können. Diese wird allerdings nach § 278 Abs. 2 Nr. 2 ZPO durch das Gericht geleitet, ist also nicht rein *inter partes*, und erfolgt ohne feste Verhandlungsschritte oder verfahrensrechtliche Konsequenzen. Gleichermaßen ist die gerichtliche Verhandlung auch erst nach dem Inverkehrbringen eines Biosimilars denkbar, sodass es auch diesbezüglich an einem außergerichtlichen Regelungsmechanismus zur Beilegung von Patentstreitigkeiten vor der Zulassung bzw. vor Markteintritt des Biosimilars fehlt.

2. UPCA

223 Auch unter dem Rechtssystem des UPCA sind keine Verletzungsverfahren oder einstweilige Maßnahmen gegen ein Biosimilar vor dessen Zulassung oder dem unmittelbar bevorstehenden Inverkehrbringen wahrscheinlich. Einstweilige Maß-

420 Zu den Voraussetzungen s.o. unter Kapitel 2, B. II. 2. b) bb).

421 Zum Düsseldorfer Verfahren s.o. unter Kapitel 2, B. II. 2. b) bb).

422 *Neuhaus*, Verfahrenspatente – Papiertiger oder wirksame Schutzrechte? Gedanken zur »hinreichenden Wahrscheinlichkeit« i.S.d. § 140c PatG (09.06.2021), online: https://www.dusip.de/2021/06/09/verfahrenspatente-papiertiger-oder-wirksame-schutzrechte-gedanken-zur-hinreichenden-wahrscheinlichkeit-i-s-d-§-140c-patg/ (zuletzt geprüft am 05.06.2023); BGH GRUR 2018, 1280 (1282) – My Lai (zu einem Anspruch nach § 809 BGB im Zusammenhang mit dem Persönlichkeitsrecht); OLG Frankfurt a.M. GRUR-RS 2019, 47064 (Rn. 2).

423 Ebda.

nahmen können gem. Art. 62 UPCA nur erlassen werden, wenn eine Patentverletzung droht. Dabei hat das Gericht nach R. 209 Nr. 2 (b) der Verfahrensordnung des Einheitlichen Patentgerichts (*Rules of Procedure of the Unified Patent Court*, RoP) die Dringlichkeit einer solchen Maßnahme zu berücksichtigen. Zwar ist noch unklar, wie das UPC mit diesen Vorgaben umgehen wird, es erscheint allerdings wahrscheinlich, dass auch unter dem UPCA das Drohen einer Verletzung nicht allein durch die Einleitung eines Zulassungsverfahrens für ein Biosimilar begründet werden kann. Auch hier wird zu berücksichtigen sein, dass zwischen der Antragstellung auf Zulassung und dem tatsächlichen Markteintritt erhebliche Zeit für die Prüfung des Antrags benötigt wird, weshalb kein zeitnaher Markteintritt des Biologikums droht. Darüber hinaus bedeutet die Einleitung des Prüfungsverfahrens nicht automatisch, dass auch eine Marktzulassung des Medikaments erfolgen wird oder der Hersteller mit einer Vermarktung bis zum Ablauf des Patentschutzes warten wird, sodass zumindest bis zum Abschluss des Prüfverfahrens unklar ist, ob überhaupt eine Verletzung in Form des Inverkehrbringens eintritt. Gleiches gilt auch nach Abschluss des Zulassungsverfahrens, solange noch nicht absehbar ist, ob der Hersteller das Biosimilar in den Verkehr bringen wird, wie es zum Beispiel durch die Listung des Produktes als verkäufliches Medikament bei der IFA zum Ausdruck kommt. Es liegt daher nahe, dass sich auch die Spruchkörper des UPC mit dem Erlass einstweiliger Maßnahmen vor dem Markteintritt eines Biosimilars zurückhalten werden, solange keine eindeutigen Umstände vorliegen, die eine drohende Verletzung durch das Inverkehrbringen des Produktes nahelegen. Darüber hinaus verweist auch das UPCA in Art. 27 d) UPCA auf die Roche-Bolar-Regelung. Studien und Versuche und die sich daraus ergebenden praktischen Anforderungen, die für die Erlangung einer arzneimittelrechtlichen Genehmigung für das Inverkehrbringen in der Europäischen Union oder einer arzneimittelrechtlichen Zulassung in den Mitgliedsstaaten der Europäischen Union oder in Drittstaaten erforderlich sind, bleiben demnach auch unter dem Rechtssystem des UPC möglich. Verletzungsverfahren oder einstweilige Maßnahmen vor Zulassung und Markteintritt des Biosimilars sind daher im Unterschied zu dem Regelungssystem des Patent Dance auch unter dem UPC nicht zu erwarten.

Unter dem UPCA ist es für den Referenzprodukthersteller allerdings ebenfalls 224
möglich, Informationen über ein Biosimilar zu erhalten. Nach Art. 60 UPCA kann der Referenzprodukthersteller eine Anordnung zur Beweissicherung erlangen, die die ausführliche Beschreibung mit oder ohne Einbehaltung von Mustern oder die dingliche Beschlagnahme von Mustern oder die dingliche Beschlagnahme der verletzenden Erzeugnisse sowie gegebenenfalls der für die Herstellung und/oder den Vertrieb dieser Erzeugnisse verwendeten Materialien und Geräte sowie der zugehörigen Unterlagen umfassen kann. Zusätzlich kann auch eine Inspektion von Räumlichkeiten erreicht werden. Dies ist nach Art. 60 Abs. 3 UPCA auch vor der Einleitung eines Verfahrens möglich. Unter welchen Voraussetzungen diese Beweissicherung stattfindet, ist gesetzlich jedoch noch nicht näher bestimmt und wird von der praktischen Ausgestaltung durch die Gerichte abhängen.

Es bleibt insofern abzuwarten, ob und in welcher Reichweite Referenzprodukthersteller Informationen unter dem UPCA erhalten können und inwiefern dies gleichwertig mit den Optionen des Patent Dance ist, der einen umfangreichen Zugang zu Informationen vorsieht. Jedenfalls sieht der UPCA aber keinen Anspruch der Referenzprodukthersteller auf die Zulassungsunterlagen der Biosimilar-Hersteller vor, wie sie ihnen durch den Patent Dance zugebilligt werden.

225 Auch für zwischenparteiliche Verhandlungen bietet das Verfahren vor dem UPC keine dem Patent Dance vergleichbaren Optionen. Zwar können auch hier die Parteien außergerichtlich selbstständig über den Abschluss eines Vergleich verhandeln, was gem. Art. 52 UPCA durch das Gericht angestoßen werden kann. Hierbei handelt es sich allerdings nur um ein verfahrensrechtlich reguliertes Angebot, das lediglich im Falle eines Prozesses genutzt werden kann, der den Parteien erst nach dem Inverkehrbringen eines Biosimilars zur Verfügung steht. Verhandlungen zwischen den Parteien sind zwar auch während des Zulassungsverfahrens und vor dem Markteintritt des Biosimilars jederzeit möglich und können beispielsweise über das in Art. 35 UPCA vorgesehene Schiedszentrum geführt werden, sind aber anders als im Patent Dance gesetzlich nicht zwingend vorgesehen.

3. Zwischenfazit

226 Weder das nationale deutsche Verfahrensrecht noch das UPCA sehen für Biosimilars umfassende regulative Mechanismen zur Streitbeilegung vor dessen Zulassung oder Markteintritt vor. Weder existiert eine fingierte Verletzungshandlung durch den Zulassungsantrag, noch sind Verletzungsklagen oder einstweilige Maßnahmen zeitlich vor einem in Kürze absehbaren Inverkehrbringen des Biosimilars möglich. Insbesondere gerichtlich kann die Frage einer Patentverletzung vom Referenzprodukthersteller daher nicht vor der Zulassung geklärt werden. Auch die Gewinnung von Informationen über das Produkt und dessen Herstellung sind in der Regel nicht frühzeitig möglich. Zudem bestehen keine Regelungen für einen Informationsaustausch oder private Verhandlungen über Patentverletzungen, die durch einen Zulassungsantrag des Biosimilar-Herstellers ausgelöst werden.

227 Gesetzlich ist insofern kein dem US-amerikanischen System vergleichbarer Mechanismus verankert, der eine Verhandlung von Patentverletzungen zwischen den Parteien vor der Zulassung herbeiführen kann.

II. Vergleichbare Ansätze in der Rechtsprechung

228 Allerdings hat die Rechtsprechung mehrere Ansätze hervorgebracht, die gewisse Ähnlichkeiten zum Patent Dance in Verfahrensführung und/oder Zielsetzung aufweisen. Näher untersucht werden sollen im Folgenden das FRAND Verhandlungssystem (1.) und die Arrow Declaration (2.).

1. FRAND Verhandlungssystem

Ähnlich den ausdifferenzierten Verhandlungsschritten, die im Patent Dance zur Beilegung von Patentstreitigkeiten vorgesehen sind, hat die europäische Rechtsprechung Vorgaben für die Verhandlung von Lizenzen aufgestellt, die standardessentielle Patente betreffen. 229

a) Problemstellung

In einigen Technologiebereichen werden technische Standards genutzt, um die Kompatibilität und Interoperabilität von Komponenten, Produkten und Dienstleistungen zu gewährleisten.[424] Dabei basieren in der Regel zumindest Teile des Standards auf patentierten Technologien.[425] Marktteilnehmer, die einen Standard nutzen wollen, sind daher darauf angewiesen, an den für die Nutzung eines Standards essentiellen Patenten (SEP's) eine Lizenz zu nehmen. 230

SEP-Inhaber haben grundsätzlich ein kommerzielles Interesse daran, die Lizensierung ihrer patentierten Technologie im Rahmen des Standards zu forcieren, damit sie von den Lizenzgebühren profitieren können.[426] Sie haben aufgrund ihrer Monopolstellung gleichzeitig jedoch auch die Möglichkeit, die Umsetzung des Standards zu blockieren, indem sie eine Lizenz verweigern oder unangemessen hohe Lizenzgebühren verlangen.[427] 231

b) Verhandlungsvorgaben der Rechtsprechung

Um zu verhindern, dass SEP-Inhaber ihre marktbeherrschende Stellung entsprechend ausnutzen, wurden von der Rechtsprechung Vorgaben für die Verhandlung einer Lizenz zwischen SEP-Inhaber und Technologienutzer geschaffen. Maßgebliche Leitlinien wurden insbesondere durch den EuGH entwickelt und in der Folge durch die nationale Rechtsprechung weiter ausdifferenziert. 232

aa) Grundgerüst des EuGH aus *Huawei/ZTE*

Verhandlungen über die Lizenzierung von SEP müssen nach der Rechtsprechung des EuGH in *Huawei/ZTE* grundsätzlich einem bestimmten Ablauf folgen, innerhalb dessen die Parteien einzelne Schritte unternehmen, die bestimmten 233

424 EPA, Patents and standards (20.8.2021), online: https://www.epo.org/news-events/in-focus/ict/patents-standards.html (zuletzt geprüft am 05.08.2023).

425 *Europäische Kommission,* Standard Essential Patents, online: https://single-market-economy.ec.europa.eu/industry/strategy/intellectual-property/patent-protection-eu/standard-essential-patents_en (zuletzt geprüft am 05.08.2023).

426 *WIPO*, Standards and Patents, online: https://www.wipo.int/patent-law/en/developments/standards.html (zuletzt geprüft am 05.08.2023).

427 Ebda.

zeitlichen und inhaltlichen Anforderungen genügen müssen. Die Einhaltung dieser Anforderungen ist dabei im Streitfall für jeden Einzelfall unter Berücksichtigung der Interessen beider Parteien zu prüfen.[428]

234 Die Verhandlungen beginnen danach zwingend mit einem Verletzungshinweis des SEP-Inhabers an den Technologienutzer, wobei das/die betreffende(n) Schutzrecht(e) und die Art und Weise der angeblichen Verletzung angegeben werden sollen.[429]

235 Anschließend muss der Verletzer »seinen Willen zum Ausdruck bringen«, eine Lizenz zu fairen, angemessenen und nicht-diskriminierenden Bedingungen (*fair, reasonable and non-discriminatory*, kurz: FRAND) am einschlägigen Schutzrechtsbestand nehmen zu wollen.[430]

236 In der Folge obliegt es dem Patentinhaber, dem Verletzer »ein konkretes schriftliches Lizenzangebot zu FRAND-Bedingungen zu unterbreiten und insbesondere die Lizenzgebühr sowie die Art und Weise ihrer Berechnung anzugeben.«[431]

237 Dem Verletzer obliegt es sodann auf dieses Angebot mit Sorgfalt, gemäß den in dem Bereich anerkannten geschäftlichen Gepflogenheiten nach Treu und Glauben, zu reagieren, was auf der Grundlage objektiver Gesichtspunkte zu bestimmen ist und u. a. impliziert, dass keine Verzögerungstaktik verfolgt wird.[432] Auf den missbräuchlichen Charakter des Erstangebots kann sich der Verletzer allerdings nur berufen, wenn er dem SEP-Inhaber innerhalb einer kurzen Frist ebenfalls schriftlich ein konkretes Gegenangebot macht, das den FRAND-Bedingungen entspricht.[433]

238 Lehnt der SEP-Inhaber das Gegenangebot des Verletzers ab, muss dieser, wenn er das SEP benutzt, ab diesem Zeitpunkt eine angemessene Sicherheit gemäß den in dem betreffenden Bereich anerkannten geschäftlichen Gepflogenheiten leisten.[434]

239 Kann im Rahmen dieser Verhandlungsstruktur keine Einigung über die Einzelheiten der FRAND-Bedingungen erzielt werden, steht es den Parteien frei, sich zusätzlich an einen unabhängigen Dritten zu wenden, der die Lizenzgebührenregelung für sie festlegen kann.[435]

240 Die so durch den EuGH skizzierte Verhandlungsstruktur ähnelt damit einem »Ping-Pong«-Spiel, bei der die Verhaltenspflichten den Parteien im Wechsel zufallen.

428 EuGH GRUR 2015, 764 (766) – Huawei/ZTE.
429 EuGH GRUR 2015, 764 (767) – Huawei/ZTE.
430 EuGH GRUR 2015, 764 (767) – Huawei/ZTE.
431 EuGH GRUR 2015, 764 (767) – Huawei/ZTE.
432 EuGH GRUR 2015, 764 (767) – Huawei/ZTE.
433 EuGH GRUR 2015, 764 (767) – Huawei/ZTE.
434 EuGH GRUR 2015, 764 (767) – Huawei/ZTE.
435 EuGH GRUR 2015, 764 (767) – Huawei/ZTE.

bb) Ausgestaltung durch die deutschen Gerichte

241 Die weitere Ausgestaltung dieses Systems durch die deutschen Gerichte weicht diese feste Verhandlungsstruktur allerdings wieder auf.[436] So geht insbesondere der BGH in seinen Leitentscheidungen *FRAND-Einwand I und II* nicht von einem starren Verhandlungskonzept aus, sondern von korrespondierenden und wechselseitigen Pflichten, die von beiden Parteien gleichsam zu erfüllen sein können.[437]

242 Verpflichtung des SEP-Inhaber ist es demnach, sich hinreichend darum zu bemühen, seiner mit der marktbeherrschenden Stellung verbundenen besonderen Verantwortung gerecht zu werden und einem grundsätzlich lizenzwilligen Verletzer den Abschluss eines Lizenzvertrages zu angemessenen Bedingungen zu ermöglichen, damit dieser die Geltendmachung eines Unterlassungsanspruchs abwenden kann.[438] Den Verletzer dagegen trifft die Pflicht, sich ohne den Abschluss eines Lizenzvertrages keinen Vorteil im Wettbewerb gegenüber denjenigen Unternehmen zu verschaffen, die das SEP auf der Grundlage eines Lizenzvertrages zu angemessenen und nicht-diskriminierenden Bedingungen benutzen oder benutzen wollen.[439]

243 Konsequenterweise stellt der BGH maßgeblich auf die (beiderseitige) Lizenzbereitschaft während der Verhandlung ab.[440] Die sich daraus ergebenen Handlungspflichten sind dann solche, die eine vernünftige Partei, die an dem erfolgreichen, beiderseits interessengerechten Abschluss der Verhandlungen interessiert ist, (i) zur Förderung dieses Ziels (ii) in einem bestimmten Verhandlungsstadium jeweils ergreifen würde.[441] Einzelne zu stellende Anforderungen werden daher nicht generell definiert.[442] Hat es eine Seite aber an der gebotenen Mitwirkung am Zustandekommen eines Lizenzvertrags zu FRAND-Bedingungen fehlen lassen, geht dies grundsätzlich zu ihren Lasten, auch wenn sie dies, je nach Sachlage, möglicherweise noch nachträglich kompensieren kann.[443]

244 Entsprechend der Linie des BGH haben auch die Instanzgerichte keine strengen Verhandlungsschritte und Fristen definiert. Sie haben aber die Praxis entwickelt, quasi in Symbiose der Leitentscheidungen des EuGH und BGH, systematisch die Verhandlungsschritte im Lichte des jeweiligen Einzelfalls zu bewerten und so

436 *Smeets*, Die Umsetzung der Entscheidungen »FRAND-Einwand I« und »FRAND-Einwand II« des Bundesgerichtshofs in der deutschen Instanzrechtsprechung, in: GRUR Patent 2023, 55 (57).
437 BGH GRUR 2020, 961 (968) – FRAND-Einwand I; BGH GRUR 2021, 585 (591) – FRAND Einwand II.
438 BGH GRUR 2020, 961 (968) – FRAND-Einwand I.
439 BGH GRUR 2020, 961 (968) – FRAND-Einwand I.
440 BGH GRUR 2021, 585 (591) – FRAND Einwand II.
441 BGH GRUR 2021, 585 (591) – FRAND Einwand II.
442 BGH GRUR 2021, 585 (591) – FRAND Einwand II.
443 BGH GRUR 2021, 585 (591) – FRAND Einwand II.

einen grundsätzlichen Anhaltspunkt für die Beurteilung der Verhaltenspflichten der Parteien in den Lizenzverhandlungen geschaffen.[444]

245 Die Anforderungen an die Verletzungsanzeige des SEP-Inhabers wurden dementsprechend verallgemeinerbar dahingehend konkretisiert, dass die Angabe der Veröffentlichungsnummer des Patents, die angegriffene Ausführungsform und die vorgeworfene Benutzungshandlung (§§ 9 f. PatG) gegenüber dem Verletzer erforderlich ist.[445]

246 Zentral stellen die Gerichte anschließend auf die Lizenzwilligkeit des Lizenzsuchenden ab.

247 Einigkeit besteht dahingehend, dass der Verletzer seine Lizenzwilligkeit mit der Erklärung zum Ausdruck bringen muss, mit dem Patentinhaber einen Lizenzvertrag zu angemessenen und nicht diskriminierenden Bedingungen abschließen zu wollen, und er in der Folge zielgerichtet an den Lizenzvertragsverhandlungen mitwirkt.[446] Die Gerichte erkennen auch übereinstimmend an, dass gewisse Einschränkungen der Erklärung oder gegenläufige Handlungen des Verletzers die Lizenzwilligkeit konterkarieren können. So kann keine Lizenzwilligkeit angenommen werden, wenn sich der Verletzer vorbehält, einen Lizenzvertrag unter FRAND-Bedingungen nur zu schließen, sofern die Patente des Patentinhabers rechtsbeständig und die aus den Patenten abgeleiteten Ansprüche gerichtlich durchsetzbar sind.[447] Auch wenn der Verletzer ein bestimmtes, offensichtlich angemessenes Lizenzierungsmodell ohne triftigen Grund kategorisch verweigert oder den Abschluss eines Vertrages verzögert oder mit einem Antrag auf Erlass einer Anti-Suit-Injunction in anderen Ländern droht, schließt dies die Annahme seiner Lizenzwilligkeit in der Regel aus.[448]

248 Die Instanzgerichte verfolgen dagegen unterschiedliche Ansätze, was die weitere Prüfung der Lizenzwilligkeit angeht. Während das Landgericht München bereits an dieser Stelle zusätzlich das Lizenzangebot des Verletzers auf seine FRAND-Konformität prüft, weil auch dieses Aufschluss über die Lizenzwilligkeit des Verletzers gibt und es daher eventuell gar nicht mehr auf ein FRAND-konformes Angebot des SEP-Inhabers ankommt, trennen die Düsseldorfer Gerichte das Angebot des Verletzers von der bloßen Lizenzbitte und prüfen dieses

444 *Smeets*, Die Umsetzung der Entscheidungen »FRAND-Einwand I« und »FRAND-Einwand II« des Bundesgerichtshofs in der deutschen Instanzrechtsprechung, in: GRUR Patent 2023, 55 (57).

445 LG Düsseldorf GRUR-RS 2018, 33825 (Rn. 160) – Dekodierungsvorrichtung.

446 BGH GRUR 2020, 961 (969) – FRAND-Einwand I. Mit dieser Formulierung orientiert sich der BGH an dem Urteil des High Court of England and Wales [2017] EWHC 711 (Pat) Rn. 708 – Unwired Planet v Huawei: *»[A] willing licensee must be one willing to take a FRAND licence on whatever terms are in fact FRAND«.*

447 LG München I GRUR-RS 2021, 23157 (Rn. 128) – Sprachsignalcodierer.

448 OLG Düsseldorf GRUR 2022, 1136 (1141) – Signalsynthese II; OLG Karlsruhe GRUR 2022, 1145 (Rn. 156) – Steuerkanalsignalisierung II; LG München I GRUR-RS 2022, 13480 (Rn. 155) – Sprachsignalcodierer II; LG München I GRUR-RS 2021, 3995 (Rn. 90) – FRAND-Lizenzwilligkeit.

als dem Angebot des Patentinhabers nachfolgenden Verhandlungsschritt.[449] Aber auch wenn die Reihenfolge der Prüfung unterschiedlich ist, sind die Anforderungen, die die Gerichte an die Parteien in den einzelnen Verhandlungsphasen stellen, identisch.

Das Angebot des Patentinhabers muss nach den übereinstimmenden Anforderungen der Instanzgerichte konkret zu FRAND-Bedingungen unterbreitet worden sein, wozu insbesondere die Lizenzgebühr sowie die Art und Weise ihrer Berechnung angegeben werden müssen.[450] Der SEP-Inhaber ist dabei nicht gezwungen jedem Lizenzsucher dasselbe Angebot zu machen oder allen gleiche Bedingungen einzuräumen.[451] So muss sich der SEP-Inhaber beispielsweise nicht von vornherein auf ein bestimmtes Lizenzmodell festlegen, solange er allen Lizenzsuchenden jeweils diskriminierungsfrei anhand objektiver Kriterien Zugang zu diesen Modellen gewährt.[452] Gleichermaßen ist der SEP-Inhaber aber auch nicht verpflichtet, jedem Lizenzsuchenden ein individuelles Angebot zu machen.[453] Vielmehr muss sich sein Angebot in einem FRAND-»Korridor« bewegen, der für Lizenzhöhe und -bedingungen gewisse Spielräume bietet.[454] Er genügt den FRAND-Kriterien sogar dann, wenn sein Angebot für den durchschnittlichen Lizenzsucher FRAND-Bedingungen entspricht, auch wenn dies für einzelne Gruppen potenzieller Lizenzsucher aufgrund ihres Geschäftszuschnitts nicht der Fall ist.[455] 249

Während die Handlungsspielräume für das Angebot des Patentinhabers gerichtlich also recht großzügig gestaltet sind, gilt dies weniger für die Reaktion und das Gegenangebot des Lizenzsuchenden. Es ist Sache des Verletzers, das Angebot des SEP-Inhabers zu prüfen und gegebenenfalls weitere Informationen und Erläuterungen vom SEP-Inhaber anzufordern, um zu belegen, inwieweit das Angebot oder einzelne Bestimmungen des Angebots FRAND-konform sind.[456] Solange das Angebot des Patentinhabers aber jedenfalls nicht offensichtlich FRAND-widrig war und der Verletzer durch die Erläuterungen und Informationen in die Lage versetzt wurde, das Angebot zu prüfen, kann er sich in den Verhandlungen nicht auf die Position zurückziehen, das Angebot des Patentinhabers sei un-FRAND gewesen, sondern muss ein FRAND-konformes Gegenangebot machen.[457] Entscheidend für das Gegenangebot ist insbesondere die vom EuGH 250

449 LG Mannheim GRUR-RS 2020, 20358 (Rn. 122); LG München I GRUR-RS 2023, 11247 (Rn. 156) – Erfolgloser Zwangslizenzeinwand bei fehlender Lizenzwilligkeit; OLG Düsseldorf GRUR 2022, 1136 – Signalsynthese II.
450 BGH GRUR 2020, 961 (968) – FRAND-Einwand I.
451 BGH GRUR 2020, 961 (968) – FRAND-Einwand I.
452 OLG Düsseldorf GRUR-RS 2021, 1498 (1501) – Signalsynthese I.
453 OLG Karlsruhe GRUR-RS 2020, 56869 (Rn. 128) – Steuerkanalsignalisierung I; LG München I GRUR-RR 2021, 513 – Sprachsignalcodierer.
454 OLG Karlsruhe GRUR-RS 2020, 41067 (Rn. 256) – Mobilstation.
455 OLG Karlsruhe GRUR 2022, 1145 (Rn. 190) – Steuerkanalsignalisierung II.
456 BGH GRUR 2021, 585 (591) – FRAND Einwand II.
457 OLG Karlsruhe GRUR-RR 2021, 203 – Mobilstation.

vorgesehene, kurz zu bemessende Frist, innerhalb derer das Gegenangebot zu erfolgen hat. Die Instanzrechtsprechung hat hierfür keine allgemeingültige zeitliche Grenze definiert, sondern bemisst im Einzelfall nach der Komplexität der Verhandlungen, was als angemessen kurze Frist zu gelten hat. So wurde beispielsweise bei einem nur von wenigen Faktoren abhängenden Lizenzangebot, für das dem Verletzer alle notwendigen Informationen für ein Gegenangebot vorlagen, ein nach fünf Monaten erfolgendes Gegenangebot als verspätet gewertet.[458]

251 Für die infolge einer Ablehnung des Gegenangebots zu leistende Sicherheit durch den Verletzer, haben die Instanzgerichte dagegen definierte Regelungen aufgestellt. So ist der Verletzer ab diesem Zeitpunkt verpflichtet, über die vergangene und derzeitige Benutzung der SEPs entsprechend seines eigenen Angebotes abzurechnen und für die Zahlung der Lizenzgebühren eine angemessene Sicherheit zu leisten.[459]

c) Anwendung im Rahmen von Patentverletzungsprozessen

252 Das nach diesen Anforderungen ausgestaltete Verhandlungsverfahren wird von den Parteien im Falle einer SEP-Verletzung außergerichtlich und ausschließlich zwischenparteilich angewandt. Im Erfolgsfall können damit Patentstreitverfahren vermieden und im Wege einer Lizenznahme zu einer gütlichen Einigung geführt werden.

253 Sofern dies den Parteien außergerichtlich nicht gelingt, steht ihnen aber auch weiterhin der Weg zu den Gerichten offen. So kann der Verletzer eine isolierte Lizenzierungsklage auf Abgabe einer FRAND-Lizenz erheben, wobei deutsche Gerichte bisher keine konkreten FRAND-Lizenzgebühren ausgeurteilt haben.[460] In aller Regel wird allerdings ein Verletzungsprozess angestrengt, in dessen Rahmen der SEP-Inhaber den Verletzer aus seinen Schutzrechten auf Unterlassung nach § 139 Abs. 1 PatG in Anspruch nimmt.[461] Das FRAND-Lizenzverfahren kommt im Verletzungsprozess dann über den kartellrechtlichen Zwangslizenzeinwand des Verletzers aus Art. 102 AEUV zu tragen. Mit diesem Einwand kann der Verletzer dem Patentinhaber entgegenhalten, seine marktbeherrschende Stellung zu missbrauchen, indem er eine Lizenzierung unter FRAND-Bedingungen

458 LG München GRUR-RS 2022, 13480 (Rn. 137) – Sprachsignalcodierer II.

459 BGH GRUR 2021, 585 (592) – FRAND Einwand II; LG Düsseldorf GRUR-RS 2021, 50360 (Rn. 109) – Bildrekonstruierung.

460 *Kühnen*, Handbuch der Patentverletzung, E. Rn. 549. Ausländische Gerichte zeigen hier weniger Zurückhaltung. Bisher haben der High Court of England and Wales, der High Court of Delhi, der US Court of Appeals for the Federal Circuit und der Supreme People's Court of the People's Republic of China konkrete Lizenzgebühren festgesetzt.

461 *Smeets*, Die Umsetzung der Entscheidungen »FRAND-Einwand I« und »FRAND-Einwand II« des Bundesgerichtshofs in der deutschen Instanzrechtsprechung, in: GRUR Patent 2023, 55 (62).

verweigert.[462] Sofern der SEP-Inhaber also nicht lizenzwillig auf den Abschluss einen FRAND-konformen Lizenzvertrages hingewirkt oder die Annahme eines rechtzeitig erfolgten, FRAND-konformen Vertragsangebots abgelehnt hat, büßt er seine Ansprüche auf Unterlassung, Rückruf und Vernichtung jedenfalls vorläufig ein.[463] Demgegenüber kann sich der Verletzer jedoch nicht auf den kartellrechtlichen Zwangslizenzeinwand gegen eine Inanspruchnahme auf Unterlassung berufen, wenn er selbst nicht lizenzwillig an der Aushandlung einer FRAND-konformen Lizenzvereinbarung mitgewirkt hat.[464] Obwohl die kartellrechtliche Zwangslizenz und ihre Verhandlung also nicht die Patentverletzung als solche betreffen, kann sie dennoch eine mittelbare Sperrwirkung für die Durchsetzung des aus der Verletzung resultierenden Unterlassungsanspruchs entfalten.[465]

Insofern sind nicht nur die deutschen Gerichte in Patentverletzungsprozessen mit dem FRAND-Verhandlungsverfahren konfrontiert. Auch für den UPC ist die Entscheidung *Huawei/ZTE* des EuGH nach Art. 21 S. 2 UPCA bindend, sodass auch auf europäischer Ebene eine Auseinandersetzung mit dem Verhandlungssystem und dessen Vorgaben im Rahmen von Patentverletzungsverfahren erwartet werden kann.[466] 254

d) Vergleich der FRAND-Verhandlungen mit dem Patent Dance

Fraglich ist allerdings, inwieweit sich das dargestellte FRAND-Verhandlungssystem mit den Vorgaben des Patent Dance vergleichen lässt und ob es diesem auf europäischer und nationaler Ebene möglicherweise sogar vorgreift. 255

Betrachtet man in einem ersten Schritt den Anwendungsbereich der beiden Verhandlungssysteme, so zeigen sich bereits hier wesentliche Differenzen. FRAND-Lizenzverhandlungen kommen ausschließlich für standardessentielle Patente in Betracht und sind somit für die Parteien nur obligatorisch, wenn ihre Patente einen standardisierten Technologiebereich betreffen. Im Gegensatz dazu umfassen die Verhandlungen im Rahmen des Patent Dance alle Arten von Patenten, die ein Referenzprodukt umgeben können. Dies könnte zwar theoretisch auch SEP's miteinschließen, berührt diese in der Praxis jedoch nicht, da der Pharmamarkt nicht von Standards geprägt ist. Insofern betreffen die beiden Verhandlungssysteme völlig unterschiedliche Anwendungsbereiche. 256

462 *Dornis*, Standardessenzielles Patent, FRAND-Bindung und Rechtsübergang, in: GRUR 2020, 690 (690).
463 EuGH GRUR 2015, 764 (766) – Huawei/ZTE.
464 EuGH GRUR 2015, 764 (766) – Huawei/ZTE.
465 *Walz/Benz/Pichlmaier*, Obligatorische Schlichtung bei FRAND-Streitigkeiten, in: GRUR 2022, 446 (447).
466 *Smeets*, Die Umsetzung der Entscheidungen »FRAND-Einwand I« und »FRAND-Einwand II« des Bundesgerichtshofs in der deutschen Instanzrechtsprechung, in: GRUR Patent 2023, 55 (62).

257 Dennoch ergibt sich eine gewisse Vergleichbarkeit, betrachtet man das Verhältnis der teilnehmenden Verhandlungsparteien zueinander. Sowohl im Rahmen des Patent Dance als auch in den FRAND-Lizenzverhandlungen stehen sich jeweils der Patentinhaber und der potenzielle Patentverletzer als Verhandlungsparteien gegenüber. Bei beiden handelt es sich um Wettbewerber, wobei sich der Patentinhaber jeweils in einer besonders starken Verhandlungsposition befindet, da die Verletzer in der Regel besonders dringlich auf eine Nutzung der Patente angewiesen sind. Im Falle eines SEP's liegt dies darin begründet, dass der Lizenzsucher das Schutzrecht benutzen muss, um am Standard teilnehmen zu können. Im Falle eines Patentes auf ein biologisches Referenzprodukt bestehen aufgrund der Besonderheiten biologischer Arzneimittel kaum Spielräume für Design-arounds, sodass Biosimilar-Hersteller ebenfalls gezwungen sein können, auf die patentierte Lehre zurückzugreifen, um einen Marktzugang zu erreichen.

258 Während aber die Interessen der Patentnutzer gleichsam auf einen Marktzugang gerichtet sind, verfolgen die Patentinhaber jeweils unterschiedliche Ziele. SEP-Inhaber sind in der Regel bestrebt, die Nutzung ihrer Technologien zu forcieren, da sie bereits aus kartellrechtlichen Gründen gegenüber lizenzwilligen Patentnutzern den Standard nicht monopolisieren dürfen und daher ein Interesse daran haben, mit der geschützten Technologie durch Lizenzvergabe Gewinne zu erzielen. Arzneimittelhersteller sind dagegen stark daran interessiert, ihre Ausschließlichkeitsrechte durchzusetzen und den Markt von Wettbewerbern frei zu halten, um den Preis ihres Produktes hoch und damit auch ihre Gewinne aufrecht erhalten zu können.

259 Konsequenterweise unterscheiden sich auch die Zielsetzung des FRAND-Verhandlungssystems und des Patent Dance. Ziel der Verhandlung einer FRAND-Lizenz ist es, einem Wettbewerber des SEP-Inhabers Zugang zum Standard zu verschaffen und gleichzeitig für die Nutzung der Patente des SEP-Inhabers eine faire, angemessene und nicht-diskriminierende Lizenz zu bestimmen. Im Rahmen des Patent Dance hingegen steht die Aufklärung einer möglichen Patentverletzung im Vordergrund, um für beide Arzneimittelhersteller Rechtssicherheit zu schaffen, wann das Konkurrenzprodukt rechtmäßig auf den Markt gebracht werden darf.

260 Obwohl sich die gewählten Ziele grundlegend unterscheiden, nutzen beide Verhandlungssysteme dennoch das gleiche Mittel, um sie zu erreichen. So sollen Patentverletzungsstreitigkeiten über außergerichtliche und zwischenparteiliche Verhandlungen beigelegt werden.

261 Auch dabei zeigt sich jedoch im Kern erneut, dass die Herangehensweisen entsprechend der Zielsetzungen wesensverschieden sind. Denn während der Patent Dance maßgeblich bei der Verletzung ansetzt und diese zum Gegenstand der Verhandlungen macht, indem die Parteien Verletzungsvorwürfe und Nichtverletzungsargumente austauschen, setzt das FRAND-System auf eine Streitbeilegung durch Lizensierung. Die Frage der Patentverletzung wird daher im FRAND-System nicht thematisiert, sondern vielmehr vorausgesetzt, um überhaupt in Verhandlungen über die Lizenzbedingungen und die Höhe der Lizenz eintreten zu können. Zwar sieht auch der Patent Dance die Möglichkeit einer Lizenznahme

vor. Diese ist allerdings nur eine von mehreren Optionen, einen Verletzungsstreit beizulegen und besteht nur, wenn der Biosimilar-Hersteller eine Verletzung ausdrücklich einräumt und der Referenzprodukthersteller eine Lizenz anbietet. Der Patent Dance beinhaltet dementsprechend auch keine weiteren Verhandlungsauflagen für die Aushandlung einer Lizenz. Insbesondere enthält er keine Vorgaben über die Höhe einer Lizenzgebühr oder andere Berechnungskomponenten und unterscheidet sich damit wesentlich von den FRAND-Bedingungen des Lizenzverhandlungssystems.

Trotz dieser Unterschiede verwenden die Verhandlungssysteme ähnliche Schritte, um die Parteien zu einer gütlichen Streitbeilegung zu führen. So ist der Patentinhaber in beiden Verhandlungssystemen einleitend verpflichtet, dem Patentnutzer eine Verletzungsmitteilung zu übermitteln, aus der hervorgeht, auf welche Patente sich der Verletzungsvorwurf stützt (Hinweis im FRAND-Verfahren, Patentliste im Patent Dance). Auch sehen beide Verfahren einen Austausch sensibler Informationen vor, um für die Parteien eine transparente Verhandlungsgrundlage zu schaffen. Bei FRAND-Verhandlungen betrifft dies die Offenlegung bereits abgeschlossener Vergleichslizenzen, im Patent Dance Informationen über das Biosimilar und seine Herstellung. In beiden Fällen wird das Verfahren also genutzt, um dem Verhandlungsgegner Zugang zu Informationen zu verschaffen, auf die er gewöhnlich keinen Zugriff hat. Den Parteien werden zudem in beiden Verhandlungssystemen zeitliche Grenzen für ihre Verhandlungsbeiträge gesetzt. Zwar kennt nur der Patent Dance klar definierte Fristen für die Verhandlungsschritte beider Parteien, aber auch die Verhandlung einer FRAND-Lizenz ist über das Kriterium der Lizenzwilligkeit an eine beschleunigte Verhandlungsführung der Parteien gebunden. Im Gegensatz zu den allgemein gültigen Fristen des Patent Dance werden die zeitlichen Vorgaben hier jedoch auf den Einzelfall abgestimmt. 262

Das FRAND-Verhandlungssystem enthält auch im Übrigen weniger klare Vorgaben für die einzelnen Verhandlungsschritte als der Patent Dance. Zwar geht aus der EuGH-Entscheidung *Huawei/ZTE* grundsätzlich hervor, dass ein Wechselspiel in der Handlungsreihenfolge der Parteien für die Lizenzverhandlungen vorgesehen ist. Die gerichtliche Ausgestaltung in Deutschland weicht dieses klare Schema aber im Wege der Einzelfallbetrachtung auf. Insbesondere die Fokussierung auf die Lizenzwilligkeit des Patentnutzers führt dazu, dass seine Handlungen und Angebote verstärkt einer Prüfung unterzogen werden, sodass es teilweise nicht mehr auf das Verhalten des Patentinhabers ankommt. Dagegen gibt der Patent Dance für den Verhandlungsprozess konkrete Handlungspflichten der Parteien in einer festgelegten Reihenfolge vor, aus der sich jeweils Konsequenzen für einzelne Fehler ergeben. Damit bleibt das vorgesehene Wechselspiel auch bei der Fehleranalyse erhalten. 263

Letztlich unterscheiden sich die Verhandlungssysteme auch in ihren Auswirkungen auf einen nachfolgenden Verletzungsprozess. Während Fehler der Parteien im Patent Dance gesetzlich mit dem Ausschluss verbunden sind, die eigenen Rechte geltend zu machen, sind die Parteien der FRAND-Verhandlungen im Verletzungsprozess auf den Kartellrechtseinwand nach Art. 102 AEUV verwiesen. 264

Fehler des Patentinhabers während den Verhandlungen sperren damit nicht die Klageerhebung, sondern verhindern nur die Durchsetzung seines Anspruchs. Ebenso sperren Fehler des Verletzers nicht die Geltendmachung seiner Rechte, sondern führen lediglich zur Erfolglosigkeit der Einrede.

265 Insgesamt sind damit allein bei der Art der Verhandlungsführung Gemeinsamkeiten zwischen Patent Dance und FRAND-Verhandlungen festzustellen. Der Anwendungsbereich und die Zielsetzung beider Verfahren sowie deren Auswirkungen auf den Verletzungsprozess sind jedoch nicht miteinander vergleichbar, weshalb sich auch die Inhalte der Verhandlungen erheblich voneinander unterscheiden.

e) Zwischenfazit

266 Das von der Rechtsprechung geprägte FRAND-Lizenzverhandlungssystem ist damit keine mit dem Patent Dance vergleichbare europäische oder deutsche Regelung. Gerade weil es nicht im Arzneimittelsektor angewendet wird, greift es dem Patent Dance nicht vor.

267 Allerdings zeigt das FRAND-Verhandlungssystem, dass strenge Verhandlungssysteme mit vorgegebenen Schritten nach zeitlichen Vorgaben in Patentverletzungsfällen in Deutschland und Europa nicht unbekannt sind und zur Einschränkung der Geltendmachung von Schutzrechten führen können. Sie werden lediglich bisher für gänzlich andere Anwendungsgebiete und Ziele als der Patent Dance eingesetzt.

2. Arrow Declaration

268 Allerdings hat die Rechtsprechung zweier europäischer Länder einen Rechtsbehelf mit vergleichbarer Zielsetzung zum Patent Dance entwickelt. Sowohl in Großbritannien als auch in den Niederlanden wird die sog. Arrow Declaration eingesetzt, um Generika- und Biosimilar-Herstellern bei ihrem Markteintritt ein erhöhtes Maß an Rechtssicherheit zu gewährleisten.

a) Funktionsweise und Nutzen der Arrow Declaration

269 Die Arrow Declaration wurde auf der Grundlage eines spezifischen Problems entwickelt, das insbesondere im Bereich der Nachahmung pharmazeutischer Produkte auftritt. Dementsprechend wurde der Rechtsbehelf auch bisher ausschließlich bei Rechtsstreitigkeiten pharmazeutischer Unternehmen angewandt, die eine potenzielle Patentverletzung von Generika oder Biosimilars zum Gegenstand hatten.[467]

467 Entscheidungen des High Court of Justice, Chancery Division, Patents Court: Arrow Generics Limited v Merck & Co, Inc. [2007] EWHC 1900 (Pat); Fujifilm Kyowa Kirin Biologics Company Limited v AbbVie Biotechnology Limited [2016] EWHC 2204 (Pat); Generics (U.K.) Limited trading as Mylan and another v Yeda Research and another [2017] EWHC 2629 (Pat); Galaxo Group Limited and others v Vectura

aa) Praktische Problemstellung

Die Problemlage stellt sich dabei wie folgt dar: Hersteller eines innovativen Arzneimittels schützen ihr Produkt so umfangreich wie möglich über Schutzrechte, wobei sie nicht nur auf erteilte Patente setzen, sondern auch immer wieder neue Schutzrechte, insbesondere in Form von Teilanmeldungen aus einem bereits erteilten Stammpatent, zur Anmeldung bringen.[468] 270

Dies stellt Hersteller von Nachahmerprodukten vor große Herausforderungen, 271 wenn sie vor der Markteinführung ihrer Produkte sicherstellen wollen, dass keine einstweiligen Verfügungen aus Patenten drohen, die eine Produkteinführung beeinträchtigen oder den Verbleib ihres Produktes im Markt unterbinden könnten.[469] Während dies für erteilte Patente über Rechtsbestandsangriffe oder die gerichtliche Feststellung der Nichtverletzung möglich ist, steht ihnen dieser Weg bei Patentanmeldungen nicht offen. Weder kann der Rechtsbestand einer anhängigen Anmeldung angegriffen werden, noch ist der genaue Inhalt der Patentanmeldung bekannt, sodass keine gerichtliche Feststellung mit dem Inhalt erwirkt werden, das Nachahmerprodukt falle nicht unter den Schutzbereich der Patentanmeldung.[470] Der Hersteller eines Nachahmerproduktes weiß zudem nicht, ob und wie viele Patentanmeldungen noch zur Erteilung ausstehen, was insbesondere Biosimilar-Hersteller betrifft, deren Produkte eine besonders lange Entwicklungsdauer aufweisen innerhalb derer jederzeit neue Patentanmeldungen erfolgen können.[471] Zwar könnte der Hersteller eines Nachahmerproduktes die Erteilungsentscheidung abwarten, dies verzögert aber ggf. signifikant den Zeitpunkt seines Markteintritts und führt zu Gewinneinbußen und einer potenziell schlechteren Etablierung im Markt.[472] Andererseits birgt ein ungeklärter Markteintritt das Risiko einer einstweiligen Verfügung.

Limited [2018] EWHC 375 (Pat); Pfizer Limited v F. Hoffmann-La Roche AG and Roche Products Limited [2019] EWHC 1520 (Pat); Entscheidungen der Rechtbank Den Haag: Merck Sharp & Dohme Manufacturing v Ratiopharm B.V. et al., 288241/HA ZA 07-1689; Synthon B.V. v. YEDA Research & Development Co., Ltd., C/09/521009/HA ZA 16-1231; Pfizer PFE BV v F. Hoffmann-La Roche AG et al., C/09/557218/HA ZA 18-826 en, C/09/559368/HA ZA 18-951.

468 *Damerell/Hillson*, Arrow declarations: exploiting court flexibility to clear a path to market (30.01.2019), online: https://www.iam-media.com/article/arrow-declarations-exploiting-court-flexibility-clear-path-market (zuletzt geprüft am 05.06.2023); s. auch näher zur Problematik der Teilanmeldungen unter Kapitel 2 B. II. 2. c) aa).

469 Ebda.

470 *Adair*, Arrow declarations: here to stay or a flash in the pan?, in: Pharmaceutical Patent Analysist 2018, 133 (133).

471 *Schneider*, Arrow Declaration – Rechtsschutz gegen zukünftige Patente, S. 31 Rn. 87, 89.

472 Ebda., S. 31 Rn. 88.

272 Die aufgrund von Patentanmeldungen entstehende Rechtsunsicherheit im pharmazeutischen Markt ist daher gerade Herstellern von Biosimilars und Nachahmerprodukten im Allgemeinen ein Dorn im Auge.[473]

bb) Funktionsweise, Nutzen und Inhalt der Arrow Declaration

273 Auf Betreiben der Hersteller von Biosimilars und Nachahmerprodukten wurde zur Bewältigung dieser unbefriedigenden Ausgangslage daher zunächst in Großbritannien das Rechtsinstitut der Arrow Declaration entwickelt und in seiner Ausgestaltung vornehmlich von den dortigen, aber auch durch niederländische Gerichte geprägt.

274 Mit der Arrow Declaration wird die gerichtliche Feststellung getroffen, dass ein bestimmtes Produkt durch den Stand der Technik zu einem bestimmten historischen Zeitpunkt vorweggenommen oder naheliegend war.[474]

275 Damit verschafft sich der Feststellungskläger mittels eines eigenständigen Angriffes Schutz für sein Produkt.[475] Nicht nur bekommt er selbst die Möglichkeit, eine für ihn günstige gerichtliche Feststellung zu erreichen, vielmehr geht damit die Möglichkeit einher, sich später mittels der getroffenen Feststellung im Rahmen des Gillette-Einwands gegen einen Patentverletzungsvorwurf zu verteidigen.[476] Im Rahmen des Gillette-Einwands legt der Beklagte dar, dass das Produkt mit einer Entgegenhaltung aus dem Stand der Technik identisch ist, sodass eine Klage wegen Verletzung im Erfolgsfall unweigerlich zur Nichtigerklärung des Patents führen würde.[477] Bei der Arrow Declaration wird dafür vorgreiflich festgestellt, dass das Produkt zu einem bestimmten Zeitpunkt durch den Stand der Technik vorweggenommen war.[478] Wenn es dem Produkt also zu einem

473 *Damerell/Hillson,* Arrow declarations: exploiting court flexibility to clear a path to market (30.01.2019), online: https://www.iam-media.com/article/arrow-declarations-exploiting-court-flexibility-clear-path-market (zuletzt geprüft am 05.06.2023).

474 *Gilbert/Hillson*, Exceptions that prove the rule – flexibility of remedies for patent disputes in the UK courts, in: Mitteilungen der deutschen Patentanwälte 2020, 1 (6).

475 Ebda.

476 *Damerell/Hillson,* Arrow declarations: exploiting court flexibility to clear a path to market (30.01.2019), online: https://www.iam-media.com/article/arrow-declarations-exploiting-court-flexibility-clear-path-market (zuletzt geprüft am 05.06.2023).

477 Gillette Safety Razor v Anglo-American Trading [1913] 30 RPC 465. Der Gillette-Einwand ist ein Rechtsinstitut des britischen Rechts. Er wird auch in anderen Rechtssystemen genutzt, unter anderem in den Niederlanden. Dem ähnelnd existiert in Deutschland der Formsteineinwand, der erstmals in BGH GRUR 1986, 803 (806) – Formstein I judiziert wurde. Dieser ist jedoch ausdrücklich auf Fälle äquivalenter Patentverletzung beschränkt und daher nicht vollständig mit dem Gillette-Einwand vergleichbar.

478 Arrow Generics Limited v Merck & Co, Inc. [2007] EWHC 1900 (Pat); Fujifilm Kyowa Kirin Biologics Company Limited v AbbVie Biotechnology Limited [2016] EWHC 2204 (Pat).

bestimmten Zeitpunkt an Neuheit oder erfinderischer Tätigkeit mangelt, muss dies auch für alle Patente gelten, die beanspruchen, dieses Produkt in ihrem Schutzbereich zu erfassen.[479] Eine erfolgreich erstrittene Arrow-Declaration bedeutet demnach, dass jedes im Verhältnis zum begehrten Feststellungszeitpunkt später erteilte Patent, das angeblich durch das Produkt verletzt wird, nichtig ist.[480] Anders ausgedrückt kann ein Patent nicht gleichzeitig das angegriffene Produkt umfassen und dabei zugleich rechtsbeständig sein.[481] Die Arrow Declaration nimmt damit den Gillette-Einwand des Verletzungsverfahrens vorweg. Dies gilt insbesondere dann, wenn das Gericht des nachfolgenden Verletzungsprozesses an die Feststellung der Arrow Declaration gebunden ist, wie es beispielsweise in den Niederlanden der Fall ist.[482] Aber auch in Großbritannien, wo Gerichte grundsätzlich nur an Entscheidungen höherer Gerichte gebunden sind, werden frühere Entscheidungen in der Regel befolgt, es sei denn das entscheidende Gericht hält sie für falsch.[483] Dementsprechend kann die Arrow Declaration einen Verletzungsprozess bereits zu einem Zeitpunkt entscheiden, in dem er noch gar nicht anhängig ist.[484] Anstatt sich also erst im Verletzungsprozess gegen ein erteiltes Patent mit dem Gillette-Einwand zu verteidigen, ermöglicht es die Arrow Declaration bereits vor einer Inanspruchnahme aus einem Patent gerichtlich feststellen zu lassen, dass das Produkt ein rechtsbeständiges Patent nicht verletzen kann.[485]

Vorteil dieser Feststellung für Hersteller der Nachahmerprodukte ist, dass sie 276
sich nicht nur auf ein bestimmtes, erteiltes Patent bezieht, sondern den Herstellern Handlungsfreiheit in Bezug auf ganze Patentfamilien einschließlich noch nicht erteilter Patente gewähren kann.[486] Wird beispielsweise mittels einer Arrow Declaration gezeigt, dass das Produkt durch den Stand der Technik zum Zeitpunkt der Anmeldung eines Stammpatents vorweggenommen wurde, muss diese Feststellung auch für alle Teilpatente und Anmeldungen gelten, die die Priorität des Stammpatents in Anspruch nehmen.[487] Genauso kann die Arrow Declaration vor Patentanmeldungen ohne Bezug zu einem Stammpatent schützen, wenn als

479 *England,* Arrow declarations: a creative new remedy, but what are its limits?, in: Pharmaceutical Patent Analysist 2019, 217 (217).

480 Ebda.

481 Ebda.

482 Vgl. Art. 236 Wetboek van Burgerlijke Rechtsvordering (niederländische Zivilprozessordnung).

483 Vgl. die Entscheidung des High Court of Justice, Queens Bench Division, Regina v Manchester Coroner, ex parte Tal [1985] QB 67.

484 *Schneider,* Arrow Declaration – Rechtsschutz gegen zukünftige Patente, S. 84 Rn. 274.

485 Ebda., S. 82 Rn. 269.

486 *Adair, Dominic,* Arrow declarations: here to stay or a flash in the pan?, in: Pharmaceutical Patent Analysist 2018, 133 (133).

487 Ebda.

Zeitpunkt des Prüfungsmaßstabes deren Anmeldetag gewählt wird.[488] Mit der Arrow Declaration kann daher das Risiko einer einstweiligen Verfügung oder Unterlassungsklage in Bezug auf eine große Anzahl von Patenten und gegenüber Patentanmeldungen ausgeräumt werden. Dies verschafft den Herstellern von Nachahmerprodukten kommerzielle Sicherheit und kann ihnen zusätzlich eine bessere Verhandlungsposition in eventuellen Vergleichsverhandlungen mit den Referenzproduktherstellern sichern.[489]

277 Allerdings unterliegen Arrow Declarations durch ihre Formulierung auch bestimmten Grenzen, die den Schutzbereich der Feststellungen einschränken.[490] Der Antrag einer Arrow Declaration beschreibt die Merkmale des Produktes, für das die Feststellung begehrt wird.[491] Ausschließlich diese Merkmale werden dann für die Feststellung mit dem Stand der Technik abgeglichen.[492] Dagegen werden die Merkmale eines konkreten Patentanspruches nicht geprüft.[493] Arrow Declaration und Patentanspruch sind somit nicht kohärent.[494] Dadurch wird die Feststellung einerseits allgemein und auf eine Vielzahl von Patenten übertragbar, die diese Merkmale genauso oder in ähnlicher Form enthalten.[495] Es bleibt auf der anderen Seite aber das Risiko bestehen, dass ein Patent oder eine Patentanmeldung weitere Merkmale oder eine Merkmalskombination enthält, die ihr zum Rechtsbestand verhelfen können.[496] Eine Arrow Declaration garantiert insofern nicht, dass das Produkt kein rechtsbeständiges Patent verletzen kann.[497]

b) Voraussetzungen für den Erlass einer Arrow Declaration

278 Aber auch darüber hinaus ist die Erlangung einer Arrow Declaration an Hürden geknüpft. So hat die Rechtsprechung verschiedene Kriterien vorgesehen, die Voraussetzung für den Erlass einer Arrow Declaration sind.[498]

488 *England,* Arrow declarations: a creative new remedy, but what are its limits?, in: Pharmaceutical Patent Analysist 2019, 217 (217).
489 Vgl. Erwägungen in Fujifilm Kyowa Kirin Biologics Company Limited v AbbVie Biotechnology Limited [2016] EWHC 2204 (Pat).
490 *Schneider*, Arrow Declaration – Rechtsschutz gegen zukünftige Patente, S. 85 Rn. 278.
491 Vgl. Fujifilm Kyowa Kirin Biologics Company Limited v AbbVie Biotechnology Limited [2016] EWHC 2204 (Pat).
492 Fujifilm Kyowa Kirin Biologics Company Limited v AbbVie Biotechnology Limited [2016] EWHC 2204 (Pat).
493 *Schneider*, Arrow Declaration – Rechtsschutz gegen zukünftige Patente, S. 85 Rn. 280.
494 Ebda., S. 85 Rn. 279.
495 Ebda., S. 85 Rn. 278.
496 Ebda., S. 85 Rn. 279.
497 Ebda., S. 86 Rn. 281.
498 Vgl. ausführliche Erläuterungen dazu von *Schneider*, Arrow Declaration – Rechtsschutz gegen zukünftige Patente, S. 70 Rn. 231 ff.

Zunächst ist erforderlich, dass die Arrow Declaration einem nützlichen Zweck dient bzw. ein Feststellungsinteresse an dem Erlass einer Arrow Declaration besteht, dessen Voraussetzungen dem Vorliegen eines nützlichen Zwecks ähneln.[499] Dieser kann beispielsweise darin bestehen, die wirtschaftliche Unsicherheit für der Hersteller des Nachahmerproduktes auszuräumen.[500] Der nützliche Zweck entfällt allerdings, wenn der Referenzprodukthersteller die Möglichkeit Patentschutz im Hoheitsgebiet des entscheidenden Gerichts zu erlangen, aufgibt oder dem Nachahmer vertraglich zusichert, nicht aus seinen möglicherweise einschlägigen Anmeldungen gegen das Produkt vorzugehen und so seinerseits die Unsicherheit für den Hersteller des Nachahmerprodukts beseitigt.[501] Der nützliche Zweck entfällt aber auch, wenn der Feststellungskläger selbst nicht alle möglichen Abhilfemaßnahmen ausschöpft, die ihm zur Verfügung stehen, um marktwirtschaftliche Sicherheit zu erlangen.[502] So ist der Feststellungskläger gehalten, alle Rechtsbehelfe zum Rechtsbestand der ihn betreffenden Patente geltend zu machen.[503] Im Falle einer Arrow Declaration, die im Umfeld bereits erteilter Patente begehrt wird, hat es die Rechtsprechung daher beispielsweise für erforderlich erachtet, Rechtsbestandsverfahren zumindest gleichzeitig mit dem Rechtsbehelf der Arrow Declaration durchzuführen.[504] Der Grundsatz der Subsidiarität gilt dabei grundsätzlich auch für noch nicht erteilte Patente, bei denen die Möglichkeit einer Rechtsbestandsentscheidung als normierter Rechtsbehelf vorrangig zu berücksichtigen ist.[505] Er kommt allerdings dann nicht zur Anwendung, wenn mit 279

499 Der nützliche Zweck wird im britischen Recht im Rahmen des Ermessens geprüft, s. Arrow Generics Limited v Merck & Co, Inc. [2007] EWHC 1900 (Pat); im niederländischen Recht bedarf es dagegen ähnlich dem deutschen Recht eines rechtlichen Interesses an der Feststellung als Zulässigkeitsvoraussetzung einer Feststellungsklage, s. Merck Sharp & Dohme Manufacturing v Ratiopharm B.V. et al., 288241/ HA ZA 07-1689.

500 Fujifilm Kyowa Kirin Biologics Company Limited v AbbVie Biotechnology Limited [2016] EWHC 3383 (Ch) (Pat) – als Unsicherheit wurde hier zum Beispiel das aus unveröffentlichten und deshalb unbekannten Teilanmeldungen entstehende Risiko für den Hersteller des Nachahmerproduktes anerkannt.

501 Pfizer Limited v F. Hoffmann-La Roche AG and Roche Products Limited [2019] EWHC 1520 (Pat); Galaxo Group Limited and others v Vectura Limited [2018] EWHC 375 (Pat); Synthon B.V. v. YEDA Research & Development Co., Ltd., C/09/521009 / HA ZA 16-1231.

502 *Adair, Dominic,* Arrow declarations: here to stay or a flash in the pan?, in: Pharmaceutical Patent Analysist 2018, 133 (132).

503 Siehe die Entscheidung des England and Wales Court of Appeal (Civil Division) Fujifilm Kyowa Kirin Biologics Company Limited v AbbVie Biotechnology Limited [2017] EWCA Civ 1.

504 Fujifilm Kyowa Kirin Biologics Company Limited v AbbVie Biotechnology Limited [2017] EWCA Civ 1.

505 Fujifilm Kyowa Kirin Biologics Company Limited v AbbVie Biotechnology Limited [2017] EWCA Civ 1.

der Arrow Declaration ein Zweck erreicht werden kann, der mit dem alternativen Rechtsbehelf nicht erreicht werden kann.[506]

280 Darüber hinaus wurde in allen Verfahren, in denen eine Arrow Declaration erteilt oder in Erwägung gezogen wurde, auch auf die Umstände des konkreten Einzelfalls abgestellt.[507] Die Gerichte haben dabei stets betont, dass ungewöhnliche Sachverhalte und besondere Gründe für die Erteilung einer Arrow Declaration sprächen.[508] In die Erwägungen einbezogen wurde bisher unter anderem der Umstand, dass der Patentinhaber öffentlich gedroht hat, Patente gegen Unternehmen geltend zu machen, die konkurrierende Produkte auf den Markt bringen.[509] Insbesondere wurden jedoch solche Fälle für ungewöhnlich und in besonderem Maße geeignet für eine Arrow Declaration erachtet, in denen Referenzprodukthersteller aktiv versucht haben, ihre Patente einer Validitätsprüfung zu entziehen.[510] So wurden beispielsweise Patente und Patentanmeldungen insgesamt, teilweise und im Fall der Bündelpatente aber auch nur die Benennung des judizierenden Staates (in diesen Fällen Großbritannien) als Vertragsstaat widerrufen.[511] Die Gerichte nahmen solche Handlungen zum Anlass, die Motivation der Referenzprodukthersteller auf ihre Redlichkeit hin zu untersuchen und kamen insbesondere im Fall des Unternehmens AbbVie zu dem Ergebnis, dass die Widerrufe offensichtlich unmittelbar im Zusammenhang mit laufenden oder drohenden gerichtlichen Auseinandersetzungen standen und daher ersichtlich dazu dienten, das Patentportfolio vor einer Überprüfung zu schützen, sodass eine Arrow Declaration geboten erschien.[512] Im Gegensatz zu der missbräuchlichen

506 Fujifilm Kyowa Kirin Biologics Company Limited v AbbVie Biotechnology Limited [2017] EWCA Civ 1; Galaxo Group Limited and others v Vectura Limited [2018] EWHC 3414 (Pat).

507 *Schneider*, Arrow Declaration – Rechtsschutz gegen zukünftige Patente, S. 73 Rn. 239.

508 *England*, Arrow declarations: a creative new remedy, but what are its limits?, in: Pharmaceutical Patent Analysist 2019, 217 (218).

509 Arrow Generics Limited v Merck & Co, Inc. [2007] EWHC 1900 (Pat); *Damerell/Hillson*, Arrow declarations: exploiting court flexibility to clear a path to market (30.01.2019), online: https://www.iam-media.com/article/arrow-declarations-exploiting-court-flexibility-clear-path-market (zuletzt geprüft am 05.06.2023).

510 *Schneider*, Arrow Declaration – Rechtsschutz gegen zukünftige Patente, S. 73 Rn. 240.

511 Arrow Generics Limited v Merck & Co, Inc. [2007] EWHC 1900 (Pat); Fujifilm Kyowa Kirin Biologics Company Limited v AbbVie Biotechnology Limited [2016] EWHC 2204 (Pat); Pfizer Limited v F. Hoffmann-La Roche AG and Roche Products Limited [2019] EWHC 1520 (Pat).

512 Fujifilm Kyowa Kirin Biologics Company Limited v AbbVie Biotechnology Limited [2016] EWHC 2204 (Pat); *Schneider*, Arrow Declaration – Rechtsschutz gegen zukünftige Patente, S. 73 Rn. 240; *Damerell/Hillson,* Arrow declarations: exploiting court flexibility to clear a path to market (30.01.2019), online: https://www.iam-media.com/article/arrow-declarations-exploiting-court-flexibility-clear-path-market (zuletzt geprüft am 05.06.2023).

Umgehung von Rechtsbestandsverfahren kann aber auch eine Häufung von Patenten und Patentanmeldungen mit parallelem Schutzbereich, einen besonderen Umstand darstellen, der eine Arrow Declaration rechtfertigt.[513] Andererseits können Umstände bestehen, die trotz einer unredlichen Motivation des Referenzproduktherstellers die Notwendigkeit des Erlasses einer Arrow Declaration entfallen lassen. Dies gilt beispielsweise für den Fall, dass der Referenzprodukthersteller glaubhaft machen kann, keine weiteren Schutzrechte mehr erlangen zu können oder vertraglich versichert, aus möglicherweise einschlägigen Schutzrechten nicht gegen den Nachahmerprodukt vorzugehen, sodass keine Rechtsunsicherheit mehr für den Hersteller des Nachahmerproduktes besteht.[514] Eine Arrow Declaration wurde unter diesen Umständen für nicht notwendig erachtet.[515] Bisher sind die Gerichte also nur unter stark eingeschränkten Voraussetzungen zum Erlass von Arrow Declarations bereit.[516] Es ist allerdings nicht ausgeschlossen, dass auch andere Faktoren und Verhaltensweisen des Referenzproduktherstellers in Zukunft Grundlage für eine Arrow Declaration sein können.[517]

Es bliebt mithin festzustellen, dass Arrow Declarations nur unter besonderen Umständen erreicht werden können, dann aber Schutz und Rechtssicherheit gegenüber einer Vielzahl von Patenten und auch Patentanmeldungen gewähren, was Hersteller von Nachahmerprodukten eine sichere Planung ihres Markteintritts ermöglicht. 281

c) Anwendbarkeit der Arrow Declaration in Deutschland und unter dem UPC

Die Anwendung von Arrow Declarations in Deutschland ist nicht pauschal auszuschließen. Im Rahmen der allgemeinen Feststellungsklage könnte sich eine Arrow Declaration auch in das deutsche Patentrechtssystem einfügen, ohne dass dem das Trennungsprinzip oder die Beschränkungen des Formstein-Einwands im 282

513 Merck Sharp & Dohme Manufacturing v Ratiopharm B.V. et al., 288241/HA ZA 07-1689.

514 Vgl. Pfizer Limited v F. Hoffmann-La Roche AG and Roche Products Limited [2019] EWHC 1520 (Pat); Synthon B.V. v. YEDA Research & Development Co., Ltd., C/09/521009/HA ZA 16-1231; *Schneider*, Arrow Declaration – Rechtsschutz gegen zukünftige Patente, S. 73 Rn. 240 und S. 77 Rn. 249.

515 Pfizer Limited v F. Hoffmann-La Roche AG and Roche Products Limited [2019] EWHC 1520 (Pat); Synthon B.V. v. YEDA Research & Development Co., Ltd., C/09/521009 / HA ZA 16-1231.

516 S. Einschätzung in *Gilbert/Hillson*, Exceptions that prove the rule – flexibility of remedies for patent disputes in the UK courts, in: Mitteilungen der deutschen Patentanwälte 2020, 1 (6).

517 *Damerell/Hillson*, Arrow declarations: exploiting court flexibility to clear a path to market (30.01.2019), online: https://www.iam-media.com/article/arrow-declarations-exploiting-court-flexibility-clear-path-market (zuletzt geprüft am 05.06.2023).

Wege stehen.[518] Deutsche Gerichte haben trotz dessen bis zum Zeitpunkt der Fertigstellung dieser Untersuchung noch keine Arrow Declaration nach Vorbild der Entscheidungen in Großbritannien oder den Niederlanden erlassen.

283 Allerdings zeigen zumindest Teile der Rechtsprechung ein Bewusstsein für die der Arrow Declaration zugrundeliegende Problemlage, insbesondere soweit sie den Entzug von Patenten von der Rechtsbestandsprüfung betreffen. Eine Lösung wurde allerdings nicht im Wege einer Arrow Declaration gefunden, sondern im Wege einer Beschlussverfügung. So hat das LG München I in einer jüngeren Entscheidung eine Beschlussverfügung erlassen, in der es der Antragsgegnerin aufgab, ein auf die Teilanmeldung hin erteiltes Patent einer Sachentscheidung der Beschwerdekammer des Europäischen Patentamts über die Einspruchsbeschwerde der Antragstellerin nicht zu entziehen, insbesondere nicht durch Zustimmungsrücknahme zum Text der Patentanmeldung bzw. des Patents i.S. von Art. 113 Abs. 2 EPÜ.[519] Diese Entscheidung dürfte gedanklich durch die Rechtspraxis der Arrow Declarations in Großbritannien inspiriert gewesen sein.[520] Vergleichbar mit der Ausgangslage im Fall der in Großbritannien erteilten Arrow Declarations hatte die Antragsgegnerin im zur Entscheidung stehenden Fall ohne ökonomisch ersichtliche Begründung mehrfach Patente fallen gelassen, die erstinstanzlich vom EPA aufrecht erhalten wurden, sobald zweitinstanzlich deren Vernichtung im Raum stand.[521] Die positive Entscheidung der Einspruchsabteilung stand dann als positiver Präzedenzfall ohne Korrekturmöglichkeit im Raum und konnte von der Antragsgegnerin in einstweiligen Verfügungen gegen die Antragstellerin als Untermauerung des Rechtsbestandes von Teilanmeldungen derselben Patentfamilie der Ursprungsanmeldung genutzt werden.[522] Aus Sicht des LG München I behinderte dieses Vorgehen die Bemühungen der Antragstellerin, erteilte Patente der Antragsgegnerin zunächst im Einspruchsverfahren vor dem Europäischen Patentamt und schließlich vor dem Bundespatentgericht vernichten zu lassen, in unlauterer Weise.[523] Ähnlich den Arrow Declarations stellt das LG München I in der Entscheidung also stark auf das Verhalten der Antragstellerin zur Vereitelung einer negativen Rechtsbestandsentscheidung über ihre Patente einer Patentfamilie ab. Parallel zu den Überlegungen der Gerichte beim Erlass der Arrow Declarations entscheid das LG München I zudem, dass das aus-

518 So *Schneider*, Arrow Declaration – Rechtsschutz gegen zukünftige Patente, S. 152 Rn. 532.

519 LG München I GRUR-RS 2020, 18395 (Rn. 51) – Verbot des Fallenlassens von Patenten.

520 *Wuttke*, Aktuelles aus dem Bereich der ›Patent Litigation‹, in Mitteilungen der deutschen Patentanwälte 2020, 495 (505).

521 LG München I GRUR-RS 2020, 18395 (Rn. 49) – Verbot des Fallenlassens von Patenten.

522 *Wuttke*, Aktuelles aus dem Bereich der ›Patent Litigation‹, in Mitteilungen der deutschen Patentanwälte 2020, 495 (505).

523 LG München I GRUR-RS 2020, 18395 (Rn. 51) – Verbot des Fallenlassens von Patenten.

gesprochene Verbot des Fallenlassens nur besteht, soweit die Antragsgegnerin die Antragstellerin, deren Zulieferer und deren Abnehmer nicht von Ansprüchen oder künftigen Ansprüchen aus diesem Patent und weiteren auf die Ursprungsanmeldung zurückgehenden Patenten freistellt.[524] Eine solche vertragliche Zusicherung ist wie oben dargestellt auch aus den Arrow Declarations zur Ausräumung der Rechtsunsicherheit bekannt, auch wenn diese dort nicht gerichtlich aufgegeben wird. Insgesamt zeigt die Entscheidung daher einige Gemeinsamkeiten mit dem Rechtsbehelf der Arrow Declarations. Ob sich solche Entscheidungen mehren werden oder durch sie der Weg zu einer klassischen Arrow Declaration als Feststellungsklage in Deutschland geöffnet wird, ist derzeit allerdings nicht abzusehen.[525]

Ebenso ist bislang unklar, ob Arrow Declarations unter dem Rechtssystem des UPC Anwendung finden werden. Rechtssystematisch dürften dem keine erheblichen Beschränkungen im Wege stehen. Auch unter dem UPCA ist eine allgemeine Feststellungsklage vorgesehen, in deren Rahmen eine Feststellung auf Vorwegnahme oder Naheliegen eines bestimmten Produktes zu einem bestimmten Zeitpunkt durch den Stand der Technik möglich wäre. Ähnlich dem Rechtssystem in den Niederlanden und Großbritannien ist vor dem UPC auch kein Trennungsprinzip vorgesehen und noch keine Rechtsprechungspraxis entsprechend des Formstein-Einwandes bekannt, durch den die Handhabung der Arrow Declarations eingeschränkt werden könnte. In der Praxis dürfte daher wohl eine hohe Wahrscheinlichkeit für die Anwendung von Arrow Declarations vor dem UPC sprechen. Gerade die Mitgliedschaft der Niederlande als ein die Arrow Declarations bereits praktizierenden Staat im System des UPC lässt vermuten, dass der Gerichtshof Arrow Declarations gegenüber aufgeschlossener sein könnte als deutsche Gerichte. Gerade die Lokalkammer in Den Haag, deren Richter bereits mit diesem Rechtsbehelf vertraut sind, könnte daher Initiator des Ausspruches von Arrow Declarations sein. 284

d) Vergleich von Arrow Declaration und Patent Dance

Nachdem also nicht ausgeschlossen ist, dass in Deutschland oder vor dem UPC nach britischen und/oder niederländischen Vorbild Arrow Declarations Anwendung finden könnten, bleibt zu untersuchen, inwiefern Arrow Declarations bereits den Zweck des Patent Dance erfüllen oder vorwegnehmen. 285

524 LG München I GRUR-RS 2020, 18395 (Rn. 59) – Verbot des Fallenlassens von Patenten.

525 Zurückhaltend. *Wutke*, Aktuelles aus dem Bereich der ›Patent Litigation‹, in Mitteilungen der deutschen Patentanwälte 2020, 495 (505); dagegen: *Kühnen*, Handbuch der Patentverletzung, G. Rn. 108 unter Betonung der verfassungsrechtlichen Eigentumsgarantie, die es dem Inhaber eines Patents grundsätzlich freistellt, wie er mit seinem Schutzrecht verfährt.

286 Grundsätzlich verfolgen der Patent Dance und die Arrow Declarations das gleiche Ziel: den Herstellern von Biosimilars (im Falle der Arrow Declarations zusätzlich auch den Herstellern von Generika) soll ermöglicht werden, in einem Umfeld der Rechtssicherheit auf den Markt zu treten und ihre Produkte kommerziell vermarkten zu können, ohne dauerhaft der Gefahr einstweiliger Verfügungen oder Unterlassungsklagen aufgrund von Patenten ausgesetzt zu sein.

287 Beiden Rechtsinstituten ist zudem gemein, dass sie eine Klärung der Rechtslage noch möglichst vor dem Markteintritt des Biosimilars erlauben wollen. Während der Patent Dance dies durch eine vorgezogene fingierte Verletzungshandlung bewirkt, die gerichtliche Verletzungsprozesse erlaubt, wird die Arrow Declaration über eine Feststellungsklage ermöglicht, die ebenfalls unabhängig vom tatsächlichen Markteintritt des Biosimilars zulässig ist.

288 Kleine Unterschiede zeigen sich jedoch bereits in der Art und dem Ergebnis der Prozesse. Der Patent Dance ermöglicht seiner Struktur nach eine gerichtliche Aussage über die Verletzung eines Patents durch ein Biosimilar. Dagegen wird bei einer Arrow Declaration kein Verletzungsprozess geführt, sondern eine abstraktere Feststellung in Bezug auf ein Produkt getroffen, die weder eine Aussage über die Verletzung eines bestimmten Patentes noch über den Rechtsbestand eines bestimmten Patentes enthält. Allerdings nimmt eine Arrow Declaration einen späteren Verletzungsprozess im günstigsten Fall vorweg, sodass zumindest die Folge beider Rechtsbehelfe eine Aussage über den Ausgang der Entscheidung im Verletzungsprozess ermöglicht. Dies dürfte allerdings nur eingeschränkt für die Fälle gelten, die bisher im Rahmen von Arrow Declarations entschieden wurden. In den bisher erfolgreichen Verfahren betrafen die später im Streit stehenden Patente die Dosierung des Arzneimittels, weshalb eine Verletzung im folgenden Verletzungsprozess leicht festzustellen war. Bei Verfahrens- oder Formulierungspatenten dürfte eine Verletzung dagegen schwieriger festzustellen sein, sodass die Arrow Declaration nicht mehr in vergleichbarer Weise den Ausgang eines Verletzungsprozesses aus sich heraus vorwegnehmen könnte.[526]

289 Während also bereits die Auswirkung beider Rechtsbehelfe nicht vollständig übereinstimmt, zeigen sich weitere Unterschiede, wenn es um die Schutzgegenstände der Verfahren geht. Der Patent Dance bezieht sich ausschließlich auf Biosimilars und ermöglicht nur ein Vorgehen aus oder gegen bereits erteilte Patente, wie es in der Rechtsordnung vorgesehen ist. Gegenstand eines Prozesses ist dabei jeweils ein bestimmtes Patent, für das die Verletzungs- und/oder die Rechtsbestandsfrage untersucht und ggf. gerichtlich entschieden wird. Der Patent Dance bietet insofern keinen Schutz, wenn eine Patentanmeldung erst nach dessen Abschluss erteilt wird. Dagegen wird im Rahmen der Arrow Declaration eine Feststellung ermöglicht, die dem Hersteller eines Nachahmungsproduktes, egal ob Generika oder Biosimilar, Rechtssicherheit bereits in Bezug auf Patentanmeldungen oder gar ganze Patentfamilien gewährt. Von einer Arrow Declaration sind

526 *Adair*, Arrow declarations: here to stay or a flash in the pan?, in: Pharmaceutical Patent Analysist 2018, 133 (135).

also nicht nur Patentanmeldungen erfasst, die nicht Gegenstand des Patent Dance sein können, sondern es können auch über ein einzelnes Verfahren gleichzeitig Rechtsfragen für eine größere Anzahl von Patenten geklärt werden. Die Regelung des Patent Dance sieht dagegen zur Beschränkung der Anzahl der im Streit stehenden Patente eine Begrenzung der potenziell zu verhandelnden Patente vor, die in zwei Schritten verhandelt werden können.

Auch die Verfahren, die beiden Rechtsinstituten zugrunde liegen, unterschei- 290
den sich erheblich. Arrow Declarations können ausschließlich vor Gericht beantragt werden. Außergerichtliche Verhandlungen können zwar durch die Entscheidung beeinflusst werden, sind aber keine Voraussetzung, um eine gerichtliche Feststellung erlangen zu können. Im Unterschied dazu sieht der Patent Dance private Verhandlungen zwischen den Parteien zwingend vor, die einer gerichtlichen Klärung vorausgehen sollen. Auch wenn es um die gerichtlichen Zulässigkeitsvoraussetzungen geht, sind Arrow Declarations und Patent Dance grundverschieden. Arrow Declarations werden äußerst restriktiv von Gerichten gehandhabt und mit hohen Zulässigkeitshürden versehen, die in der Regel ein Missverhalten des Referenzproduktherstellers voraussetzen. Arrow Declarations stehen daher gerade nicht jedem Nachahmer zur Verfügung, der sich vor seinem Markteintritt Rechtssicherheit über die künftige Schutzrechtslage verschaffen will.[527] Dagegen sind Gerichtsverfahren im Rahmen des Patent Dance standardmäßig vorgesehen und stehen den Beteiligten grundsätzlich offen. Es bestehen gerade keine besonderen Verfahrenshürden, vielmehr soll der Zugang zu Gericht erleichtert und die Klärung von Patentverletzungsfragen durch die vorgezogene fingierte Verletzungshandlung zur Grundregel werden.

Insofern verteilt sich auch das Kostenrisiko bei beiden Rechtsinstituten unter- 291
schiedlich. Bei der Arrow Declaration muss der Feststellungskläger, also der Hersteller des Nachahmerproduktes, das Kostenrisiko des Unterliegens im Feststellungsverfahren tragen. Bei ggf. gleichzeitig zu führenden Rechtsbestandsverfahren treten dazu auch deren Kosten. Zwar müsste im nachfolgenden Verletzungsprozess wiederum der Referenzprodukthersteller die Kosten tragen, sofern dieser allerdings von der Arrow Declaration weiß, wird er aber in der Regel auf ein Verletzungsverfahren verzichten und dadurch Kosten sparen. Im Gegensatz dazu trägt bei der Regelung des Patent Dance der Referenzprodukthersteller das Kostenrisiko für den Prozess, wenn er eine Verletzung geltend machen will. Da anders als bei Arrow Declarations das Ergebnis des Prozesses noch offen ist, wird er diesen Prozess auch üblicherweise führen. Kosten eines Rechtsbestandsverfahrens trägt aber auch beim Patent Dance der Biosimilar-Hersteller.

527 *Schneider*, Arrow Declaration – Rechtsschutz gegen zukünftige Patente, S. 74 Rn. 242.

e) Zwischenergebnis

292 Letztlich trägt beide Rechtsbehelfe also dasselbe Ziel, Rechtssicherheit für Hersteller von Nachahmerprodukten, insbesondere von Biosimilars, zu schaffen, um ihnen eine planbare kommerzielle Nutzung ihres Produktes zu ermöglichen. Dabei sind allerdings die Problemansätze und die von den Rechtsinstituten geregelten Schutzgegenstände völlig unterschiedlich. Dementsprechend unterscheiden sich auch die Herangehensweisen in Bezug auf die gewählten Verfahren und Voraussetzungen, die bei einer Arrow Declaration mit deutlich höheren Einschränkungen verbunden ist. Eine Arrow Declaration ist mithin keine europäische Abwandlung oder Ersatz des Patent Dance und nimmt dessen Inhalt nicht vorweg.

III. Ergebnis

293 Weder das deutsche, noch das Verfahrensrecht nach dem UPCA sehen mithin Regelungsmechanismen zur Beilegung von Patentstreitigkeiten vor der Zulassung vor. Auch die in der Rechtsprechung entwickelten Arrow Declarations, die gerade vor dem UPC Anwendung finden könnten, und das FRAND Verhandlungssystem bieten keinen dem Patent Dance vergleichbaren Rechtsbehelf zur Verlagerung von Patentverletzungsverfahren vor den Markteintritt eines Biosimilars.

Kapitel 5 Übernahme der Patent Dance Regelungen in das deutsche/europäische System

Angesichts dieser Zurückhaltung des deutschen bzw. europäischen Systems, den Beteiligten Chancen zur Klärung von Patentverletzungsfragen vor der Zulassung eines Biosimilars zu ermöglichen, liegt die Überlegung nahe, eine dem Patent Dance vergleichbare Regelung auch hier einzuführen. 294

Allerdings kann die Übernahme des Patent Dance bzw. Teile oder Elemente davon nur dann sinnvoll sein, wenn sie tatsächlich eine Bereicherung des derzeitigen Regelungssystems darstellt. Deshalb soll nun näher untersucht werden, ob die Mechanismen des Patent Dance tatsächlich zu einer Verbesserung der Lage der Beteiligten führen. Rückschlüsse darauf lassen sich nicht nur aus der genauen Betrachtung des Systems an sich, sondern auch aus der praktischen Umsetzung des Patent Dance in den USA ableiten (A.). Gleichzeitig steht dem eine Rechtspraxis in Europa gegenüber, die möglicherweise nicht mit denselben Anwendungsproblemen konfrontiert ist und für die der Nutzen des Patent Dance daher in anderer Weise beurteilt werden muss (B.). 295

A. Bilanz des Patent Dance Verfahrens in den USA

Der US-amerikanische Gesetzgeber hat mit dem Patent Dance eine Regelung geschaffen, die nicht nur während des Gesetzgebungsprozesses bereits besonders umstritten war, sondern auch nach ihrer Einführung auf ein geteiltes Echo gestoßen ist. Beobachter waren insbesondere angesichts der theoretisch komplexen Konstruktion des vorgesehenen Prozesses skeptisch, ob die angestrebte Effizienz des Patentverletzungsprozesses würde erreicht werden können.[528] Nun, mehr als zehn Jahre nach der Implementierung, sind nicht nur zentrale Fragen zur rechtlichen Gestaltung des Patent Dance geklärt, die zu Beginn noch unklar waren und eine Beurteilung des Verfahrens erschwert haben. Vielmehr wurde der Prozess nun auch praktisch in den USA gelebt, sodass sich sein Nutzen auf Basis seiner konkreten Anwendung besser beurteilen lässt. 296

528 *Wong/Rumore/Chan*, Biosimilars in the United States: Emerging Issues in Litigation, in: BioDrugs 2017, 189 (190).

I. Patent Dance in den USA: Ein geteiltes Echo

297 Ziel bei der Einführung des Patent Dance war es, einerseits den Markteintritt von Biosimilars zu erleichtern, indem Patentstreitigkeiten frühzeitig beigelegt und damit Gerichtsverfahren und die damit verbundenen Verzögerungen und Unsicherheiten verkürzt werden. Andererseits sollte mittels des frühzeitigen Austauschs sichergestellt werden, dass Referenzprodukthersteller ihre Patente gegen unberechtigte Nachahmungspräparate durchsetzen können, ohne den Markteintritt von Konkurrenzprodukten und damit eine Schwächung der eigenen Marktposition fürchten zu müssen. An dieser Zielsetzung muss sich das Verfahren messen lassen.

1. Vorteile des Patent Dance

298 Unbestritten spielt der Marktzugang für die Hersteller von Biosimilars eine entscheidende Rolle. Ihre Präparate sollen nach Möglichkeit so früh wie möglich auf den Markt kommen. Maßgeblich und zentral ist für sie daher die Frage, ob sie ihre Produkte ohne das Risiko einer Patentverletzung vermarkten können. Für die Einschätzung, ob sie sich potenziell dem Vorwurf einer Patentverletzung ausgesetzt sehen, bietet der Patent Dance einen entscheidenden Vorteil. Bereits vor der Marktzulassung bekommen Biosimilar-Hersteller im Rahmen des parteiinternen Austausches über die Listen des Referenzproduktherstellers Kenntnis von den Patenten, die im Rahmen eines möglichen Verletzungsverfahrens durch den Referenzprodukthersteller geltend gemacht werden könnten.[529] Dies ist gerade auch angesichts der zunehmenden Dichte an Patenten von Vorteil, mit denen Biosimilars bei ihrer Entwicklung konfrontiert sind.[530] Während die eigene Analyse kollidierender Patente zeitaufwändig und fehleranfällig sein kann, bietet der Patent Dance durch den Listenaustausch eine zusätzliche Informationsgrundlage für den Biosimilar-Hersteller, anhand derer er vor dem Markteintritt Klarheit über die Patentstruktur rund um das Original-Präparat erhalten kann.[531]

299 Durch die frühzeitige Kenntnis kann aber nicht nur das Markteintrittsrisiko seitens der Hersteller besser evaluiert werden. Der Patent Dance bietet den Parteien gleichzeitig die Möglichkeit, Konflikte außergerichtlich und damit in der Regel

529 *Williams*, Reports of the Death of the Patent Dance Have Been Slightly Exaggerated, in: The Pharma Letter 2017, 1 (1).

530 *Wong/Rumore/Chan*, Biosimilars in the United States: Emerging Issues in Litigation, in: BioDrugs 2017, 189 (199).

531 *Milbradt*, Durchsetzung von Patentansprüchen gegen Biosimilars, in: Kühnen (Hrsg.), 80 Jahre Patentgerichtsbarkeit in Düsseldorf, Festschrift zum 80-jährigen Bestehen des Patentgerichtsstandortes Düsseldorf am 1. Oktober 2016, S. 393 (412); *Dong*, Keep on dancing: the success and failures of patent dance as shown by BPCIA litigation cases filed after Sandoz v. Amgen, in: University of Pittsburgh Law Review Online 2022, 1 (27).

kostengünstiger und schneller beizulegen.[532] Durch den Austausch der Patentlisten und der zugehörigen Stellungnahmen der Parteien wird sowohl die Verhandlungsmasse als auch die Position der jeweiligen Partei klar für den Gegenüber herausgearbeitet, was Transparenz schafft und eine Einigung erleichtern kann.[533] Die Parteien werden über die freie Verhandlungsphase zudem in die Lage versetzt, flexible Lösungen zu finden. Gerade da Medikamente typischerweise weltweit vermarktet werden, kann eine frühzeitige außergerichtliche Einigung zwischen den Parteien auch in Verbindung mit anderen unternehmensstrategischen Fragen und über Landesgrenzen hinweg einheitlich erfolgen.[534] Damit können die Parteien durch nur einen Vergleich potenzielle Rechtstreitigkeiten in mehreren Ländern und Märkten vermeiden und sich weitreichende Rechtsicherheit bei ihrer Planung verschaffen.[535]

Aber auch für den Fall, dass keine außergerichtliche Lösung allein über die 300 Verhandlungen zwischen den Parteien im Rahmen des Patent Dance gefunden werden kann, bietet das Verfahren Vorteile für die Parteien.

Insbesondere dem Referenzprodukthersteller werden durch den Zugang zu den 301 Anmeldeunterlagen und ggf. weiterer Angaben zum Biosimilar Informationen zur Verfügung gestellt, die ihm die Beurteilung erleichtern, ob durch das Biosimilar eines oder mehrere seiner Patente verletzt werden. Diese Offenlegung ermöglicht es ihm in der Regel nicht nur ohne weitere aufwändige prozessuale Schritte, Patentverletzung zu erkennen, sondern erlaubt es ihm in Konsequenz auch, den Biosimilar-Hersteller gezielt in Bezug auf bestimmte und aussichtsreiche Patente anzugreifen, ohne dabei auf Vermutungen zurückgreifen zu müssen.[536]

Für den Biosimilar-Hersteller ermöglicht der Patent Dance weitere Verfah- 302 rensoptionen vor dem Markteintritt eines Medikaments, um Patentverletzungsfragen zuverlässig zu klären. Da die negative Feststellung einer Nichtverletzung mit hohen Zugangshürden verbunden ist und ihm ansonsten vor dem Markteintritt grundsätzlich nur der Angriff auf den Bestand eines Patents bleibt, um sich rechtlich abzusichern, eröffnet der Patent Dance dem Biosimilar-Hersteller eine

532 *Pfaff/Gerhards*, A User Perspective: First-hand Mediation Experience in an International Patent Dispute (30.01.2021), online: http://mediationblog.kluwerarbitration.com/2021/01/30/a-user-perspective-first-hand-mediation-experience-in-an-international-patent-dispute/ (zuletzt geprüft am 05.06.2023).

533 *Dong*, Keep on dancing: the success and failures of patent dance as shown by BPCIA litigation cases filed after Sandoz v. Amgen, in: University of Pittsburgh Law Review Online 2022, 1 (27).

534 *Pfaff/Gerhards*, A User Perspective: First-hand Mediation Experience in an International Patent Dispute (30.01.2021), online: http://mediationblog.kluwerarbitration.com/2021/01/30/a-user-perspective-first-hand-mediation-experience-in-an-international-patent-dispute/ (zuletzt geprüft am 05.06.2023).

535 Ebda.

536 *Lietzan et al.*, Amgen Inc. v. Sandoz Inc.: Brief for Amici Curiae 11 Professors in Support of Amgen Inc. as Cross-Petitioners (17.03.2017), S. 24.

höhere Chance auf die Erlangung von Rechtssicherheit.[537] So wird über die fingierte Verletzungshandlung des artificial infringements der Zeitpunkt einer gerichtlichen Entscheidung vorgezogen.[538] Verfahren werden durch die fingierte Verletzung ab der Anmeldung des Biosimilars auf Zulassung und damit bereits vor einem definierten Marktzugangsdatum zulässig. Die fingierte Verletzungshandlung und damit der Zugang zu Verletzungsverfahren kommt auch dem Referenzprodukthersteller zugute, dem eine Klärung der Verletzungsfrage vor dem Markteintritt des Biosimilars ohne diese Regelung zumeist nicht offensteht. Für ihn besteht der Vorteil insbesondere darin, dass er nicht den Markteintritt des Biosimilar-Herstellers abzuwarten braucht, durch den er unwiderruflich Marktanteile verliert und damit einen irreparablen und zumindest schwer bezifferbaren Schaden erleidet – vielmehr erhält er unmittelbar die Möglichkeit, seine Patente gerichtlich durchzusetzen und den Markteintritt eines Biosimilars gänzlich zu verhindern.[539]

303 Durch den einem gerichtlichen Verfahren vorgelagerten Patent Dance können auch die im Rechtstreit befangenen Patente reduziert werden.[540] Der Listenaustausch und die Festlegung des Biosimilar-Herstellers, wie viele Patente ausgangs verhandelt werden sollen, ermöglicht zumindest theoretisch eine Reduktion des Prozessstoffes, sodass die Verfahren auf die wesentlichen Patente konzentriert werden können.[541] Dies entlastet Gerichte und Parteien, die dadurch Zeit, Ressourcen und Kosten sparen können.[542] Aber auch, dass wesentliche Verletzungsargumente bereits vor der Verhandlung in Rahmen des Patent Dance durch die Parteien erarbeitet und ausgetauscht werden, bereitet das gerichtliche Verfahren intensiv vor. In der Regel kann dadurch das Verfahren beschleunigt werden.

304 Idealerweise können Patentstreitigkeiten also durch den Patent Dance effektiv aus der Welt geschafft werden, bevor der Patentschutz des Originals oder dessen Exklusivitätszeitraum abläuft, sodass Rechtssicherheit für alle Beteiligten entsteht.[543] Zudem kann ein Gerichtsverfahren durch die private Auseinandersetzung

537 Ebda., S. 19.

538 *Milbradt*, Durchsetzung von Patentansprüchen gegen Biosimilars, in: Kühnen (Hrsg.), 80 Jahre Patentgerichtsbarkeit in Düsseldorf, Festschrift zum 80-jährigen Bestehen des Patentgerichtsstandortes Düsseldorf am 1. Oktober 2016, S. 393 (412).

539 *Lietzan et al.*, Amgen Inc. v. Sandoz Inc.: Brief for Amici Curiae 11 Professors in Support of Amgen Inc. as Cross-Petitioners (17.03.2017), S. 18.

540 *Li,* Does it still take two to tango? A modern Interpretation of the BPCIA's Patent Dance, in: N.Y.U. Journal of Intellectual Property & Entertainment Law 2019, 107 (118).

541 Ebda.

542 *Lietzan et al.*, Amgen Inc. v. Sandoz Inc.: Brief for Amici Curiae 11 Professors in Support of Amgen Inc. as Cross-Petitioners (17.03.2017), S. 23.

543 Dass es sich hierbei um ein besonderes Interesse von pharmazeutischen Nachahmern generell handelt, zeigt ein Vorschlag der Industrie, der den Markteintritt von Generika betrifft und für diese, ähnlich des Patent Dance, vorsieht, dass Informationen vor der Zulassung zwischen den Parteien ausgetauscht, die wesentlichen Patente

der Parteien vorbereitet und prozessökonomisch auf wesentliche Patente beschränkt werden. Zumindest aber wird eine schnelle gerichtliche Befassung mit der Verletzungsfrage zugelassen, die den Parteien so früh wie möglich eine verlässliche rechtskräftige Entscheidung in der Sache zur Verfügung stellt.

2. Schwächen des Patent Dance

Tatsächlich birgt der Patent Dance aber auch gewisse Risiken. Da im Rahmen 305
des Patent Dance dem Referenzprodukthersteller die Anmeldeunterlagen des Biosimilars zugänglich gemacht werden, werden ihm auch Details zur Forschung und der Entwicklung des Produktes bekannt. Dies schließt möglicherweise auch Know-how des Biosimilar-Herstellers mit ein, das nicht als geistiges Eigentum geschützt, sondern geheim gehalten wird. Üblicherweise sind gerade solche Informationen ein wesentliches Asset eines Unternehmens und von enormem Wert für die Forschung und Entwicklung, mithilfe derer sich das Unternehmen einen Vorsprung gegenüber der Konkurrenz verschaffen kann.[544] Gerade bei Biosimilars, bei deren Herstellung in der Regel um das patentrechtlich geschützte Verfahren herum designt werden muss, entsteht Know-how, das wertvolles Zusatzwissen der Hersteller darstellt.[545] Wird also solches Know-how gerade für die engsten Konkurrenten am Markt offengelegt, verliert der Biosimilar-Hersteller wertvolle Wettbewerbsvorteile.[546] Zusätzlich birgt die Offenlegung solcher Informationen die Gefahr, dass der Referenzprodukthersteller anhand der über das Produkt gewonnenen Informationen Verhinderungsstrategien für den Markteintritt des Biosimilars ausarbeiten kann, bevor das Produkt tatsächlich auf den Markt gelangt.[547] Zwar kann diesen Risiken durch eine strenge Geheimhaltung der Unterlagen vorgebeugt werden, die auch im Patent Dance grundsätzlich vorgesehen ist, allerdings kann nicht vollständig ausgeschlossen werden, dass die Informationen aus der Anmeldung dennoch durch den Referenzprodukthersteller weiterverwendet werden. Da der Referenzprodukthersteller aber auch im Rahmen eines gerichtlichen Verfahrens an diese Informationen gelangen würde, stellt

identifiziert und dann gerichtlich verhandelt werden, s. *EFPIA*, EFPIA Proposal for Increased Transparency of Key Medicines Patents to Facilitate Early Resolution of Patent Disputes, online: https://www.efpia.eu/media/219818/efpia-official-proposal-for-an-erm.pdf (zuletzt geprüft am 05.06.2023).

544 *Wong/Rumore/Chan*, Biosimilars in the United States: Emerging Issues in Litigation, in: BioDrugs 2017, 189 (199).

545 *Falit/Singh/Brennan*, Biosimilar Competition In The United States: Statutory Incentives, Payers, And Pharmacy Benefit Managers, in: Health Affairs 2015, 294 (298).

546 *Wong/Rumore/Chan*, Biosimilars in the United States: Emerging Issues in Litigation, in: BioDrugs 2017, 189 (199), *Blackstone/Fuhr*, Biosimilars and Biologics, The Prospects for Competition, in: Declerck/Endrenyi/Chow (Hrsg.), Biosimilar Drug Product Development, S. 413 (424).

547 *Wong/Rumore/Chan*, Biosimilars in the United States: Emerging Issues in Litigation, in: BioDrugs 2017, 189 (202).

die Offenbarung geheimen Know-hows letztlich wohl einen unwesentlichen Nachteil dar.[548]

306 Schwächen zeigt der Patent Dance dennoch auf andere Weise bezüglich der vorgesehenen Informationsoffenbarung. Dadurch dass der Gesetzestext offenlässt, welche und wie viele Informationen der Biosimilar-Hersteller über sein Produkt weitegeben muss, entstehen in der Praxis regelmäßig bereits zu Beginn der Verhandlungen Streitigkeiten zwischen den Parteien darüber, ob der Biosimilar-Hersteller seiner Informationspflicht Genüge getan hat.[549] Uneinigkeiten lassen sich dabei auch nicht während dem Patent Dance ausräumen, da es keine Möglichkeit gibt, gerichtlich z.B. im Rahmen einer Feststellungsklage klären zu lassen, ob die überreichten Dokumente für die Beurteilung einer Verletzung für den Referenzprodukthersteller ausreichen.[550] Vielmehr sind die Parteien gezwungen, den Patent Dance fortzusetzen. Für den Referenzprodukthersteller bedeutet dies, dass er eventuell ohne hinreichende Informationen zum Biosimilar und dessen Herstellung seine Patentlisten erstellen muss und dabei das Risiko trägt, Patente nicht in die Liste mitaufzunehmen, die sich bei hinreichender Information als verletzt herausstellen würden.[551] Solche Patente kann er dann nicht mehr gegen das Biosimilar geltend machen. Die einzige Möglichkeit, die Informationsbereitstellung zu rügen und nachträglich eine weitergehende Auskunft zu erreichen, bietet sich dem Referenzprodukthersteller im Rahmen eines Verletzungsprozesses.[552] Zum Zeitpunkt dieses Prozesses ist der Patent Dance allerdings bereits abgeschlossen und damit auch die Patentlisten unwiderruflich erstellt. Das Risiko des »list it – or lose it« verbleibt also auch in diesem Fall praktisch vollständig bei dem Referenzprodukthersteller. Gleichzeitig wird der Referenzprodukthersteller zu einer Verletzungsklage gezwungen, obwohl er mangels vollständiger Auskunft möglicherweise noch keine vollständige Verletzungsanalyse vornehmen kann. Das widerspricht der Zielsetzung des Patent Dance, der gerade verhindern soll, dass der Referenzprodukthersteller ohne Informationen über das Biosimilar zu einer Verletzungsklage »ins Blaue hinein« gezwungen wird.[553] Dieser Nachteil wird für den Referenzprodukthersteller durch die Regelungen des Patent Dance also nur unzureichend ausgeräumt.

548 *Li,* Does it still take two to tango? A modern Interpretation of the BPCIA's Patent Dance, in: N.Y.U. Journal of Intellectual Property & Entertainment Law 2019, 107 (124).

549 Janssen Biotech Inc. v. Celltrion Healthcare Co., 2015 WL 7078048 (D. Mass. Mar. 6, 2015); Amgen Inc. v. Hospira, Inc., No. 15-839-RGA (D. Del. Aug. 5, 2016); Genentech, Inc. v. Amgen, Inc., No. 1:17-cv-00165 (D. Del. Mar. 3, 2017).

550 Genentech, Inc. v. Amgen, Inc., No. 1:17-cv-00165 (D. Del. Mar. 3, 2017).

551 *Trinh,* Prescribing Relief for the Injured Reference Product Sponsors Under the BPCIA, Federal Circuit Bar Journal 2020, 363 (375).

552 Genentech, Inc. v. Amgen, Inc., No. 1:17-cv-00165 (D. Del. Mar. 3, 2017).

553 *Lietzan et al.*, Amgen Inc. v. Sandoz Inc.: Brief for Amici Curiae 11 Professors in Support of Amgen Inc. as Cross-Petitioners (17.03.2017).

Auch durch die Eröffnung privater Verhandlungen zwischen den Parteien im 307
Rahmen des Patent Dance können sich Nachteile ergeben. In der Vergangenheit ließ sich beobachten, dass solche Verhandlungen, sofern sie erfolgreich zu einer friedlichen Streitbeilegung geführt haben, häufig mit sog. pay for delay-Vereinbarungen verbunden waren.[554] Diese Vereinbarungen sichern dem Referenzprodukthersteller eine zusätzliche Spanne an Marktexklusivität zu, indem der Biosimilar-Hersteller für einen gewissen zusätzlichen Zeitraum darauf verzichtet, sein Produkt auf den Markt zu bringen.[555] Im Gegenzug erhält der Biosimilar-Hersteller eine finanzielle Entschädigung für die Verzögerung seines Markteintritts und einen Verzicht auf die Geltendmachung patentrechtlicher Ansprüche seitens des Referenzproduktherstellers ab dem Zeitpunkt seines verabredeten Markteintritts.[556] Diese Vereinbarungen sorgen also dafür, dass Originatoren einen Biosimilar-Hersteller länger vom Markt fernhalten, was in letzter Konsequenz auf Kosten der Allgemeinheit geht, da Referenzprodukthersteller länger eine Monopolstellung behalten und die Verbraucher mangels Konkurrenzdruck in dieser Zeit weiter höheren Preisen ausgesetzt sind.[557] Da solche pay for delay-Vereinbarungen regelmäßig unter Ausschluss der Öffentlichkeit verhandelt werden und ihr Inhalt bei Stillschweigen der Parteien geheim bleiben kann, fällt auch eine kartellrechtliche Handhabe dagegen schwer.[558] Zusätzlich beeinflusst die gütliche Streitbeilegung das Verhältnis des Referenzproduktherstellers zu weiteren Biosimilar-Herstellern. Mangels eines Vorbilds durch Klagen des Referenzproduktherstellers gegen den ersten Biosimilar-Hersteller, der auf den Markt drängt, wird die Einschätzung des Eintrittsrisikos für andere Nachahmer erschwert. Zudem fehlen in diesem Fall die mit einer Verletzungsklage in der Regel einhergehenden Rechtsbestandsangriffe des Biosimilar-Herstellers gegen die Patente des Referenzproduktherstellers, die im Erfolgsfall den Markt potenziell für alle Wettbewerber öffnen. Im Zweifel sind diese daher gezwungen, selbst vor dem

554 *Blackstone/Fuhr*, Biosimilars and Biologics, The Prospects for Competition, in: Declerck/Endrenyi/Chow (Hrsg.), Biosimilar Drug Product Development, S. 413 (424).

555 *Brandley*, Biosimilars: Biosimilars: A Lesson from Europe, in: Rutgers University Law Review 2021, 793 (811).

556 Ebda.

557 Ebda.

558 Nach einer Entscheidung des EuGH können solche Vereinbarungen nach Art. 102 AEUV einen Missbrauch einer marktbeherrschenden Stellung durch den Referenzprodukthersteller darstellen. Es ist allerdings im Einzelfall auf die Beweggründe für den Patentvergleich abzustellen und zu untersuchen, ob es eine andere Erklärung für den Vergleich gibt als die Entscheidung, nicht miteinander in Wettbewerb zu treten. Hinweis für das Fehlen einer Wettbewerbsbeschränkung kann insofern ein »echtes Nachgeben« beider Parteien sein, s. Entscheidung des EuGH NZKart 2020, 131 (133) – Generics (UK). Dies wird sich in der Regel aber nur dann zeigen, wenn der Inhalt des Vergleichs bekannt ist. Wettbewerbsbehörden müssen insofern aufmerksam verfolgen, ob und mit welchem Inhalt eine zwischenparteiliche Vereinbarung zwischen einem Originator und einem Nachahmer zustande gekommen ist.

Markteintritt mögliche Patentverletzungen mit dem Referenzprodukthersteller privat oder gerichtlich zu verhandeln und eigene Rechtsbestandsangriffe zu führen oder den eigenen Markteintritt weiter zu verzögern, um ein Umfeld größerer Rechtssicherheit abzuwarten. Auch dies kann dazu beitragen, den Preisdruck am Markt gering zu halten, indem sich andere Konkurrenten freiwillig fernhalten.

308 Aber auch wenn Verhandlungen mit Vergleichen ohne pay for delay-Vereinbarungen abgeschlossen werden, bedeutet dies nicht immer einen fairen Vergleich für den Biosimilar-Hersteller. So ist es zumindest angesichts der großen Anzahl an Patenten, die Gegenstand der ersten Patentliste des Referenzproduktherstellers und damit Gegenstand des Patent Dance sein können, durchaus wahrscheinlich, dass der Biosimilar-Hersteller einem für ihn weniger günstigen Vergleich zustimmt, um hohe Verfahrenskosten zur Verhandlung aller Patente zu vermeiden.[559]

309 Selbst wenn aber im Rahmen des Patent Dance alle Geheimhaltungsvorschriften eingehalten werden und die Parteien keine den Biosimilar-Hersteller belastenden Vergleiche schließen, sind die Schritte des Patent Dance selbst mit Schwächen behaftet.

310 In der praktischen Umsetzung bemängeln die Beteiligten regelmäßig die Komplexität des Verfahrens.[560] Schon die einzelnen Schritte innerhalb des Patent Dance und ihre Anforderungen sind umfangreich und auf den ersten Blick unübersichtlich. Zudem ergaben sich gleich mehrere Aspekte des Patent Dance nicht eindeutig aus dem Wortlaut des Gesetzes, sodass neben den eigentlichen patentrechtlichen Verfahren bereits über den Patent Dance selbst mehrere gerichtliche Prozesse zu dessen Auslegung geführt werden mussten.[561] Selbst Gerichte haben den Patent Dance daher als »ein Rätsel in einem Mysterium, verpackt in einem Enigma« beschrieben.[562]

311 Hinzukommt, dass die einzelnen Verfahrensschritte für die Parteien mit einem erheblichen Arbeitsaufwand verbunden sind. Nicht nur müssen innerhalb kurzer Zeitspannen alle potenziell relevanten Patente identifiziert werden, es müssen auch Verletzungs- und Nichtverletzungsargumente gefunden, ausgetauscht, bewertet und jeweils Antworten darauf verfasst werden. Da dies gerade angesichts der Anzahl aller Patente in der Regel nicht innerhalb der vorgesehenen Zeitspanne möglich ist, müssen die Parteien bereits vor dem Patent Dance frühzeitig

559 *Dong*, Keep on dancing: the success and failures of patent dance as shown by BPCIA litigation cases filed after Sandoz v. Amgen, in: University of Pittsburgh Law Review Online 2022, 1 (27).

560 *Sanzo*, The Promise and Problem of Biologics, in: Santa Clara High Technology Law Journal 2017, 78 (108); *Morrison*, Biotechnology Law: A Primer for Scientists, S. 219.

561 Mit einer Übersicht: *Wong/Rumore/Chan*, Biosimilars in the United States: Emerging Issues in Litigation, in: BioDrugs 2017, 189 (200 f.).

562 Amgen Inc. v. Sandoz Inc., case 15-1499, July 21, 2015 (Federal Circuit).

das Verfahren vorbereiten.[563] Dies ist sowohl zeit- als auch kostenintensiv.[564] Gerade wenn in den auf den Austausch folgenden Verhandlungen keine Einigung erzielt werden kann, vermag der potenzielle Nutzen des Patent Dance diese Kosten nicht aufzuwiegen.[565]

Trotz der geringen Zeitspannen, die für die einzelnen Verhandlungsschritte 312 vorgesehen sind, steht auch die Gesamtdauer des Verfahrens vielfach in der Kritik.[566] Bis ein gerichtliches Verfahren überhaupt eingeleitet werden kann, vergeht angesichts der verpflichtenden Verfahrensschritte oft bis zu einem Jahr Vorbereitung. Zeit, die für die verbleibenden Jahre bis zum Markteintritt nicht mehr in einem gerichtlichen Prozess zur Verfügung steht.

Dies wäre kaum bedenklich, wenn der Patent Dance in der Regel zu einem 313 schnellen Abschluss des Verletzungsstreits zwischen den Parteien ohne Gerichtprozess führen würde. Dies ist aber praktisch nur selten der Fall[567] und angesichts der Interessenlage der Parteien kaum überraschend. Denn das System des Patent Dance krankt daran, dass es Verhandlungen zwischen Konkurrenten vorsieht, die wenig Interesse an einer friedlicher Streitbeilegung haben: Die Referenzprodukthersteller wollen unter allen Umständen Nachahmer vom Markt fernhalten, um weiter hohe Preise mit dem Originalprodukt erzielen zu können, die die Forschung- und Entwicklung dieses sowie weiterer Medikamente finanzieren und Gewinne für das Unternehmen erwirtschaften. Daher haben sie ein enormes Interesse an der Durchsetzung ihrer Patente.[568] Die Biosimilar-Hersteller wiederum drängen unbedingt auf den Markt, um ebenfalls so früh wie möglich Forschungs- und Entwicklungskosten auszugleichen und Gewinne zu erwirtschaften. Diese Umstände schaffen denkbar schlechte Erfolgsaussichten für eine friedliche Streitbeilegung.

Sofern der Patent Dance dafür genutzt werden soll, die im Streit befindlichen 314 Patente zu reduzieren, ist auch dies praktisch konträr zur Interessenlage der

563 *Wong/Rumore/Chan*, Biosimilars in the United States: Emerging Issues in Litigation, in: BioDrugs 2017, 189 (203).

564 *Malkin*, Biosimilars patent litigation in the EU and the US: a comparative strategic overview, in: Generics and Biosimilars Initiative Journal 2015, 113 (116).

565 *Dong*, Keep on dancing: the success and failures of patent dance as shown by BPCIA litigation cases filed after Sandoz v. Amgen, in: University of Pittsburgh Law Review Online 2022, 1 (28).

566 *Brandley*, Biosimilars: Biosimilars: A Lesson from Europe, in: Rutgers University Law Review 2021, 793 (802).

567 *Marandett/Heyison*, BPCIA Info Exchange Is Failing To Streamline Patent Litigation (19.01.2021), online: https://www.law360.com/articles/1346251/bpcia-info-exchange-is-failing-to-streamline-patent-litigation (zuletzt geprüft am 05.06.2023); Übersicht der bisherigen Verfahren unter: https://www.bigmoleculewatch.com/bpcia-patent-litigations/.

568 *Woodage*, Blinded by (a Lack of) Science: Limitations in Determining Therapeutic Equivalence of Follow-On Biologics and Barriers to Their Approval and Commercialization, in: Stanford Technology Law Review 2012, 9 (19).

Referenzprodukthersteller. Gerade für sie ist das Prinzip des Patent Dance, in dem der Nachahmer in der ersten Phase vorgibt, welche und wie viele Patente verhandelt werden, unvorteilhaft. Ihnen wird so die Bestimmung darüber entzogen, wann und wie viele Patente sie priorisiert gegen das Biosimilar geltend machen können.[569] Der Referenzprodukthersteller hat zudem kein Interesse daran, den Blockbustermarkt kampflos für Konkurrenz zu öffnen und auf die Geltendmachung potenziell aussichtsreicher, den Markteintritt verzögernder Patente zu verzichten. Eine Reduktion der zu verhandelnden Patente ist daher auch in der zweiten Phase des Patent Dance nicht zu erwarten.[570] Vielmehr kann die anfängliche Verzögerung bei der Geltendmachung aller Patente dazu führen, dass sich folgende Rechtsstreitigkeiten noch länger hinziehen und erst nach dem Markteintritt des Biosimilars geklärt werden können. Dies verfehlt die erstrebte Zielsetzung des Patent Dance.

315 Der Patent Dance bietet dem Biosimilar-Hersteller auch ansonsten keine endgültige Rechtssicherheit bezüglich Patentverletzungen zum Zeitpunkt des Markteintritts. Denn auch wenn bereits alle Patente des Referenzproduktherstellers bis zu diesem Zeitpunkt verhandelt sein sollten, bleibt die Gefahr, dass Dritte, deren Patente nicht an den Referenzprodukthersteller lizensiert wurden, ihre Patente gegen den Biosimilar-Hersteller geltend machen.[571] Da solche Patente nicht Teil des Patent Dance werden, steht deren Inhabern der Zeitpunkt zur Geltendmachung völlig frei.

II. Annahme in der Praxis

316 Dieser insgesamt gespaltenen Befund zur Eignung des Patent Dance, Verletzungsstreitigkeiten außergerichtlich und frühzeitig zwischen den Parteien beizulegen, zeigt sich auch in der Praxis. So hat der Patent Dance in den USA bislang nicht seine erhoffte Wirkung entfalten können. Zwar bietet das Verfahren viele Vorteile, praktisch führt es jedoch bisher nicht erfolgreich zur außergerichtlichen Beilegung von Patentverletzungsfragen vor einem Prozess oder zu einer wesentlichen Reduzierung der letztlich streitbefangenen Patente.

317 Für die Parteien, die den Patent Dance vollständig durchlaufen haben, ist bisher keine einzige vorprozessuale außergerichtliche Einigung dokumentiert. Vielmehr gingen sowohl die das Verfahren befolgenden Parteien zu Gericht, ebenso wie

569 *Li*, Does it still take two to tango? A modern Interpretation of the BPCIA's Patent Dance, in: N.Y.U. Journal of Intellectual Property & Entertainment Law 2019, 107 (119).

570 *Heled*, The Biologics Price Competition and Innovation Act at 10 – A Stocktaking, in: Texas A&M Journal of Property Law 2021, 81 (98).

571 *Milbradt*, Durchsetzung von Patentansprüchen gegen Biosimilars, in: *Kühnen* (Hrsg.), 80 Jahre Patentgerichtsbarkeit in Düsseldorf, Festschrift zum 80-jährigen Bestehen des Patentgerichtsstandortes Düsseldorf am 1. Oktober 2016, S. 393 (412).

solche, die das Verfahren angefangen und abgebrochen haben sowie solche, die das Verfahren überhaupt nicht genutzt haben.[572] So sind seit des Inkrafttretens des BPCIA im Jahr 2013 über 50 Verfahren im Rahmen des Patent Dance bei US-amerikanischen Gerichten anhängig geworden.[573]

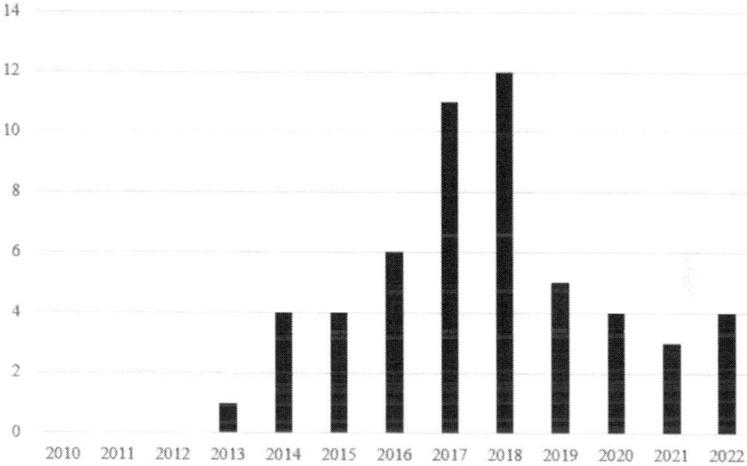

Abbildung 6: Nach Inkrafttreten des BPCIA eingeleitete Gerichtsverfahren[574]

In den auf einen (abgebrochenen) Patent Dance folgenden Verfahren zeigte sich zudem kaum ein Unterschied bei der Anzahl der verhandelten Patente.[575] In den Fällen, in denen zwar zunächst nur ein oder mehrere Kernpatente im Rahmen der ersten Phase des Patent Dance verhandelt wurden, wurden dennoch fast alle der übrigen ursprünglich gelisteten Patente zu einem späteren Zeitpunkt geltend 318

572 *Marandett/Heyison*, BPCIA Info Exchange Is Failing To Streamline Patent Litigation (19.01.2021), online: https://www.law360.com/articles/1346251/bpcia-info-exchange-is-failing-to-streamline-patent-litigation (zuletzt geprüft am 05.06.2023); Übersicht der bisherigen Verfahren unter: https://www.bigmoleculewatch.com/bpcia-patent-litigations/.

573 *Chen/McGlynn/Kraning*, Biosimilars 2022 Year in Review (17.01.2023), online: https://www.fr.com/insights/thought-leadership/blogs/2022-biosimilars-year-in-review/#top (zuletzt geprüft am 05.08.2023).

574 Ebda.

575 *Marandett/Heyison*, BPCIA Info Exchange Is Failing To Streamline Patent Litigation (19.01.2021), online: https://www.law360.com/articles/1346251/bpcia-info-exchange-is-failing-to-streamline-patent-litigation (zuletzt geprüft am 05.06.2023); Übersicht der bisherigen Verfahren unter: https://www.bigmoleculewatch.com/bpcia-patent-litigations/.

gemacht.[576] Die Referenzprodukthersteller erklären auch in der Praxis offen, dass sie keinerlei Interesse an einer Reduktion der zu verhandelnden Patente haben. So lässt sich Richard Gonzalez, CEO von AbbVie, das sein Biologikum Humira mit über 70 Patenten hat schützen lassen, mit dem Satz zitieren: »Jedes Unternehmen, das eine Biosimilar-Version von Humira auf den Markt bringen möchte, wird sich mit diesem umfangreichen Patentbestand auseinandersetzen müssen, den AbbVie mit Nachdruck durchzusetzen gedenkt«.[577] Mit dieser Strategie ist das Unternehmen nicht allein. In der Regel machen Referenzprodukthersteller alle verfügbaren Patente in der zweiten Phase des Patent Dance geltend, wobei einigen der Biosimilar-Hersteller daran gelegen schien, diese zweite Phase durch ihre Mitteilung zum Inverkehrbringen ihres Biosimilars möglichst früh auszulösen und damit eine Beschleunigung der gerichtlichen Klärung herbeizuführen.[578] Dieses Verhalten lässt möglicherweise sogar den Rückschluss zu, dass in der Praxis die Unterteilung der Verfahrensführung in zwei Phasen als überflüssig empfunden wird.[579] Und selbst in den Fällen, in denen sich die Anzahl der verhandelten Patente tatsächlich reduzierte, ist kein Zusammenhang mit der erfolgreichen Durchführung des Patent Dance festzustellen, da die Reduzierung streitbefangener Patente unabhängig davon erfolgte, ob die Parteien den Patent Dance erfolgreich abgeschlossen hatten.[580] Insgesamt kann der Patent Dance also zwar bezüglich wichtiger Patente zu einer frühzeitigen Klärung beitragen, praktisch zeigt sich jedoch keine signifikante Reduktion der Verletzungsverfahren. Eine Entlastung der Gerichte blieb daher letztlich aus.

319 Dennoch nutzt die Mehrheit der Parteien den Patent Dance und bringt ihn auch zum Abschluss, auch wenn dabei regelmäßig über die ausreichende Mitwirkung einer der Parteien gestritten wird.[581] Angesichts der Freiwilligkeit des Verfahrens

576 *Marandett/Heyison*, BPCIA Info Exchange Is Failing To Streamline Patent Litigation (19.01.2021), online: https://www.law360.com/articles/1346251/bpcia-info-exchange-is-failing-to-streamline-patent-litigation (zuletzt geprüft am 05.06.2023); Übersicht der bisherigen Verfahren unter: https://www.bigmoleculewatch.com/bpcia-patent-litigations/.

577 *Pollack*, Makers of Humira and Enbrel Using New Drug Patents to Delay Generic Versions, in: New York Times (15.07.2016), online: https://www.nytimes.com/2016/07/16/business/makers-of-humira-and-enbrel-using-new-drug-patents-to-delay-generic-versions.html (zuletzt geprüft am 05.08.2023).

578 *Dong*, Keep on dancing: the success and failures of patent dance as shown by BPCIA litigation cases filed after Sandoz v. Amgen, in: University of Pittsburgh Law Review Online 2022, 1 (23).

579 Ebda., 1 (24).

580 *Marandett/Heyison*, BPCIA Info Exchange Is Failing To Streamline Patent Litigation (19.01.2021), online: https://www.law360.com/articles/1346251/bpcia-info-exchange-is-failing-to-streamline-patent-litigation (zuletzt geprüft am 05.06.2023).

581 *Raich/Christie*, INSIGHT: Following the Patent Dance Three Years After Sandoz, (28.05.2019), online: https://news.bloomberglaw.com/ip-law/insight-following-the-patent-dance-three-years-after-sandoz (zuletzt geprüft am 05.06.2023).

zeigt dies, dass die Parteien sich von dem Verfahren dennoch die versprochenen Vorteile erhoffen, auch wenn später noch ein Gerichtsverfahren erforderlich wird. Auffällig ist, dass die überwiegende Mehrzahl der gerichtlichen Verfahren nach dem Patent Dance mit einem Vergleich abgeschlossen wurde. Dies kann ein Hinweis darauf sein, dass der Patent Dance zumindest als Instrument zur Vorbereitung einer späteren gerichtlichen Einigung genutzt wird.[582] Allerdings verglichen sich auch solche Parteien, die den Patent Dance überhaupt nicht genutzt hatten. Eine Aussage über die Wirksamkeit des Patent Dance zur Beschleunigung eines Vergleiches kann daher nicht zuverlässig getroffen werden.

Im Übrigen bleibt zu erwähnen, dass fast alle Rechtsstreitigkeiten in den USA 320
bisher biologische Produkte betrafen, deren zwölfjährige Exklusivitätsfrist zu Beginn des Rechtsstreits bereits abgelaufen war. Für die Referenzprodukthersteller war es daher besonders wichtig, möglichst zeitnah eine Unterlassungsverfügung gegen ein Biosimilar zu erwirken, um einen sofortigen Markteintritt zu verhindern. Das lange und komplexe Verfahren des Patent Dance war für sie also bisher eher hinderlich. Auch der erst in 2022 begonnene Rechtsstreit um das Biologikum Eylea (Aflibercept) ist von einer vergleichbaren Eile geprägt. Zwar betrifft der Rechtsstreit zum ersten Mal ein Produkt, dessen Marktexklusivität noch nicht abgelaufen ist. Der Exklusivitätsschutz endet jedoch bereits zu Beginn des Jahres 2024. Aus diesem Grund hat der Referenzprodukthersteller Regeneron bereits zum Abschluss der ersten Phase des Patent Dance eine zeitnahe gerichtliche Anhörung beantragt, um eine Unterlassungsverfügung nach 35 U.S.C. § 271(e)(4)(D) durchsetzen zu können, solange die Exklusivitätsfrist noch nicht abgelaufen ist.[583] Bei noch neueren Biosimilars, bei denen die zwölfjährige Exklusivitätsfrist noch nicht abgelaufen ist, besteht vermutlich nicht die gleiche Dringlichkeit, einen Rechtsstreit zu führen, wodurch der Patent Dance trotz seiner Dauer für die Referenzprodukthersteller möglicherweise nützlicher und attraktiver sein wird.[584] Auch nur in diesen Fällen kann der Patent Dance sein Potenzial dazu entfalten, Patentverletzungsfragen lange vor Ablauf der Exklusivitätsfrist und vor dem Markteintritt von Biosimilars zu klären und damit frühzeitig Rechtssicherheit für die Parteien, insbesondere den Biosimilar-Hersteller zu schaffen.

582 *Dong*, Keep on dancing: the success and failures of patent dance as shown by BPCIA litigation cases filed after Sandoz v. Amgen, in: University of Pittsburgh Law Review Online 2022, 1 (27); *Marandett/Heyison*, BPCIA Info Exchange Is Failing To Streamline Patent Litigation (19.01.2021), online: https://www.law360.com/articles/1346251/bpcia-info-exchange-is-failing-to-streamline-patent-litigation (zuletzt geprüft am 05.06.2023).

583 Regeneron v. Mylan, No. 1:22-cv-00061 (N.D. W. Va.).

584 *Marandett/Heyison*, BPCIA Info Exchange Is Failing To Streamline Patent Litigation (19.01.2021), online: https://www.law360.com/articles/1346251/bpcia-info-exchange-is-failing-to-streamline-patent-litigation (zuletzt geprüft am 05.06.2023).

B. Adoption in das deutsche oder europäische System

321 Unter diesen Umständen ist fraglich, ob auch das deutsche bzw. europäische Patentrechtssystem von der Übernahme des Patent Dance profitieren kann. Zunächst ist zu beachten, dass die Übernahme von Rechtsregeln aus anderen Rechtsordnungen nur unter gewissen Umständen erfolgsversprechend sein kann (I.). Dabei ist im Rahmen der zu beachtenden rechtlichen Umstände zu berücksichtigen, dass sich zum einen bereits Zulassungs- und Patentrechtssystem in Deutschland und Europa in unterschiedlicher Ausprägung von dem der USA unterscheiden, was Anpassungen erforderlich machen kann (II.). Zum anderen stellt sich die Frage, ob die vollständige Übernahme des Patent Dance überhaupt dazu in der Lage ist, praktikable Lösungen für Probleme anzubieten, die sich bei Patentrechtsverletzungen durch Biosimilars in Europa tatsächlich stellen (III.).

I. Allgemeine Voraussetzungen für die Übernahme von Rechtsregeln (des pharmazeutischen Marktes) aus anderen Rechtsordnungen

322 Eine erfolgreiche Übernahme einer Rechtsregel ist in der Regel dann zu erwarten, wenn in dem die Regel exportierenden und in dem die Regel importierenden Land ein vergleichbares, wenn nicht ähnliches Umfeld besteht.[585] Bei der Übernahme in eine andere Rechtsordnung ist insbesondere zu beachten, inwieweit die zu überführende Rechtsnorm von dem rechtlichen, sozialen und wirtschaftlichen Umfeld abhängt, in dem sie ursprünglich entwickelt und angewendet wurde.[586]

323 Diese Voraussetzungen gelten allerdings nicht uneingeschränkt für die Regulation des pharmazeutischen Marktes.

1. Kulturelles und wirtschaftliches Umfeld

324 Kulturelle Unterschiede der Länder sind nicht in jedem Fall für den Erfolg der Übertragung entscheidend. Nicht alle Rechtsnormen sind kulturell eingebettet; einige Rechtsnormen und -institutionen sind eher mechanisch und können daher leichter übertragen werden.[587] Auch bei der Regulation des pharmazeutischen Marktes, insbesondere auf dem Bereich des geistigen Eigentums, handelt es sich grundsätzlich um weniger kulturell beeinflusste Regelungen.

585 *Papadopoulou*, Legal Transplants and Modern Lawmaking in the Field of Pharmaceutical Patents – A Way to Achieve International Harmonisation or the Source of Deeper Divergences, in: IIC - International Review of Intellectual Property and Competition Law, 2016, 891 (895).
586 Ebda., 891 (892).
587 *Teubner,* Legal Irritants: Good Faith in British Law or How Unifying Law Ends up in New Divergences, in: The Modern Law Review 1998, 11 (11).

Zwar hat die Regulation des pharmazeutischen Marktes mittelbar die Gesundheitsversorgung der Gesellschaft im Blick und damit eine soziale Zielrichtung, die von verschiedenen Kulturkreisen unterschiedlich bestimmt werden kann. Allerdings ist die Regulation von Arzneimitteln kulturübergreifend in der Regel auf Sicherheitsvorgaben gerichtet, um sicherzustellen, dass die Medikamente keine ungewollten gesundheitlichen Schäden verursachen. Unmittelbar betroffen von der Regulierung sind zudem überwiegend Pharmaunternehmen als juristische Personen mit wirtschaftlichem Interesse, die weniger in sozialer Funktion, als in ihrer Funktion als global agierende Wirtschaftsteilnehmer berührt werden. Als solche sind sie kulturell flexibel und nicht an die Besonderheiten eines Landes gebunden, sodass die Übernahme von Regeln anderer Länder bei ihnen als Betroffene keine sozialen Anpassungsschwierigkeiten hervorruft. Regularien für Arzneimittel sind insofern hauptsächlich mechanische Regeln. 325

Hinzu kommt, dass aufgrund der weltweit überwiegend einheitlichen Regulierung von geistigem Eigentum[588] auch in diesem Bereich kaum kulturelle Unterschiede in der grundsätzlichen Handhabung bestehen. 326

Das kulturelle Umfeld der Regulation von geistigem Eigentum mit Bezug zu Arzneimitteln ist insofern kaum von kulturellen Unterschieden abhängig oder geprägt und spielt für die Übernahme einer Rechtsregel dieses Bereichs höchstens eine untergeordnete, zumindest aber keine verhindernde Rolle. Eine genauere Betrachtung des kulturellen Umfelds ist daher kein Bestandteil dieser Arbeit. 327

Dagegen ist das wirtschaftliche Umfeld bei der Regulation von Pharmazeutika von größerer Bedeutung. Gerade die Art und Weise sowie der erhoffte Umfang des Vertriebs der Produkte im wirtschaftlichen Umfeld des Ziellandes und die dafür erforderliche Zulassung zum Markt sind maßgebliche Grundlage der Regulation, sodass die bereits bestehenden wirtschaftlichen Rahmenbedingungen bei der Gesetzgebung zu berücksichtigen sind. Angesichts der im Wesentlichen übereinstimmenden marktwirtschaftlichen Ausrichtung der hier zu vergleichenden Länder und des rechtlichen Fokus dieser Arbeit, soll dieser Umstand im Folgenden allerdings ebenfalls nicht Gegenstand näherer Betrachtungen sein. 328

2. Rechtliches Umfeld

Erhebliche Aufmerksamkeit ist insofern dem Vergleich des rechtlichen Umfelds einer potenziell neuen Regelung zu widmen. 329

Üblicherweise wird die Übertragung rechtlicher Regeln als erfolgversprechender bewertet, wenn sie zwischen denselben Rechtssystemen stattfindet. Rechtssysteme, die denselben theoretischen Hintergrund haben und sich systematisch näherstehen, gelten als offener für einen Austausch von Rechtsregeln als andere, weil sie die Gründe für die Wahl der spezifischen Rechtsregel weniger in Frage 330

588 *Klopschinski*, The WTOs DSU Article 23 as Guiding Principle for the Systemic Interpretation of International Investment Agreements in the Light of TRIPs, in: Journal of International Economic Law 2016, 211 (211 f.).

stellen.[589] Es ist daher eher selten, dass Civil-Law-Regeln auf Common-Law-Rechtsordnungen übertragen werden und umgekehrt.[590]

331 Gerade im Bereich der Regulierung des geistigen Eigentums ist allerdings festzustellen, dass über die Grenzen von Civil-Law- und Common-Law-Rechtsordnungen hinweg Ähnlichkeiten zwischen den Rechtssystemen bestehen. Grund für diese Ähnlichkeiten sind insbesondere multilaterale Abkommen, darunter maßgeblich das TRIPS Abkommen und globale Freihandelsabkommen zwischen verschiedenen Ländern, mit denen der Schutz des geistigen Eigentums weltweit harmonisiert wurde.[591] Hinzu kommt, dass aufgrund der globalen Produktion und des globalen Vertriebs von Arzneimitteln auch Rechtsregeln im pharmazeutischen Bereich häufig unabhängig von der herrschenden Rechtsordnung (teilweise modifiziert) länderübergreifend nachgeahmt werden, was zu einer Angleichung der nationalen Regulierungen geführt hat. Dabei besteht bei Arzneimitteln die Besonderheit, dass es auch innerhalb der Gruppe der entwickelten Länder zu solchen Nachahmungen kommt.[592] Anschauliches Beispiel für eine solche Übernahme ist der Hatch-Waxman Act aus den USA, einem Common-Law-Rechtssystem, dem sowohl die EU als auch Deutschland als Civil-Law-Rechtsordnungen das SPC und die Bolar-Ausnahme entnommen und selbst implementiert haben.[593] Es ist daher gerade für Regelungen die Arzneimittel und das geistige Eigentum betreffen nicht ausgeschlossen, dass eine Übernahme auch zwischen verschiedenen Rechtsordnungen funktionieren kann.

332 Bei der Regulation von Arzneimitteln ist dennoch verstärkt zu beachten, dass die zugehörigen Rechtsregeln sich in einem komplexen und regulierungsintensiven Rechtsrahmen befinden. Arzneimittel werden in der Regel nicht nur in einem, sondern in mehreren verschiedenen Rechtsbereichen reguliert, die von Verwaltungsrecht über Preissetzungsvorgaben bis hin zu Menschenrechten und geistigem Eigentum reichen und die unterschiedlichsten Organisationen und Anwender berühren.[594] Gerade bei der Übertragung von Regeln zwischen verschiedenen Rechtsordnungen müssen also alle möglichen Anknüpfungspunkte der Regelung

589 *Papadopoulou*, Legal Transplants and Modern Lawmaking in the Field of Pharmaceutical Patents – A Way to Achieve International Harmonisation or the Source of Deeper Divergences, in: IIC – International Review of Intellectual Property and Competition Law, 2016, 891 (895).

590 Ebda.

591 *Klopschinski*, The WTOs DSU Article 23 as Guiding Principle for the Systemic Interpretation of International Investment Agreements in the Light of TRIPs, in: Journal of International Economic Law 2016, 211 (211 f.).

592 *Papadopoulou*, Legal Transplants and Modern Lawmaking in the Field of Pharmaceutical Patents – A Way to Achieve International Harmonisation or the Source of Deeper Divergences, in: IIC – International Review of Intellectual Property and Competition Law, 2016, 891 (899).

593 Ebda., 891 (900).

594 Ebda., 891 (892).

zu weiteren Rechtsbereichen in den verschiedenen Rechtssystemen berücksichtigt werden.

II. Rechtliches Umfeld des Patent Dance im Vergleich

Im Folgenden soll daher untersucht werden, inwiefern sich das rechtliche Um- 333
feld, in das der Patent Dance in den USA eingebettet ist, von den deutschen bzw. europäischen Regularien unterscheidet. Maßgeblich ist dafür zum einen das Zulassungsverfahren für Biosimilars, an das der Patent Dance in den USA anknüpft sowie das Patentrechtssystem, auf das der Patent Dance die Parteien verweist.

1. Zulassungssystem

Zunächst dürften der Übernahme keine wesentlichen Hindernisse entgegen- 334
stehen, die sich aus den unterschiedlichen Zulassungssystemen ergeben. Da das verkürzte Zulassungsverfahren des BPCIA nach dem Vorbild der Zulassung für Biosimilars in der EU modelliert wurde, decken sich nicht nur die Zulassungsstandards, sondern auch die regulatorische Gestaltung der Marktzulassung für Biosimilars im Wesentlichen. Die bestehenden Unterschiede sind ohne weitreichende Anpassungen leicht auszugleichen.

Ein Unterschied besteht darin, dass der BPCIA mit dem Zulassungsantrag ein 335
artificial infringement verknüpft. Das europäische oder deutsche Recht kennt dagegen keine solche fingierte Verletzung durch die Anmeldung. Diese Rechtsfolge ließe sich jedoch ohne weiteres durch einfache rechtliche Bestimmungen übernehmen, da sie ansonsten keine weiteren Auswirkungen auf die Zulassung selbst hat, sondern allein den Rechtsweg zu den Gerichten eröffnet.

Eine weitere Abweichung besteht im Zeitraum der Exklusivität, die dem Ori- 336
ginalbiologikum eingeräumt wird. Während der Hersteller eines innovativen Biologikums in den USA nur vier Jahre Datenexklusivität erhält, innerhalb derer keine Zulassungsanmeldungen für Nachahmerprodukte möglich sind, und bis zum Ablauf der Marktexklusivität (auch als Vermarktungsschutz bezeichnet) noch einmal weitere acht Jahre verbleiben, nach der ein Biosimilar zugelassen und in den Markt eintreten kann, ist der Zeitraum in der EU deutlich kürzer bemessen. Hier endet die Datenexklusivität, die auch als Unterlagenschutz bezeichnet wird, erst nach acht Jahren. Es ließe sich jedoch ebenfalls, sofern erforderlich, eine gesetzliche Anpassung der Zeiträume leicht umsetzen. Immerhin unterscheiden sich die Exklusivitätsregeln insofern nicht, als beide Systeme sowohl die Unterscheidung zwischen Daten- und Marktexklusivität kennen und an diese auch dieselben Konsequenzen knüpfen. Auch sonst sind mit den Exklusivitätsfristen keine weiteren Rechtsfolgen verknüpft. Es bestehen also keine weiteren Regeln, die von einer Änderung betroffen wären und bei der Evaluation der Auswirkungen berücksichtigt werden müssten.

2. Patentrechtssystem

337 Da der Patent Dance eine Regelung ist, die neben dem zwischenparteilichen Austausch auch das Verfahren vor den Gerichten betrifft, sind auch die Unterschiede im US-amerikanischen und deutschen bzw. europäischen Patentrechtssystem zu beachten.

338 In den USA deckt sich das Gebiet für die Zulassung von Biosimilars mit dem Geltungsbereich des Patentrechts. Die FDA erteilt als amerikanische Behörde die Zulassung für ein Biosimilar, die im gesamten Bundesgebiet der USA gültig ist. Patentrechtlich kann ein solches Biosimilar vor US-amerikanischen Gerichten aus in den USA gültigen Patenten angegriffen werden. Die Regelungskompetenz und das Patentrechtssystem sind dabei innerhalb der USA geschlossen und einheitlich.

339 Dagegen ist die Rechtslage in Europa wesentlich komplexer. Die Zulassung von Bioisimilars findet zentralisiert durch die Europäische Arzneimittelagentur (European Medicines Agency, EMA) als EU-Behörde für die Mitgliedstaaten des EWG statt. Das EWG und auch die EU selbst verfügt allerdings über kein die Mitgliedsstaaten überspannendes, einheitliches Patentrechtssystem. Stattdessen sind alle Mitgliedstaaten Teil des Europäischen Patentübereinkommens (EPÜ), das aber neben den Mitgliedstaaten noch weitere Länder zu seinen Unterzeichnern zählt. Es handelt sich also nicht um ein gemeinschaftsrechtliches Instrument, sondern um ein gesondertes zwischenstaatliches Abkommen. Auch besteht unter dem EPÜ nur die Möglichkeit ein Bündelpatent zu erhalten, im Rahmen dessen der Anmelder bestimmen kann, für welche Länder sein Patent Gültigkeit haben soll. Er erlangt also nur ein Bündel nationaler Patente. Konsequenterweise obliegt die Verfahrenskompetenz für Verletzungs- und Gültigkeitsentscheidungen über die nationalen Patente auch den nationalen Gerichten. Daneben können zusätzlich andere nationale Patente bestehen, die jeweils nur im Mitgliedstaat angemeldet wurden und über die gleichermaßen die nationalen Gerichte entscheiden. Lediglich über das neue Einheitspatent entscheidet zentralisiert der UPC. Da es sich hier aber ebenfalls um ein zwischenstaatliches Abkommen handelt, das nicht mit der EWG-Mitgliedschaft verbunden ist, betrifft das Einheitspatent auch Länder, die von der Zulassung eines Biosimilars durch die EMA gar nicht berührt werden.

340 Praktisch bedeutet dies für die Übernahme des Patent Dance in Europa folgendes:

Bezüglich einer Übernahme in die nationalen Verfahrensregeln der EWG-Mitgliedstaaten soll nur Deutschland in den Blick genommen werden, für das eine Anpassung ohne weiteres in Frage kommt. Regulatorisch würde die Antragstellung auf Zulassung bei der EMA im deutschen Recht als eine Verletzungshandlung des Anmelders fingiert werden. Der Patent Dance würde dann zwischen den Parteien stattfinden, sofern der Referenzprodukthersteller seine deutschen Patente oder den deutschen Teil eines europäischen Bündelpatents verletzt sieht, da nur diese Patente auch tatsächlich vor den nationalen Gerichten verhandelt werden und für den Markteintritt in Deutschland eine Rolle spielen können.

Ähnliches müsste für eine Übernahme des Patent Dance innerhalb der Verfahrenszuständigkeit des UPC gelten. Der Zulassungsantrag vor der EMA müsste als fingierte Verletzungshandlung innerhalb des Gebiets der Mitgliedstaaten des UPC gelten, die auch EWG-Mitglieder sind. Damit könnten alle das Biologikum schützenden Einheitspatente für Verletzungen dieses Geltungsbereichs im Rahmen des Patent Dance verhandelt werden. Der UPC wäre in auf den Patent Dance folgenden Entscheidungen allerdings auch darauf beschränkt, eine Verletzung nur für den Geltungsbereich der abkommensangehörigen EWG-Mitgliedstaaten festzustellen. Gleichermaßen könnte der Patent Dance bei Zulassungsanträgen vor anderen Behörden der Mitgliedsstaaten des UPC eine Verletzung für deren Hoheitsgebiet fingieren und parallel zum vorstehend beschriebenen Verfahren für den betroffenen Mitgliedstaat vollzogen werden. 341

Der Patent Dance müsste daher bei konsequenter Umsetzung zweigeteilt werden, um alle Arten der in Deutschland gültigen Patente berücksichtigen zu können. Damit geht zwar eine Erhöhung der Komplexität des Verfahrens einher, da Referenzprodukthersteller in zwei verschiedenen Verfahren verschiedene, potenziell verletzte Patente identifizieren müssen. Dies ist allerdings ohnehin bereits durch die Neueinführung des Einheitspatents der Fall. Der Patent Dance würde es auch nur in dieser Ausgestaltung erlauben, alle Patente und damit alle Verletzungsfragen in allen zur Verfügung stehenden Rechtswegen bereits vor der Markeinführung in Deutschland der Klärung zuzuführen. 342

Im Übrigen dürfte eine Übernahme regulatorisch keine weiteren Anpassungsschwierigkeiten hervorrufen, gerade da sich die zur Verfügung stehenden Verfahren innerhalb der hier beleuchteten Rechtsordnungen nicht wesentlich unterscheiden. Sowohl in den USA als auch in Deutschland sowie unter dem UPC sind Verletzungsverfahren, als Hauptsacheverfahren oder im Wege einstweiliger Verfügungen, sowie Nichtigkeitsverfahren vorgesehen. Der Patent Dance, der bei einem Scheitern der Verhandlungen auf diese Verfahren hinleitet, kann daher ohne Schwierigkeiten in die Rechtsordnungen integriert werden. 343

III. Praktische Zweckmäßigkeit

Allerdings bleibt die Frage, ob die Übernahme des Patent Dance, auch wenn sie sich rechtssystematisch umsetzen lässt, tatsächlich in Deutschland und Europa verfolgt werden sollte. 344

Letztlich zeigen Regelungen wie die Roche-Bolar-Ausnahme und das EU-weit geltende manufacturing waiver, dass es auch in Europa Ziel der Regulationen ist, pharmazeutischen Nachahmerprodukten so früh wie möglich nach Ablauf des Patentschutzes und der Exklusivitätsfrist den Markteintritt zu ermöglichen. Entsprechend muss auch regulativ im Rahmen des Patentrechts darauf hingearbeitet werden, dass zum Markteintritt möglichst alle Verletzungsfragen bezüglich des Biosimilars geklärt worden sind, sodass der Nachahmer ungestört den Markt betreten kann. Da die gerichtliche Klärung der Verletzung aber derzeit erst bei 345

Markteintritt des Biosimilars möglich ist und der Patentinhaber sich zunächst in einem gesonderten Verfahren Zugang zu Informationen über das Biosimilar beschaffen muss, wird dieses Ziel nach dem derzeitigen Stand der Regulation verfehlt. Der Patent Dance könnte hierfür Abhilfe schaffen.

346 Auch in der Praxis ist festzustellen, dass europaweit bisher weniger patentrechtliche Rechtsstreitigkeiten zu Biosimilars vor Gericht verhandelt werden als in den USA, während dort nahezu alle wichtigen Biosimilar-Verfahren ausgetragen werden.[595] So wurden in den USA bereits mehr als 50 Verfahren zu neun verschiedenen Referenzprodukten und verschiedenen Biosimilars davon verhandelt, während in Deutschland und allen am UPC beteiligten Mitgliedstaaten bisher insgesamt nur acht Verfahren zu drei verschiedenen Referenzprodukten geführt wurden.[596] Daraus ließe sich nun die Schlussfolgerung ziehen, dass aufgrund mangelnden Interesses an Patentrechtsstreitigkeiten in Europa eine Neuregelung der Verletzungsverfahren überflüssig ist. Möglicherweise genügen die in Europa jederzeit zur Verfügung stehenden Verfahren für die Feststellung der Nichtverletzung oder zu Bestandsangriffen bzw. die nach der Marktzulassung möglichen Verletzungsverfahren den Bedürfnissen der Hersteller und Patentinhaber. Gleichermaßen lässt sich aus dem Schwerpunkt der Verfahren in den USA aber auch die Hypothese herleiten, dass sich die pharmazeutischen Hersteller, die ihre Produkte in der Regel global vermarkten und global für die wichtigsten Märkte ähnliche Patente halten, den US-amerikanischen Markt zur Klärung von Patentverletzungsfragen ausgesucht haben, weil er Ihnen durch den Patent Dance eine frühzeitigere Klärung der Rechtslage erlaubt. Der Patent Dance wäre diesem Verständnis nach sogar ein Standort-Vorteil für die USA. Mit der Übernahme des Patent Dance könnte sich Europa daher konkurrenzfähiger präsentieren und seine Attraktivität als Standort für Verletzungsverfahren steigern.

347 Gerade auch, weil der Patent Dance inzwischen schon länger in den USA angewendet wird, könnten bei einer Übernahme von dessen Regelungen praktische Erfahrungen berücksichtigt werden. Anpassungen und Modifikationen können insbesondere dazu dienen, die bereits aus der Praxis bekannten und genannten Nachteile zu minimieren.

348 Dazu würde es genügen, wesentliche Elemente des Patent Dance zu übernehmen und einzelne Verfahrensschritte zu reduzieren oder gar vollständig herauszunehmen, um den Prozess insgesamt zu verschlanken und übersichtlicher zu gestalten.

595 *Malkin*, Biosimilars patent litigation in the EU and the US: a comparative strategic overview, in: Generics and Biosimilars Initiative Journal 2015, 113 (116); *Chen/Yang/Bennett*, Why Biologics and Biosimilars Remain So Expensive: Despite Two Wins for Biosimilars, the Supreme Court's Recent Rulings do not Solve Fundamental Barriers to Competition, in: Drugs. 2018, 1777 (1779).

596 *Chen/McGlynn/Kraning*,Biosimilars 2022 Year in Review (17.01.2023), online: https://www.fr.com/insights/thought-leadership/blogs/2022-biosimilars-year-in-review/#top (zuletzt geprüft am 05.08.2023).

1. Fingierte Verletzung

Grundvoraussetzung, um den Vorteil des Patent Dance nutzen zu können, Patentstreitigkeiten bei Biosimilars bereits vor dem Markteintritt zu klären, ist die Übernahme des artificial infringement. 349

Das artificial infringement ist das wesentliche Elemente des Patent Dance, das eine rechtzeitige und endgültige Klärung von Patentverletzungsfragen vor dem Markteintritt überhaupt ermöglicht. Indem bereits frühzeitig eine Verletzungshandlung fingiert wird, wird der Weg zur gerichtlichen Klärung einer Patentverletzung mit erheblichem zeitlichem Vorlauf vor dem Markteintritt des Biosimilars frei. Die Vorverlagerung einer, wenn auch nur gedachten, Verletzungshandlung gewährleistet im Unterschied zu der bisherigen Regelung also eine ausreichende Zeitspanne, um ein gerichtliches Hauptsacheverfahren vor dem Markteintritt eines Biosimilars abzuschließen. 350

Dafür reduziert der Patent Dance die Voraussetzungen für das Beschreiten des Rechtsweges mittels der fingierten Verletzungshandlung auf das Vorliegen eines Zulassungsantrages. Während sonst also für eine Öffnung des Rechtsweges der Markteintritt des Biosimilars sicher in Aussicht stehen und eine absehbare Verletzung eines Patentes vorliegen müsste, was die Beschreitung des Rechtsweges frühestens kurz vor dem Markteintritt des Biosimilars ermöglichen würde, fingiert der Patent Dance diese Voraussetzungen über das Stellen eines Zulassungsantrages. 351

Zwar belastet diese Fiktion den Biosimilar-Hersteller, der zum Zeitpunkt des Zulassungsantrages noch keine patentverletzende Handlung begangen hat und auch nicht zwingend begehen wird. Schließlich hat er die Möglichkeit hat, die das Biosimilar betreffenden Patente zu respektieren, indem er mit dem Markteintritt so lange abwartet, bis diese abgelaufen sind.[597] Die Anknüpfung an die Fiktion erscheint trotzdem sinnvoll und sollte übernommen werden. 352

Immerhin birgt der Zulassungsantrag eine hohe Wahrscheinlichkeit, dass ein potenziell patentverletzender Markteintritt erfolgt. Mit dem Zulassungsantrag bringt der Biosimilar-Hersteller grundsätzlich zum Ausdruck, dass er von einer Marktzulassungsreife seines Produktes ausgeht. Das Biosimilar ist zu diesem Zeitpunkt also bereits vollständig und abschließend entwickelt sowie umfangreich getestet, sodass es nach der Zulassung jederzeit in den Wettbewerb mit dem Referenzprodukt eintreten kann. Gleichzeitig ist mit der Beantragung der Zulassung in der Regel auch davon auszugehen, dass der Biosimilar-Hersteller das Biosimilar bei Erhalt der Zulassung auf den Markt bringen will, da er ansonsten nicht die enormen Aufwendungen für die Zulassung in Form von Studien und Qualitätsuntersuchungen getätigt hätte. Zudem besteht durch die entstandenen 353

597 Deshalb begründet die Stellung eines Zulassungsantrages auch noch keine Begehungsgefahr, auf die eine einstweilige Verfügung zur Unterlassung der Vermarktung gestützt werden kann, s. OLG Düsseldorf GRUR-RR 2013, 241 (242) – HIV-Medikament.

Forschungs- und Entwicklungskosten ein erhebliches Interesse des Biosimilar-Herstellers an einer Amortisation dieser Ausgaben, die am besten durch einen schnellstmöglichen Markteintritt erreicht werden kann.

354 Der Möglichkeit, dass ein Biosimilar-Hersteller dennoch sein Produkt betreffende Patente Dritter respektieren wird und von einem Markteintritt vor Ablauf der Patentlaufzeit absieht, kann im Patent Dance auf andere Art und Weise Rechnung getragen werden. So ist in der Verhandlungsphase vorgesehen, dass sich der Biosimilar-Hersteller einem oder mehreren Patenten des Referenzproduktherstellers unterwerfen kann, indem er die Erklärung abgibt, mit der kommerziellen Vermarktung des biologischen Produkts nicht vor dem Datum zu beginnen, an dem das entsprechende Patent abläuft. Der Patent Dance sieht also eine Auffangmöglichkeit und einen Ausweg für den rechtstreuen Biosimilar-Hersteller aus einer unberechtigten Verletzungsfiktion vor.

355 Insofern kann die Anknüpfung des Patent Dance an den Zulassungsantrag als fingierte Verletzungshandlung trotz der zu diesem Zeitpunkt noch nicht feststehenden Verletzungshandlung gerechtfertigt sein.

356 Auch im Übrigen ist der Anknüpfungszeitpunkt für die Verletzungsfiktion mit dem Zulassungsantrag sinnvoll gewählt. Erst mit dem Zulassungsantrag kann von einem potenziell patentverletzenden Produkt ausgegangen werden. Das Biosimilar ist zu diesem Zeitpunkt ersichtlich fertig entwickelt, sodass nicht nur der relevante Wirkstoff, sondern auch dessen Herstellung und Verwendung klar zu identifizieren sind und damit Gegenstand eines patentrechtlichen Verfahrens sein können. Zudem birgt die Anknüpfung an den Zulassungsantrag auch den Vorteil, dass durch die Antragsunterlagen zum Biosimilar bereits gebündelte und relevante Informationen zum Produkt vorliegen, die an den Referenzprodukthersteller weitergegeben werden und dort zur Analyse der potenziellen Verletzung dienen können.

357 Ein späterer Zeitpunkt einer fingierten Verletzung ist dagegen nicht erstrebenswert. Zum einen käme als nächster definierter und allgemeingültiger Zeitpunkt der Vorbereitung des Markteintritts allein die Zulassung des Biosimilars in Betracht. Zu diesem Zeitpunkt ist aber auch eine unmittelbar nachfolgende IFA-Listung des Medikaments zu erwarten, die ausreicht, um nach den bislang bestehenden Rechtsverfolgungsmöglichkeiten aus Patenten gegen die Markteinführung des Biosimilars vorzugehen. Zum anderen böte die in der Regel kürzere Zeitspanne zwischen Zulassung und tatsächlicher Markteinführung kaum einen Zeitvorteil. Die zur Verfügung stehende Zeitspanne dürfte kaum ausreichen, um rechtssicher und abschließend alle Patentverletzungsfragen rund um das Biosimilar gerichtlich zu klären. Gerade dies soll aber die Vorverlagerung der Verletzungshandlung durch das artificial infringement ermöglichen.

2. Verpflichtender Prozess oder optionale Gestaltung

358 Während damit also der Anknüpfungspunkt für den Patent Dance sicher bestimmt werden kann, ist daneben auch dessen Bindungswirkung für die Parteien

zu definieren. Die US-amerikanischen Gerichte haben sich aufgrund des offen formulierten Gesetzestextes erst nach langen Debatten auf eine optionale Anwendung des Patent Dance festlegen können. Eine solche Unklarheit sollte nach Möglichkeit bei einer Übernahme vermieden werden.

Welche Gestaltung zu bevorzugen ist, hängt davon ab, welchem Teilnehmer 359
des Patent Dance die Entscheidungsgewalt über den Prozess zustehen soll.

Bleibt die Teilnahme optional, liegt es in der Entscheidungshoheit des Biosi- 360
milar-Herstellers, Informationen über das Biosimilar an den Referenzprodukthersteller herauszugeben und damit den Prozess der Evaluation einer möglichen Patentverletzung und eventuell weitere Verhandlungsschritte in Gang zu setzen. Dies ist mit dem Vorteil für die Biosimilar-Hersteller verbunden, keine möglicherweise sensiblen Informationen an konkurrierende Unternehmen weitergeben zu müssen. Allerdings beschneidet dies auch erheblich die Möglichkeit der Referenzprodukthersteller, Kenntnis von der Existenz des Biosimilars zu erhalten und an Informationen über das Biosimilar zu gelangen. Sie wären daher bei einer nur optionalen Gestaltung des Patent Dance und einem Opt-out des Biosimilar-Herstellers wie bisher darauf verwiesen, ohne substanzielle Informationen Klage zu erheben. Einen Umstand den der Patent Dance eigentlich beseitigen sollte.

Sofern die Gestaltung für beide Teilnehmer dagegen zwingend ist, ist die Wei- 361
tergabe von Informationen für den Biosimilar-Hersteller verpflichtend und es liegt in der Gewalt des Referenzproduktherstellers Patentverletzungen geltend zu machen oder auf die Identifizierung von Patenten zu verzichten und damit den Verhandlungsprozess zu beenden. Für den Biosimilar-Hersteller hat dies umgekehrt zur optionalen Gestaltung den Nachteil, dass er zur Informationsübergabe verpflichtet ist. Der Funktionsweise des Patent Dance als Forum für einen informierten und potenziell eine Klage vorbereitenden Prozess, wäre mit dieser Gestaltung aber mehr gedient und ist daher zu bevorzugen.

3. Informationsaustausch

Die zentrale Bestimmung des Patent Dance, die Weitergabe des Zulassungsan- 362
trags und gegebenenfalls weiterer Informationen über den Herstellungsprozess durch den Biosimilar-Hersteller an den Referenzprodukthersteller, sollte bei einer Übernahme der Regelungen ebenfalls übernommen werden. Allein auf diesem Weg kann sichergestellt werden, dass der Referenzprodukthersteller überhaupt Kenntnis von dem Zulassungsantrag erhält und sich ein Bild zu möglichen Patentverletzungen durch das Biosimilar machen kann.

Um zu gewährleisten, dass der Referenzprodukthersteller eine Notifikation des 363
Zulassungsantrags und die Antragsunterlagen erhält, sollte anders als im US-amerikanischen Patent Dance eine automatische Weiterleitung der Unterlagen durch die Zulassungsbehörde erfolgen. Im Gegensatz zum Vorbild des US-amerikanischen Patent Dance ist dies möglich, wenn die Anwendung des Patent Dance, wie hier vorgeschlagen, verpflichtend für die Parteien ist. Zusätzlich könnte die automatische Weitergabe durch eine unabhängige Behörde auch

Befürchtungen vorbeugen, dass Unterlagen unvollständig oder in einem nicht bzw. schwer lesbaren Format an den Referenzprodukthersteller gelangen und damit Diskussionen über den Inhalt und Zustand der übergebenen Informationen entgegenwirken. Weitere Informationen, zum Beispiel über den Herstellungsprozess des Biosimilars, die sich nicht aus den Antragsunterlagen ergeben, sollten dem Referenzprodukthersteller aber wie im Patent Dance ursprünglich vorgesehen zusätzlich durch den Biosimilar-Hersteller übermittelt werden. Möglicherweise könnte dafür vorgesehen werden, dass der Referenzprodukthersteller dem Biosimilar-Hersteller eine Mitteilung zukommen lassen muss, wenn er über den Zulassungsantrag hinaus weitere Informationen benötigt. Dann wären nur auf eine solche Anfrage hin, weitere Informationen zu übermitteln. Mit dieser Regelung könnten im Einzelfall unnötige Aufwendungen des Biosimilar-Herstellers für die Zusammenstellung der Informationen vermieden werden. Zudem wäre eine Nachfrage allein für den Referenzprodukthersteller ein geringfügiger Aufwand, der auch damit aufgewogen wird, dass er von den zusätzlichen Informationen maßgeblich profitiert.

364 Auch die Art und Reichweite der zu übergebenden Informationen sollte so weit als möglich gesetzlich klargestellt werden. Auch wenn es unmöglich sein dürfte, alle generell relevanten Informationen zu bestimmen, die für die Prüfung von Patentverletzungen im Einzelfall notwendig sind, sollte ein übergreifender Rechtsrahmen sicherstellen, dass die übergebenen Informationen zumindest eine nähere Prüfung einer Patentverletzung zulassen. Falls sich also z.B. der Herstellungsprozess des Biosimilars nicht aus den Anmeldeunterlagen ergibt, muss dem Referenzprodukthersteller ein Anrecht auf weitere Informationen zum Herstellungsprozess zustehen, die ihm auf seine Nachfrage hin zugänglich gemacht werden müssen.

365 Sofern die Übergabe von über den Zulassungsantrag hinausgehenden Informationen durch den Biosimilar-Hersteller verweigert werden sollte, bestünde bei einem gesetzlich verankerten Anspruch des Referenzproduktherstellers die Möglichkeit, den Informationsanspruch klageweise durchzusetzen.[598] Hierfür könnte mithilfe der Leistungsklage eigenständig ein vollstreckbarer Auskunftstitel erlangt werden, der zusätzlich durch das bereits bestehende Instrument der Feststellungsklage unterstützt werden könnte, mittels derer eine abstrakte Feststellung darüber ermöglicht würde, welche Informationen der Referenzprodukthersteller von dem Biosimilar-Hersteller tatsächlich verlangen kann. Damit wird sichergestellt, dass der Referenzprodukthersteller auch bei fehlender Offenbarung von Informationen nicht wie bisher im Patent Dance ins Blaue hinein eine Verletzungsklage erheben muss, bei der sich erst im Verletzungsprozess herausstellt, welche Informationen tatsächlich geschuldet gewesen wären.

598 Mit der Idee zum Patent Dance die Auskunft vollstreckbar zu machen, s. auch *Hatherill*, The Misstep within the Patent Dance That Sandoz Inc. v. Amgen Inc. Revealed and How It Can Be Corrected, AIPLA Quarterly Journal 2019, 149 (155).

Denkbar wäre es andererseits auch, den Referenzprodukthersteller auf die bestehenden Rechtsinstrumente zur Erlangung von Informationen zu verweisen, insbesondere die Besichtigungsansprüche. Da hier allerdings gerade bezüglich der Verfahrensansprüche Probleme bestehen, einen solchen Anspruch überhaupt geltend zu machen[599], eignen sich die bestehenden Ausforschungsmöglichkeiten weniger, um dem Referenzprodukthersteller gerade den ergänzenden Zugang zu Verfahrensinformationen betreffend die Herstellung des Biosimilars zu ermöglichen. Der Zugang über einen eigenen Anspruch erscheint insofern praktikabler. Dies schließt aber nicht aus, dass der Referenzprodukthersteller daneben auch weiterhin alle gesetzlich bestehenden Ansprüche nutzen kann. Dazu gehören auch die Besichtigungsansprüche. 366

4. Geheimhaltungsmaßnahmen

Selbstverständlich sollten bei der Übergabe der Informationen auch strenge Vorgaben zur Geheimhaltung bestehen, um dem Geschäftsgeheimnis der Biosimilar-Hersteller Rechnung zu tragen. 367

Das in Deutschland geltende Gesetz zum Schutz von Geschäftsgeheimnissen bietet dafür bereits bestimmte Geheimhaltungsregeln, die bei einer Übergabe zu beachten wären. Allerdings handelt es sich bei den Regelungen des Geschäftsgeheimnisgesetzes im Wesentlichen um zivilrechtlich ausdifferenzierte Haftungsregeln, für den Fall, dass sich die die Informationen erhaltende Partei nicht an eine Geheimhaltungsvereinbarung hält oder sensible Informationen unbefugt erlangt. Damit reguliert das Geschäftsgeheimnisgesetz zwar Tatbestände (§ 4 GeschGehG) und Rechtsfolgen (§§ 6 f. GeschGehG) eines Geheimhaltungsverstoßes, hält aber keine Regelungen bereit, die die Verwendung sensibler Informationen innerhalb des erhaltenden Unternehmens begrenzen könnte, wenn dieses die Informationen befugt erlangt. Zudem statuiert das GeschGehG nur eine prozessuale Vertraulichkeitspflicht, die nach § 16 Abs. 2 GeschGehG nicht für solche Informationen gilt, die ein Verfahrensbeteiligter außerhalb eines gerichtlichen Verfahrens erlangt hat. Im Falle der außergerichtlichen Informationsübergabe des Biosimilar-Herstellers an den Referenzprodukthersteller greifen daher keine automatischen Geheimhaltungsgebote, an die die Haftungsregeln des GeschGehG anknüpfen könnten. 368

Das Haftungssystem des Geschäftsgeheimnisgesetzes sollte daher um zusätzliche Regeln ergänzt werden, die die Handhabe der Informationen im Unternehmen des Referenzproduktherstellers regulieren, um einer unkontrollierten Verbreitung der Informationen und deren Verwendung für eigene Entwicklungen des Referenzproduktherstellers entgegenzuwirken. Die Regelungen des Patent Dance halten dazu ein detailliertes Regelungssystem bereit, das zu diesem Zwecke übernommen werden sollte. Als Instrumentarien sollten dabei insbesondere die Begrenzung der Personenzahl mit Zugriff auf die Informationen und die Limitierung 369

599 S.o. Kapitel 2, B. II. 2. b) bb) und B. II. 2. c) dd).

einer unternehmensinterner Verwendung der Informationen auf die Prüfung potenzieller Patentverletzungen berücksichtigt werden.

370 Auch die Verwendung der geheimen Informationen vor Gericht muss mit strengen Geheimhaltungsauflagen verbunden sein, um Biosimilar-Hersteller nicht der Gefahr auszusetzen, dass im Falle eines Patentverletzungsprozesses weitergegebene Informationen aus dem Zulassungsantrag oder über den Herstellungsprozess des Biosimilars an die Öffentlichkeit gelangen.

371 Maßnahmen hierfür bieten in Prozessen vor deutschen Gerichten die §§ 16 ff. GeschGehG, die gem. § 145a PatG auch für Verfahren in Patentstreitsachen anzuwenden sind. Neben der nach § 16 GeschGehG sanktionsbewährten vertraulichen Behandlung sämtlicher in das Verfahren eingeführter Informationen durch die Parteien sieht das Gesetz zum Schutz von Geschäftsgeheimnissen auch die Möglichkeit eines Ausschlusses der Öffentlichkeit sowie der Beschränkung des Zugangs auf eine bestimmte Anzahl zuverlässiger Personen in § 19 GeschGehG vor. Dritten, die ein Recht auf Akteneinsicht nach § 299 Abs. 2 ZPO haben, steht nach § 16 Abs. 3 GeschGehG zudem nur ein Zugriff auf Akteninhalt zu, in dem die Geschäftsgeheimnisse enthaltenden Ausführungen unkenntlich gemacht wurden. Diese Maßnahmen dürften genügen, um auch im deutschen Zivilprozess im Patentstreitsachen eine Geheimhaltung der sensiblen Informationen sicherzustellen, sodass diesbezüglich kein Regulierungsbedarf auf nationaler Ebene besteht. Es ist allerdings zu beachten, dass nach einem Beschluss des OLG Düsseldorf die Anordnung von Schutzmaßnahmen nach dem GeschGehG für im Wege der Erfüllung eines titulierten Auskunftsanspruchs in einem Zwangsvollstreckungsverfahren zu erteilende Informationen nicht in Betracht kommt.[600] Hierbei soll es sich nicht um streitgegenständliche Informationen nach § 145a S. 2 PatG i.V.m. § 16 Abs. 1 GeschGehG handeln. Für den Fall, dass weitergehende Informationen über das Verfahren zur Herstellung des Biosimilars also erst im Rahmen der Erfüllung eines titulierten Auskunftsanspruches übermittelt werden, bestünde daher kein Geheimhaltungsschutz nach §§ 16 ff. GeschGehG. Das OLG Düsseldorf weicht damit von einer vorangegangenen Entscheidung des LG Mannheim ab, das entschieden hatte, die Anordnung verfahrensrechtlichen Geheimnisschutzes entsprechend §§ 16 ff. GeschGehG komme auch im patentrechtlichen Zwangsmittelverfahren in Betracht.[601] Angesicht dieser uneinheitlichen gerichtlichen Auslegung des GeschGehG erscheint es im Lichte der Rechtssicherheit für den Biosimilar-Hersteller besonders wichtig, zusätzliche Regelungen für den Umgang des Referenzproduktherstellers mit außergerichtlich erhaltenen Informationen im Gesetz zu ergänzen, die die Verwendung sensibler Informationen innerhalb des erhaltenden Unternehmens begrenzen. Diese würden die Handhabe des

600 OLG Düsseldorf GRUR 2023, 677 (677) – Geheimnisschutz II; dazu kritisch *Hoppe*, Prozessuale Geheimhaltungsmaßnahmen im Patentverletzungsstreit – Zugleich Besprechung von OLG Düsseldorf, 03.11.2022 – 2 U 102/22, in: Wettbewerb in Recht und Praxis 2023, 546 (546).

601 LG Mannheim GRUR-RR 2022, 301 (302, 303) – Geheimnisschutzanordnung.

Referenzproduktherstellers auch in dem Fall regulieren, dass keine gerichtliche Anordnung von Geheimhaltungsmaßnahmen für infolge der Vollstreckung eines Auskunftsanspruchs erhaltenen Informationen erfolgt.

Vor dem UPC sind ebenfalls Maßnahmen zum Geheimnisschutz vorgesehen. 372
So kann nach R. 115 RoP die Öffentlichkeit von der Verhandlung ausgeschlossen werden oder gem. R. 262 und 262A RoP auf Antrag in den Schriftsätzen enthaltende Informationen und Beweismittel nur einem bestimmten und beschränkten Personenkreis zugänglich gemacht werden. Dabei hat das Gericht einen Ermessensspielraum über die Entscheidung der Geheimhaltungsbedürftigkeit der streitgegenständlichen Informationen. Wie das UPC diesen Spielraum differenziert ausgestalten wird, bleibt abzuwarten und wird voraussichtlich einzelfallbezogen sein. Jedenfalls bieten die bestehenden Regelungen aber ausreichend Möglichkeiten, den Zugang der Öffentlichkeit und des Referenzproduktherstellers auch im Verfahren vor dem UPC zu beschränken. Insofern besteht auch hier kein ergänzender Regulierungsbedarf.

5. Zwischenparteiliche Verhandlungen

Sofern der Informationsaustausch abgeschlossen ist, sieht der Patent Dance wei- 373
tere Verhandlungsschritte zwischen den Parteien vor. Dabei sind die einzelnen Schritte, die Handlungsoptionen der Parteien und die einzuhaltenden Fristen streng vorgegeben.

Dies führt zu einem recht starren und arbeitsintensiven Verfahren, das in der 374
Praxis häufig bemängelt wird. Gerade um die zudem viel gerügte Komplexität der einzelnen Verhandlungsschritte zu vermeiden, sollte auf das unflexible Konzept der zwischenparteilichen Verhandlungen bei einer Übernahme verzichtet werden. Vielmehr erscheint es sinnvoll, das Verfahren auf wenige Schritte zu begrenzen und den Austausch zwischen den Parteien nicht übermäßig zu regulieren.

a) Patentliste des Referenzproduktherstellers

Bereits der erste auf den Informationsaustausch folgende Schritt in der ersten 375
Phase des Verhandlungssystems des Patent Dance erscheint erhaltenswert. Dieser sieht vor, dass der Referenzprodukthersteller innerhalb von 60 Tagen eine Liste mit von ihm gehaltenen oder lizensierten Patenten an den Biosimilar-Hersteller übermittelt, die er nach einer angemessenen Untersuchung nach bestem Wissen und Gewissen als durch das Biosimilar verletzt erachtet.

Vorteil dieser Regelung ist es, dem Biosimilar-Hersteller bereits zu einem frü- 376
hen Zeitpunkt des Verfahrens einen Überblick darüber zu verschaffen, mit welchen Patentangriffen er vermutlich zu rechnen hat. Dies erlaubt es ihm zudem, mögliche Nichtverletzungsargumente und Prozessstrategien inklusive Bestandsangriffe auf die gelisteten Patente auszuarbeiten und sich damit bereits frühzeitig auf einen Verletzungsprozess vorzubereiten. Auch der Referenzprodukthersteller

wird durch die frühzeitige Analyse notwendigerweise Patentverletzungen evaluieren, was auf eine zügige Prozessvorbereitung hinleiten kann. Durch die Listung aller infrage kommender Patente kann daher der Rahmen eines folgenden Verfahrens für beide Parteien bereits klar umrissen werden und eine zielgerichtete Vorbereitung erleichtern.

377 Die im Patent Dance vorgesehene Frist von 60 Tagen erscheint hierfür allerdings knapp bemessen. Insbesondere muss dem Referenzprodukthersteller eine sorgfältige Prüfung aller potenziellen Patente ermöglicht werden. Angesichts der Dichte an Patenten, die biologische Medikamente umgeben, erscheint dafür ein längerer Zeitraum vonnöten. Allerdings sollte die Frist auch nicht zu großzügig bemessen werden. Dies birgt ansonsten die Gefahr, dass sich dem Patent Dance nachfolgende gerichtliche Prozesse zur Klärung der Patentverletzungen verzögern und damit nicht mehr vor dem geplanten Markteintritt des Biosimilars abgeschlossen werden können. Ausreichend könnte unter diesen Umständen grundsätzlich eine Frist von 90 Tagen sein. Dies entspricht in etwa dem Zeitraum, der nach R. 23 RoP für den Vortrag zur Nichtverletzung vor dem UPC vorgesehen ist. Umgekehrt sollte dieser Zeitraum daher auch für die Verletzungsprüfung des Referenzproduktherstellers ausreichen.

378 Den Fristbeginn sollte wie im Vorbild des Patent Dance der Erhalt der Informationen durch die Arzneimittelbehörde bzw. den Biosimilar-Hersteller markieren. Hier könnte zur Erleichterung der Prüfung durch den Referenzprodukthersteller eingefügt werden, dass die Frist bei einer Klage des Referenzproduktherstellers auf Erteilung einer vollständigen Information durch den Biosimilar-Hersteller bis zur abschließenden Erfüllung der Informationspflicht gehemmt wird. Damit würde verhindert, dass der Referenzprodukthersteller trotz unvollständiger Informationen zur Übergabe einer Liste gezwungen wird, die er bei Erhalt aller Informationen möglicherweise in dieser Form nicht abgegeben hätte. Zudem bietet diese Fristhemmung einen Anreiz für den Biosimilar-Hersteller, alle Informationen von Beginn an offenzulegen, um keine Verlängerung der Frist und damit eine Verschiebung möglicher Verletzungsprozesse zu riskieren und eine schnelle Einschätzung zu den potenziell im Streit stehenden Patenten zu erhalten.

379 Der Patent Dance sieht für fälschlicherweise gelistete Patente des Referenzproduktherstellers keine Sanktionen vor. Auch dies sollte übernommen werden. Zum einen erscheint es als nur schwer möglich, in einer Nachbetrachtung zu entscheiden, welche Patente unberechtigterweise gelistet wurden, insbesondere da kaum präzise definiert werden kann, wann eine Listung nach bestem Wissen und Gewissen unberechtigt war. Zum anderen stünde der Aufwand für diese Feststellung in keinem Verhältnis zu einer möglichen Sanktion. Die naheliegendste Sanktion, fälschlicherweise gelistete Patente von der Geltendmachung auszuschließen, würde in diesem Fall ohnehin keine Relevanz mehr entfalten, da das unberechtigt gelistete Patent entweder bereits klageweise geltend gemacht und abgewiesen wurde oder schon nicht gerichtlich durch den Referenzprodukthersteller verfolgt wurde, sodass in jedem Fall durch das Verbot der Geltendmachung keine Änderung der Lage des Referenzproduktherstellers eintreten würde. Auch finanzielle

Sanktionen erscheinen angesichts der nur schwer prognostizierbaren Erfolgsaussichten eines Angriffs aus einem Patent unverhältnismäßig und dürften, wenn überhaupt, keine wesentlichen finanziellen Einbußen verursachen, sodass auch hier die Prüfung der Patente in keinem Verhältnis zur wirtschaftlichen Bedeutung einer Sanktion stünde.

b) Purple Book

In den USA wird die Patentliste neben dem Biosimilar-Hersteller auch an die 380
Arzneimittelbehörde weitergeleitet, die alle gelisteten Patente dem Referenzprodukt zuordnet und eigenständig im sog. Purple Book veröffentlicht und aktualisiert.

Solche Patentlisten durch Arzneimittelbehörden sind in Deutschland und bei 381
der EMA noch nicht vorgesehen. Sie wären bei Übernahme aller zum Patent Dance gehörigen Bestimmungen daher neu und ausschließlich für Referenzprodukte von Biosimilars einzuführen. Dies erscheint als unverhältnismäßiger Aufwand, der öffentliche Ressourcen für einen geringen Gegenwert bindet.

Zwar erhalten Biosimilar-Hersteller über die veröffentlichte Liste einen Über- 382
blick, über die in einer ersten Auseinandersetzung zwischen Referenzprodukt und Biosimilar geltend gemachten Patente. Diese hat aber nur bedingt Informationswert für nachfolgende Auseinandersetzungen zwischen anderen Parteien, da aufgrund der Komplexität in Herstellung und Entwicklung von Biosimilars dort möglicherweise ganz andere Patente relevant werden können. Biosimilar-Hersteller müssen insofern ohnehin umfangreiche Recherchen unternehmen, um Patentverletzungen bei der Entwicklung und Herstellung ihres Biosimilars zu vermeiden.

Zudem besteht die Möglichkeit, dass aus der Kombination der gegen ein Bio- 383
similar gelisteten Patente Rückschlüsse auf dessen Zusammensetzung oder Herstellung gezogen werden können und zwar auch ohne dass konkurrierende Unternehmen, die ein Biosimilar entwickeln, Zugang zu den im Patent Dance geheim ausgetauschten Unterlagen erhalten. Biosimilar-Hersteller, die als erstes auf den Markt kommen, hätten damit den Nachteil, dass Geschäftsgeheimnisse gegen ihren Willen für Konkurrenten offenbar werden.

Das Purple Book sollte in Europa daher keine Nachahmung finden. 384

c) Weitere Verhandlungen

Soweit insofern die Einleitung des Patent Dance überwiegend übernahmefähig 385
ist, gilt dies nicht unbedingt für die im Patent Dance nachfolgend vorgesehenen Verhandlungen. Im Rahmen des Patent Dance würde nun eine fristgebundene Stellungnahme des Biosimilar-Herstellers zu der ersten Liste folgen, woraufhin der Referenzprodukthersteller ebenfalls fristgebunden eine Stellungnahme abgeben müsste inklusive einer ausführlichen Begründung seiner ersten Liste, damit nachfolgend eine Verhandlung zwischen den Parteien über die Patentliste zu

deren Konsolidierung erfolgen kann. Bei Uneinigkeit kann allerdings auch der Biosimilar-Hersteller einseitig die Anzahl der zu verhandelnden Patente bestimmen.

386 In der Praxis hat sich diese kleinteilige Verhandlungsphase nicht bewährt.

387 Vielmehr zeigt die Erfahrung, dass die Verhandlungsschritte nur selten zu einer außerprozessualen Einigung der Parteien beitragen und es regelmäßig doch zu einer gerichtlichen Verhandlung über die Patente kommt. Aus dieser Empirie heraus, erscheint es vorzugswürdig, die Verhandlungsphase zu verkürzen und mehr wie eine vorgezogene Güteverhandlung zu verstehen.

388 Vorteil dieses verkürzten Verfahrens wäre es zu vermeiden, dass dem Austausch von Argumenten in der gerichtlichen Verhandlung bereits vorgegriffen wird und dieser letztlich doppelt stattfindet. Gleichzeitig könnte auch verhindert werden, dass durch die doppelte Vorbereitung, einmal der Stellungnahme des Patent Dance und einmal der Schriftsätze für die gerichtliche Verwendung, unnötige Ressourcen gebunden werden. Die Vermeidung unnötiger Ressourcenaufwendungen gilt auch im Hinblick darauf, dass die Parteien nicht gezwungen sind, über Patente zu verhandeln, die möglicherweise bei einem voraussichtlichem Markteintritt des Biosimilars nicht mehr in Kraft stehen werden oder von denen der Referenzprodukthersteller bereits weiß, dass er sie gerichtlich nicht geltend machen wird. Solche Patente blähen die Verhandlungen unnötig auf oder dienen allein als Verhandlungsmasse ohne eine Klärung der Rechtslage tatsächlich zu fördern.

389 Gleichzeitig eliminiert eine Verkürzung des Verfahrens auch die Komplexität des Patent Dance. Mit der Reduktion der Verfahrensschritte bleibt die Regelung übersichtlich und vermeidet Fragestellungen, z.B. über die Teilnahmepflicht der Parteien an einzelnen Schritten, den Umfang der Verpflichtungen der Parteien und die Rechtsfolgen eines möglichen Verstoßes, die zu einer Undurchsichtigkeit des Regelungssystems beitragen. Die in der Praxis daraus entstehenden Rechtsstreitigkeiten könnten durch eine Simplifizierung des Prozesses vermieden werden.

390 Im Zusammenspiel mit der Übernahme der fingierten Verletzungshandlung trägt eine Verkürzung des Verfahrens zudem allgemein dazu bei, dass das eigentliche Ziel des Patent Dance, Patentverletzungsfragen frühzeitig zu klären, möglichst schnell erreicht werden kann. Ohne eine künstliche Aufblähung der Verhandlungsphase über zahlreiche Zwischenschritte können die Parteien zeitnah nach dem Zulassungsantrag des Biosimilar-Herstellers die im Streit stehenden Patente gerichtlich verhandeln. Dies ist gerade im europäischen Zulassungsverfahren von besonderer Relevanz, da der Zulassungsantrag hier erst acht Jahre nach der Zulassung des Referenzarzneimittels gestellt werden kann, sodass innerhalb der zehnjährigen Exklusivitätsphase des Referenzproduktes nur zwei Jahre verbleiben, die zur Streitbeilegung vor der Zulassung und Markteinführung des Biosimilars genutzt werden können.

391 Auch das Ende der Verhandlungsphase durch die endgültige Konsolidierung der Patentliste, bei der es der Diskretion des Biosimilar-Herstellers unterliegt, die

Anzahl der in einem ersten Schritt zu verhandelnden Patente zu bestimmen, sollte nicht übernommen werden. In der Praxis hat die Bestimmungsgewalt des Biosimilar-Herstellers nicht nachweisbar zu einer tatsächlichen Reduktion der später verhandelten Patente geführt, vielmehr war selbst auf Seiten der Biosimilar-Hersteller der Wille erkennbar, möglichst alle streitigen Patente frühzeitig zu verhandeln. Es sollten daher keine Ressourcen durch den Versuch einer Konsolidierung gebunden werden. Stattdessen sollte eine zügige Verhandlung aller im Streit stehender Patente im Mittelpunkt des Verfahrens stehen.

Dies birgt zwar das Risiko, dass der Referenzprodukthersteller alle seine in der 392
ersten Liste enthaltenen Patente auf einmal gegen den Biosimilar-Hersteller gerichtlich geltend macht, was mit einer enormen Belastung der Ressourcen des Biosimilar-Herstellers verbunden wäre, der sich dementsprechend gegen alle Vorwürfe auf einmal verteidigen muss. Allerdings wird dieses Risiko durch die vorgesehene Frist zur Klageerhebung für den Referenzprodukthersteller gemindert. Denn auch dessen Ressourcen werden durch die Bündelung der Klagen belastet, insbesondere wenn er eine große Anzahl von Patenten innerhalb der recht knapp bemessenen Frist vorbereiten will. Er ist daher bereits aus der Struktur des modifizierten Patent Dance heraus motiviert, auch zu seinem eigenen Vorteil nur die wirklich wesentlichen Patente geltend zu machen. Zudem trägt er das Kostenrisiko der Prozesse, hat also einen Anreiz eine Patentverletzung gründlich vor Klageerhebung zu prüfen und im Zweifel solche Patente auszuscheiden, die nur geringe Erfolgsaussichten haben oder mit besonders hohem Aufwand bei der Darlegung verbunden sind. Darüber hinaus ist zu beachten, dass es sich bei Herstellern biologischer Arzneimitteln in der Regel um große, international agierende Pharmaunternehmen handelt, unabhängig davon, ob es sich um Hersteller von Original- oder Nachahmerpräparaten handelt. Diese dürften über genügend Ressourcen zur Prozessführung verfügen. Das Risiko einer Überforderung ist daher sowohl für Referenzprodukthersteller als auch für Biosimilar-Hersteller gering. Im Übrigen entspricht das auch der derzeitigen Lage der Parteien ohne den Patent Dance. Denn nach dem Markteintritt des Biosimilars könnte der Referenzprodukthersteller sämtliche seiner Patente gleichzeitig gegen den Biosimilar-Hersteller geltend machen, ohne dass er gesetzlich daran gehindert würde. Bei einem großen Patentportfolio wird von der Rechtsordnung also gerade als allgemeines Risiko hingenommen, dass sich eine Partei mehreren Rechtsstreitigkeiten parallel ausgesetzt sieht. Das Risiko paralleler Rechtsstreitigkeiten steht daher einer Abschaffung der Staffelung der Prozesse durch eine vorgezogene Verhandlungsphase nach dem Patent Dance nicht entgegen.

Auch wenn demnach von der ersten Phase des Patent Dance faktisch nur die 393
erste Patentliste bleibt und keine zwingenden Verhandlungen vorgesehen werden, bleibt die Möglichkeit, innerhalb der übernommenen Regeln des Patent Dance eine Verhandlung zwischen den Parteien im Anschluss an die Übergabe der Patentliste anzuregen, in der Verletzungs- bzw. Nichtverletzungsargumente oder der Rechtsbestand eines Patents diskutiert werden können. Diese optionale Gestaltung böte den Parteien einen Rahmen für Verhandlungsgespräche, käme

allerdings nur zur Anwendung, wenn dies nach Ansicht der Parteien der Streitbeilegung auch tatsächlich zuträglich ist, zum Beispiel um die Bedingungen einer außergerichtlichen Einigung vorzubereiten. Damit hätten die Parteien mehr Entscheidungsgewalt über den Prozess und könnten individuell die für sie passende Verfahrensform wählen.

d) Neu erteilte oder lizensierte Patente

394 Der Patent Dance sieht zusätzlich vor, Patente nachträglich in den Patent Dance einzuführen, die das Biosimilar betreffen und erst nach Übergabe der ersten Patentliste für den Referenzprodukthersteller erteilt oder von diesem exklusiv lizensiert wurden. Sie sollen nachträglich in die erste Patentliste aufgenommen werden, zu der der Biosimilar-Hersteller dann ergänzend Stellung nehmen muss.

395 Die grundsätzliche Übernahme dieser Regelung erscheint sinnvoll. Würden nach Austausch der ersten Patentliste erteilte oder lizensierte Patente nicht Gegenstand des Patent Dance werden, könnte die Klärung von Patentverletzungsfragen in Bezug auf diese Patente erst bei absehbarem Markteintritt des Biosimilars oder später erfolgen. Damit würde bis zum Markteintritt eine erhebliche Rechtsunsicherheit für den Biosimilar-Hersteller verbleiben, die der Patent Dance gerade ausräumen will. Sollten neu erteilte oder lizensierte Patente nicht Gegenstand des Patent Dance werden, könnte der Referenzprodukthersteller zudem die Rechtsunsicherheit für den Biosimilar-Hersteller selbst beeinflussen, indem er den Zeitpunkt seiner Lizensierung oder Anmeldung eines Patents so wählt, dass seine Erteilung oder Lizenz auf einen Zeitpunkt nach dem Austausch der ersten Patentliste fällt. Dies würde ihm eine einseitige Entscheidung darüber erlauben, ob der Patent Dance für einen erheblichen Teil seiner Patente überhaupt zur Anwendung kommt und ihm dadurch effektiv die Möglichkeit bieten, den Zweck des Patent Dance nachhaltig auszuhöhlen.

396 Sofern unter diesen Gesichtspunkten eine nachträgliche Aufnahme neu erteilter oder lizensierter Patente in den Patent Dance sinnvoll erscheint, muss für die Behandlung dieser Patente unter dem Patent Dance dieselbe Schlussfolgerung wie für die Patente gelten, die von Beginn an Gegenstand des Patent Dance sind. Es wäre demnach zu bevorzugen, neu erteilte oder lizensierte Patente lediglich nachträglich in die erste Patentliste des Sponsors aufzunehmen. Dafür müsste entsprechend zur Frist der Erstellung der ersten Patentliste eine Frist von 90 Tagen ab Erteilung oder Lizensierung des neuen Patentes gelten, um den Referenzprodukthersteller zur zeitigen und vollständigen Offenlegung aller Verletzungsvorwürfe anzuhalten. Auf die Durchführung der sich im Patent Dance an die Übergabe der (aktualisierten) Patentliste anschließenden Verhandlungsschritte sollte dagegen verzichtet werden. Auch hier gilt, dass weitere fristgebundene, starre Verhandlungsschritte äußerst ressourcenintensiv sind und kaum zu einer zwischenparteilichen Klärung von Verletzungsfragen beitragen. Diese müssten zudem parallel zu den bereits durchgeführten Handlungsschritten des Patent Dance stattfinden, was die Komplexität des Gesamtverfahren erneut erhöhen würde.

Zugunsten einer schnellen, kostengünstigen und für die Parteien übersichtlichen Klärung neuer Patentverletzungsvorwürfe sollte dies vermieden werden.

e) Begrenzung der Anzahl der zu verhandelnden Patente

Derzeit wird in den USA ein Gesetzesvorschlag diskutiert, der eine Veränderung des Patent Dance dahingehend vorsieht, dass die Anzahl der geltend gemachten Patente, die mehr als vier Jahre nach der Zulassung des Referenzprodukts angemeldet wurden oder Herstellungsverfahren abdecken, die der Referenzprodukthersteller nicht in einer Verletzungsklage verwendet, auf zwanzig begrenzt wird (»Cornyn Bill«).[602] Die Begrenzung soll allerdings nur dann gelten, wenn der Antragsteller den Patent Dance abgeschlossen hat.[603] Der Referenzprodukthersteller kann die Anzahl der geltend gemachten Patente zudem erhöhen, wenn ein Gericht entscheidet, dass ein wichtiger Grund vorliegt.[604] Die Begrenzung soll zudem nicht für Patente gelten, die ein biologisches Produkt oder eine Methode zur Verwendung dieses Produkts beanspruchen und ist daher maßgeschneidert auf solche Patente, die das Herstellungsverfahren betreffen.[605] Damit soll verhindert werden, dass der Referenzprodukthersteller nachträglich angemeldete Patente auf Herstellungsverfahren nutzt, um seine Exklusivitätsrechte für ausgereifte Biologika zu verlängern und den Markt dauerhaft zu monopolisieren. 397

Dieser Vorschlag begegnet allerdings größeren Bedenken. Ganz erheblich stößt auf, dass die Beschränkung der Anzahl der Patente mit einer erheblichen Beschneidung der Rechte des Referenzproduktherstellers einhergeht, von seinem geistigen Eigentum Gebrauch zu machen, das unter den verfassungsrechtlichen Eigentumsschutz des Art. 14 GG fällt. Effektiv versagt die vorgeschlagene Regelung dem Referenzprodukthersteller Schutz für solche Verbesserungen des Herstellungsprozesses, die er erst vier Jahre nach der Zulassung des Produktes erfunden hat. Gerade bei der stetigen Weiterentwicklung und Verbesserung eines komplexen Herstellungsprozesses sind aber noch tatsächliche Änderungen mit Erfindungsgehalt zu erwarten, die patentrechtlichen Schutz verdienen. Ohne ihn verliert der Hersteller jeglichen Anreiz für Innovationen bei einem schon angewandten Verfahren. Dies gilt insbesondere, da der Referenzprodukthersteller keine Möglichkeit hat, die Beschränkung selbst abzuwenden. Vielmehr ist er auf Fehler des Biosimilar-Herstellers während des Patent Dance oder eine gerichtliche Entscheidung für eine Ausnahme angewiesen, wobei letztere keinen klar definierten Voraussetzungen, sondern maßgeblich dem Ermessen des Richter zu unterliegen scheint. 398

Hinzu kommt, dass auch diese Ergänzung das System des Patent Dance zusätzlich verkomplizieren würde. Nicht nur müsste der Referenzprodukthersteller 399

602 Affordable Prescriptions for Patients Act of 2021, S. 1435, 117th Cong. (2021).
603 Ebda.
604 Ebda.
605 Ebda.

beachten, dass er ein sein Produkt betreffendes Verfahrenspatent innerhalb einer bestimmten Frist zur Anmeldung bringt, er müsste auch für Patente, die außerhalb der Frist angemeldet wurden, eine gerichtliche Entscheidung herbeiführen, wenn er ausnahmsweise deren Anwendung begehrt, was zu erwarten ist. Ob er dieses Verfahren im System des Patent Dance noch vor Erstellung seiner ersten Patentliste abgeschlossen haben muss oder dieses auch nachträglich durchführen kann, bleibt zudem unklar. So oder so wird dem Patent Dance jedoch ein weiterer Schritt hinzugefügt.

400 Sofern tatsächlich ein Gerichtsverfahren notwendig wird, würde der Referenzprodukthersteller auch zusätzlich mit dessen Kosten belastet.

401 Alle diese Einschränkungen werden auch nicht durch den positiven Nutzen der Bestimmung aufgewogen. Die Bestimmung versucht die Anzahl der zu verhandelnden Patente zu begrenzen, erreicht dies aber nur eingeschränkt für einige wenige Verfahrenspatente. Alle übrigen Evergreening Patente, die beispielsweise die Dosierung, Formulierungen oder Verabreichungsform betreffen, bleiben von der Regelung unberührt. Der Vorschlag ist daher nicht geeignet, dem Problem großer Patentportfolien um ein Produkt herum wirkungsvoll beizukommen.

402 Die diskutierte Beschränkung des Patent Dance sollte dementsprechend nicht umgesetzt werden.

6. Auswirkung auf Gerichtsverfahren

403 An die erste Phase des Patent Dance schließt sich die Verhandlung der gelisteten Patente vor Gericht an. Dabei gelten teilweise Einschränkungen, die nach den Vorschlägen zur Übernahme der Regelungen der ersten Phase auch weiterhin sinnvoll erscheinen.

a) »list it – or lose it«

404 Eine zentrale Einschränkung des Patent Dance ist die »list it – or lose it« Regelung in Verbindung mit der auch hier für sinnvoll erachteten ersten Patentliste des Referenzproduktherstellers. Mit dieser Regelung werden solche Patente, die nicht auf der Liste stehen, von der gerichtlichen Geltendmachung präkludiert. Dies gilt auch für nach Erstellung der ersten Patentliste neu erteilte oder lizensierte Patente, wenn sie nicht fristgemäß in die Liste nachgetragen wurden.

405 Dadurch wird der Referenzprodukthersteller zu einer gewissenhaften Listung aller potenzieller Patente angehalten, um keinen Ausschluss eines potenziell verletzten Patents zu riskieren. Gleichzeitig bietet die Regelung dem Biosimilar-Hersteller in Bezug auf die zu verhandelnden Patente Rechtssicherheit und gewährleistet eine gewisse Ausgeglichenheit des Patent Dance, in dem der Referenzprodukthersteller sonst einseitig Vorteile, wie z.B. die Mitteilung über den Zulassungsantrag oder die Zugänglichkeit von Informationen über das Biosimilar, erhalten würde. Die Übernahme des »list it – or lose it« Prinzips erscheint insofern angemessen.

Auch der Umfang des Ausschlusses ist nicht zu beanstanden. Der Referenzprodukthersteller erhält im Rahmen der hier vorgesehenen Anpassungen des Patent Dance ausreichend Zeit und Informationen, um sein Patentportfolio gewissenhaft und gründlich auf mögliche Verletzungen durch das Biosimilar zu prüfen. Es ist ihm daher zuzumuten, eine inhaltlich erschöpfende Patentliste zu erstellen. 406

Unter diesen Umständen ist es auch eine hinzunehmende Konsequenz, dass der Referenzprodukthersteller oder der Patentinhaber das Patent nicht mehr verwenden kann, um eine einstweilige Maßnahme zur Verhinderung des Markteintritts des Biosimilars zu erlangen. Denn mit der Erstellung der Patentliste offenbart der Referenzprodukthersteller, dass er aufgrund der erhaltenen Informationen über das Biosimilar Anlass dazu hatte, eine Schutzrechtsverletzung seiner Patente durch das Biosimilar zu prüfen und dies auch getan hat. Jedes Patent, dass dabei nicht in die Liste aufgenommen wurde, hat er offensichtlich nicht für verletzt gehalten, sodass es bezüglich dieser Patente später ohne das Hinzutreten besonderer Umstände ohnehin an der Dringlichkeit in zeitlicher Hinsicht fehlen dürfte. Auch dieses Risiko kann der Referenzprodukthersteller durch eine gewissenhafte Prüfung seiner Patente selbst minimieren, sodass nicht von einer Unverhältnismäßigkeit des Ausschlusses ausgegangen werden kann. 407

b) Frist zur Klageerhebung

An das Erstellen der abschließenden Patentliste wird im Patent Dance noch eine weitere Rechtsfolge geknüpft. Diese sieht vor, dass eine Klage gerichtet auf Unterlassung aus einem Patent der Liste nur dann möglich ist, wenn sie innerhalb von einer Frist von 30 Tagen erhoben wird und nicht ohne Vorbehalt abgewiesen oder nicht in gutem Glauben weiterverfolgt wird. Sofern der Referenzprodukthersteller diese Voraussetzungen nicht erfüllt, kann er aus dem betroffenen Patent lediglich die Zahlung einer angemessenen Lizenzgebühr verlangen. Auch diese Rechtsfolge erscheint unter leichten Modifikationen erhaltenswert. 408

Zwar werden die Rechte des Referenzproduktherstellers erheblich eingeschränkt, indem er den Hauptanspruch einer Patentverletzung, die Unterlassung, nicht mehr geltend machen kann. Gerechtfertigt erscheint die Regelung dennoch. Zum einen hat der Referenzprodukthersteller den Eintritt der Rechtsfolge selbst in der Hand, und kann den Ausschluss seiner Rechte vermeiden, indem er die Frist einhält und die Klage in gutem Glauben weiterverfolgt. Zum anderen wird die Regelung dadurch abgemildert, dass die Patente des Referenzproduktherstellers auch bei Versäumen der Frist nicht vollständig entwertet werden. Durch den erhaltenen Anspruch auf die Zahlung einer angemessenen Lizenzgebühr erhält der Referenzprodukthersteller auch weiterhin einen Ausgleich, sollte der Biosimilar-Hersteller von seinen Patenten Gebrauch machen. 409

Darüber hinaus bietet die Fristenregelung eine Chance, dem Patentdickicht beizukommen, das Biosimilars für gewöhnlich umgibt. So wird die Arbeitsbelastung durch die Geltendmachung einer großen Anzahl an Patenten zunächst dem Referenzprodukthersteller auferlegt, wenn er gezwungen ist, alle Patente gleichzeitig 410 geltend zu machen und dies auch ausreichend zu substantiieren, sodass diese nicht ohne Vorbehalt abgewiesen werden. Der Referenzprodukthersteller kann durch die gleichlaufende Frist auch den Markteintritt des Biosimilars nicht durch aufeinanderfolgende Prozesse aus verschiedenen Patenten ungebührlich verzögern. Gleichzeitig zwingt die strenge Fristen- und Verfolgungsregelung den Referenzprodukthersteller durch den erhöhten Arbeitsaufwand eventuell sogar dazu, die Verfahren auf eine geringere Anzahl von Patenten zu begrenzen und damit nur Patente gerichtlich geltend zu machen, bei denen er selbst mit hohen Erfolgsaussichten rechnet. Damit besteht die Aussicht, dass initial weniger Verfahren geführt werden, was parteiinterne sowie öffentliche Ressourcen der Gerichte zunächst schonen würde. Maßgeblich ist daneben auch, dass der Referenzprodukthersteller durch die Frist zur zeitnahen Klärung aller Patentverletzungsfragen angehalten wird. Denn ohne eine solche Frist stünde es ihm frei, die Hauptsachverfahren erst kurz vor dem absehbaren Markteintritt des Biosimilars anzustrengen und damit den Zeitvorteil des Patent Dance zur Klärung aller Rechtsfragen vor der Markteinführung effektiv zu beseitigen. Die Frist trägt zudem durch die Beschränkung auf eine angemessene Lizenzgebühr nach Fristversäumnis maßgeblich dazu bei, dass das Biosimilar nach seinem Markteintritt auch gesichert auf dem Markt verbleiben kann. Sobald daher alle Patentverletzungsverfahren geklärt sind, aus denen eine Unterlassung geltend gemacht werden kann, besteht für den Biosimilar-Hersteller und die Patienten die rechtssichere Gewissheit, dass das Medikament weiterhin zur Behandlung erworben werden kann.

411 Die Übernahme der Fristenregelung des Patent Dance wäre nach dem hier vorgeschlagenen System allerdings dahingehend zu modifizieren, dass der Anknüpfungspunkt die Patentliste des Referenzprodukthersteller ist. Anders als im US-amerikanischen Patent Dance ist dies die einzige Patentliste in der vorgeschlagenen Gestaltung, an die die Rechtsfolge geknüpft werden kann, da keine konsolidierte Liste vorgesehen ist. Sofern nach der initialen Erstellung der Patentliste neu erteilte oder lizensierte Patente hinzukommen, müsste die Frist zur Klageerhebung dann allerdings sinnvollerweise erst ab Beginn der Aufnahme des neuen Patents in die Liste beginnen. Dies würde im Gegensatz zu den Vorschriften des Patent Dance auch dazu führen, dass eine Klage aus neu erteilten oder lizensierten Patenten auf die Geltendmachung einer angemessenen Lizenzgebühr beschränkt sein kann.

412 Darüber hinaus sollte die Fristlänge angepasst werden. Die im Patent Dance bestimmten 30 Tage dürften in der Regel nicht genügen, um eine Vielzahl an Klagen ausreichend vorzubereiten. Dies gilt unter dem vorgeschlagenen System insbesondere unter dem Gesichtspunkt, dass Zwischenschritte wie die Erwiderung des Referenzproduktherstellers hier nicht mehr vorgesehen sind, in der effektiv bereits alle Argumente vorbereitet werden, die auch im Rahmen einer Klageerhebung geltend zu machen wären. Insofern sollten dem Referenzprodukthersteller in dem angepassten System mindestens 90 Tage zur Verfügung stehen, um seine Klagen mit hinreichender Gründlichkeit vorbereiten zu können.

Dies entspräche der Anzahl an Tagen, die der Referenzprodukthersteller im Rahmen des Patent Dance insgesamt für die Vorbereitung seiner Stellungnahme und der Klagen zur Verfügung hat, nicht mitgerechnet die Tage, um eine konsolidierte Liste mit dem Biosimilar-Hersteller zu verhandeln.

Uneingeschränkt erhalten bleibt damit allein die Rechtsfolge, dass bei Ver- 413
säumnis der verlängerten Frist oder, soweit eine eingereichte Klage ohne Vorbehalt abgewiesen oder nicht in gutem Glauben weiterverfolgt wird, ein Unterlassungsanspruch gegen das Biosimilar nicht mehr geltend gemacht werden kann. Dieser wird durch einen Anspruch auf Zahlung einer angemessenen Lizenzgebühr ersetzt. Die Rechtsfolge gilt dabei sowohl für Verfahren der Hauptsache als auch für einstweilige Maßnahmen, die auf die Verhinderung des Markteintritts gerichtet sind. Denn ohne eine Aussicht darauf, dass in einem nachfolgenden Hauptsacheverfahren der Marktzutritt untersagt werden kann, kann auch keine einstweilige Untersagung des Marktzutritts erlangt werden.

Soweit damit die Beschränkungen des Referenzproduktherstellers durch die 414
Fristenregelung geklärt sind, sollte diese auch für eine Verpflichtung des Biosimilar-Herstellers genutzt werden, die durch den Wegfall der Verhandlungsphase ansonsten vollständig entfallen würde. In der ursprünglichen Verhandlungsphase des Patent Dance wird dem Biosimilar-Hersteller fristgebunden die Möglichkeit gegeben, sich einem Patent des Referenzproduktherstellers zu unterwerfen, indem er eine Erklärung abgibt, mit der kommerziellen Vermarktung des biologischen Produkts nicht vor dem Datum zu beginnen, an dem das Patent abläuft. Damit soll gewährleistet werden, dass Biosimilar-Hersteller, die trotz der fingierten Verletzungshandlung tatsächlich keine potenziell patentverletzende Handlung anstreben, nicht unnötigen Rechtsstreitigkeiten ausgesetzt werden. Die Gelegenheit zur Stellungnahme sollte dem Biosimilar-Hersteller daher sinnvollerweise offenstehen. Form und Inhalt könnten den Regelungen der Unterlassungserklärung unterworfen werden, um sicherzustellen, dass der Referenzprodukthersteller Rechtssicherheit für die Zukunft erhält und eine Erklärung bekommt, die er bei Zuwiderhandlung des Biosimilar-Herstellers vollstrecken kann, ohne vorher die Verletzungsfrage aufwändig klären zu müssen. Die Erklärung auch an den Ablauf der Klagefrist für den Referenzprodukthersteller zu binden, hat den Vorteil, das Risiko eines sofortigen Anerkenntnisses im Prozess und den damit verbundenen Kostenfolgen für den Referenzprodukthersteller zu vermeiden. Das Unterlassen der Abgabe einer Erklärung wäre als Verhalten zu werten, das zur Erhebung der Klage Veranlassung gegeben hat, sodass ein sofortiges Anerkenntnis mit der Kostenfolge des § 93 ZPO ausscheidet. Die gewährten 90 Tage Frist sollten auch für den Biosimilar-Hersteller ausreichen, um das Unterfallen seines Produktes unter den Schutzbereich eines Patentes prüfen zu können.

c) Bestehende Rechtsverfolgungsmöglichkeiten

Mit dem Patent Dance sollten daneben jedoch keine weiteren Beschränkungen 415
der Rechtsverfolgung einhergehen. Vielmehr muss sichergestellt werden, dass

durch die Einführung der neuen Regelungen bereits bestehende Rechtsverfolgungsmöglichkeiten bei ihrer Einhaltung gerade nicht beschnitten werden. Nur so kann dem Ziel des Patent Dance gedient werden, die Patentrechtslage um Biosimilar herum nachhaltig vor deren Markteinführung zu klären und so die Rechtssicherheit zu schaffen, die den Parteien ein planbares Auftreten im Markt erlaubt.

416 So muss es – abgesehen von den nicht gelisteten oder nicht rechtzeitig nach Fristablauf geltend gemachten Patenten – weiterhin für den Referenzprodukthersteller möglich sein, eine einstweilige Verfügung gegen den Biosimilar-Hersteller bei Markteintritt erwirken zu können, um den Markteintritt des Biosimilars und damit unumkehrbare Marktverlustes seines Produktes effektiv zu unterbinden. Unterstützt werden kann dies durch die Bestimmung des Patent Dance, dass der Biosimilar-Hersteller den Referenzprodukthersteller spätestens 180 Tage vor dem Markteintritt über sein Vorhaben informieren muss, das Produkt auf den Markt zu bringen. Die mögliche Besorgnis, die Verpflichtung zur Mitteilung könnte den Markteintritt des Biosimilars noch weiter verzögern[606], kann – wie von der US-amerikanischen Rechtsprechung vorgesehen – dadurch ausgeräumt werden, dass der Biosimilar-Hersteller frei darüber entscheiden kann, wann er die Mitteilung macht. Damit wäre es ihm auch möglich bereits vor Beginn der 180 Tage vor Markteintritt den Referenzprodukthersteller über den beabsichtigten Markteintritt zu informieren. Diese Mitteilung kann dann Anknüpfungspunkt für die Begründung des Verfügungsgrundes, also der zeitlichen Dringlichkeit einer vorläufigen Untersagungsverfügung sein. Diese bleibt erforderlich, sofern ein Hauptsacheverfahren während der Zulassungsphase und vor Markteintritt absehbar noch nicht beendet werden kann oder aber noch nicht begonnen wurde. Letzteres dürfte der Dringlichkeit allerdings nur dann nicht entgegenstehen, wenn die Frist für die Prüfung der Patentverletzung und zur Erstellung der Patentliste für den Referenzprodukthersteller noch nicht abgelaufen ist.

417 Nicht nur würde der Referenzprodukthersteller über diese Mitteilung frühzeitig von dem drohenden Markteintritt des Biosimilars in Kenntnis gesetzt und es ihm ermöglicht, eine einstweilige Maßnahme inhaltlich gründlich vorzubereiten über die ein Gericht noch rechtzeitig vor Markteintritt entscheiden kann. Auch der Biosimilar-Hersteller wird durch die Bestimmung nicht wesentlich eingeschränkt, da die Mitteilung jederzeit ab Stellung des Zulassungsantrags möglich ist. Im Gegenteil wird ihm dadurch sogar ermöglicht, auf den Zeitpunkt Einfluss zu nehmen, in dem die einstweilige Maßnahme gegen ihn verhandelt und erlassen werden kann.

418 Daneben sollte der Patent Dance ausgenommen der vorstehenden Regelung keinen Einfluss auf Verletzungsverfahren des Referenzproduktherstellers gegen das Biosimilar in der Hauptsache haben, um die Durchsetzung der Schutzrechte

606 *Milbradt*, Durchsetzung von Patentansprüchen gegen Biosimilars, in: Kühnen (Hrsg.), 80 Jahre Patentgerichtsbarkeit in Düsseldorf, Festschrift zum 80-jährigen Bestehen des Patentgerichtsstandortes Düsseldorf am 1. Oktober 2016, S. 393 (413).

des Referenzproduktherstellers nicht noch weiter zu beschneiden und damit übermäßig zu entwerten. So sollten insbesondere Verletzungsverfahren, die nicht vor dem Markteintritt des Biosimilars abgeschlossen oder erst danach angestrengt werden, auch weiterhin uneingeschränkt fortgesetzt bzw. eingeleitet werden dürfen sofern die Patente nicht von der »list it – or lose it«-Regelung oder dem Ausschluss der Klagefrist betroffen sind.

Genauso dürfen die Möglichkeiten der Rechtsverfolgung für den Biosimilar-Hersteller nicht beschnitten werden. Dieser ist durch die vorgezogene fingierte Patentverletzung, die den Patent Dance einleitet, ohnehin bereits beschwert. Auch die umfangreiche Informationsübermittlung im Rahmen des Patent Dance, die im Zusammenspiel mit der fingierten Verletzungshandlung zusätzlich frühere Verletzungsverfahren gegen den Biosimilar-Hersteller erlaubt, liegt stärker im Interesse des Referenzproduktherstellers und belastet den Biosimilar-Hersteller. 419

Insofern sollte der Patent Dance die Optionen des Biosimilar-Herstellers nicht einschränken, zu jedem Zeitpunkt des Verfahrens den Bestand des Patentes anzugreifen. Sowohl Nichtigkeitsverfahren wie auch Einspruch und Beschwerde nach Erteilung eines Patents sollten unverändert möglich bleiben. 420

Darüber hinaus könnte der Patent Dance die Rechtsverfolgungsmöglichkeiten des Biosimilar-Herstellers sogar erweitern. Während für gewöhnlich eine negative Feststellungsklage aufgrund einer fehlenden Anspruchsberühmung aus dem Patent bzw. der mangelnden Gelendmachung von Ansprüchen des Referenzproduktherstellers gegen den Biosimilar-Hersteller scheitert, könnte der Patent Dance in diesem Punkt Abhilfe schaffen. So liegt es nahe, die Aufnahme eines Patentes in die Patentliste des Referenzproduktherstellers als eine solche Anspruchsberühmung aus den gelisteten Patenten gegenüber dem Biosimilar-Hersteller zu werten. Denn mit der Erstellung der Liste bringt der Referenzprodukthersteller nach der Logik des Patent Dance erstmalig zum Ausdruck, dass er die dort aufgeführten Patente durch das Biosimilar verletzt sieht. In der Konsequenz begründet die Patentliste des Referenzproduktherstellers also das besondere Feststellungsinteresse und die Aktivlegitimation des Biosimilar-Herstellers für die gerichtliche Feststellung einer fehlenden Patentverletzung. Prozessual öffnet der Patent Dance damit ab dem Zeitpunkt der Übergabe der Patentliste die negative Feststellungsklage für den Biosimilar-Hersteller und gibt ihm damit nicht nur einen Ausgleich für die Einschränkungen an die Hand, die ihm im Rahmen des Patent Dance auferlegt werden, sondern stellt es ihm selbst anheim, Verletzungsfragen um das Biosimilar herum noch vor der Zulassung gerichtlich zu klären. Er kann damit bei Bedarf auch solche Patente überprüfen lassen, die der Referenzprodukthersteller zwar gelistet, aber nicht innerhalb der Frist zur Klage gebracht hat. 421

7. Kopplung an Zulassungsverfahren

Eine Verbindung zwischen dem Zulassungsverfahren des Biosimilars und dem Patent Dance bzw. der ihm nachfolgenden Gerichtsverfahren über das Biosimilar ist in der US-amerikanischen Regelung nur zu Beginn des Patent Dance vor- 422 gesehen. Der Antrag auf Zulassung des Biosimilars markiert die fingierte Verletzungshandlung und gleichzeitig den Startpunkt für den zwischenparteilichen Austausch. Im Übrigen ist das Zulassungsverfahren von den Verhandlungen und Gerichtsprozessen zwischen den Parteien entkoppelt. Eine Zulassung kann also auch erteilt werden, wenn eine Einigung oder gerichtliche Entscheidung noch aussteht.

423 Damit geht zwar die Gefahr einher, dass ein Biosimilar auf den Markt gelangt, obwohl Patentverletzungsfragen noch nicht abschließend geklärt sind. Diese wird aber dadurch abgemildert, dass es der Referenzprodukthersteller in der Hand hat, eine einstweilige Verfügung zur Untersagung des Markteintritts zu erwirken. Dafür bleibt ihm dank der Verpflichtung des Biosimilar-Herstellers, seinen Markteintritt 180 Tage im Voraus anzukündigen, auch genügend Zeit zur Vorbereitung.

424 Vollständig beseitigt werden könnte die Gefahr eines Markteintritts natürlich, wenn das Biosimilar überhaupt erst eine Zulassung erhält, sobald alle Patentverletzungsfragen zwischen den Parteien ausgeräumt wurden.[607] Ein Markteintritt vor der abschließenden Klärung aller patentrechtlichen Streitigkeiten stünde damit überhaupt nicht mehr zur Verfügung. Auch im Übrigen wird vereinzelnd eine Effizienzsteigerung bei der Abstimmung beider Verfahren erwartet.[608]

425 Dazu könnte das Verfahren bei der Einleitung des Patent Dance entweder ausgesetzt werden und erst wieder aufgenommen und abgeschlossen werden, wenn alle Patente der Liste des Referenzproduktherstellers verhandelt wurden oder die Parteien eine sonstige Einigung erzielt haben. Dies wäre allerdings mit dem Nachteil verbunden, dass nach Abschluss des Patent Dance und der rechtlichen Klärung das Zulassungsverfahren erst wieder aufgenommen werden müsste, sodass der Biosimilar-Hersteller trotz klarer Rechtslage zunächst nicht über eine Zulassung verfügt, obwohl er möglicherweise schon mit dem Biosimilar auf den Markt dürfte. Die Kopplung wäre insofern mit einer Verzögerung des Markteintritts des Biosimilars verbunden, was gerade nicht dem Sinn und Zweck des Patent Dance entspricht. Ein anderer Ansatz bestünde daher darin, das Zulassungsverfahren vollständig durchzuführen und, sofern eine Zulassung erteilt werden soll, die Erteilung auf einen Zeitpunkt zu verschieben, in der alle Patentrechtsstreitigkeiten zwischen den Parteien ausgeräumt sind.

426 Einer solch engen Kopplung des Patent Dance mit dem Zulassungsverfahren stehen allerdings mehrere Faktoren entgegen.

427 Zunächst bietet die Abhängigkeit der Zulassung vom Ausgang des Patent Dance und der nachfolgenden patentrechtlichen Prozesse einen ergänzenden Anreiz für den Referenzprodukthersteller, Verzögerungsstrategien anzuwenden und eine abschließende Klärung aller Rechtsfragen zu vermeiden.

607 So *Milbradt*, Durchsetzung von Patentansprüchen gegen Biosimilars, in: Kühnen (Hrsg.), 80 Jahre Patentgerichtsbarkeit in Düsseldorf, Festschrift zum 80-jährigen Bestehen des Patentgerichtsstandortes Düsseldorf am 1. Oktober 2016, S. 393 (412, 413).

608 So Ebda, S. 393 (413).

Dabei ist insbesondere die Menge der Patente zu beachten, die ein Biologikum umgeben. Wie bereits einleitend dargelegt, verfügen Referenzprodukthersteller in der Regel über ein erhebliches Patentportfolio, das ihr Biologikum umgibt.[609] Nicht alle Patente dieses Portfolios werden unter gewöhnlichen Umständen auch geltend gemacht, insbesondere nicht solche mit nur geringen Erfolgsaussichten. Sofern allerdings die Möglichkeit besteht, bei der Geltendmachung jedes dieser Patente eine potenzielle Verzögerung der Zulassung des Biosimilars zu erwirken, ist davon auszugehen, dass ein Referenzprodukthersteller alle Patente verhandeln wird. Auch der Biosimilar-Hersteller ist bei einer Kopplung der Zulassung an den Abschluss aller Verfahren darauf angewiesen, sämtliche Patente der Liste ggf. über die negative Feststellungsklage zu verhandeln, um eine abschließende Klärung aller potenzieller Rechtsstreitigkeiten herbeizuführen. Dies würde im Ergebnis zu einer Steigerung der gerichtlichen Verfahren und damit auch einer erheblichen Belastung öffentlicher Ressourcen führen. 428

Verzögerungen sind mit der Kopplung aber auch innerhalb der gerichtlichen Verfahren für den Referenzprodukthersteller attraktiver. So kann prozessstrategisch Zeit innerhalb des Verfahrens aber auch durch die Einlegung ersichtlich aussichtloser Rechtsmittel gewonnen werden. 429

Daneben dürfte die Abhängigkeit der Zulassung von der Beendigung des Patent Dance auch jeglichen Einigungswillen des Referenzproduktherstellers im Rahmen außergerichtlicher Verhandlungen beseitigen. Da in diesem Fall mit seiner Zustimmung zu einer Einigung die Erteilung einer Zulassung des Biosimilars einhergeht, hat der Referenzprodukthersteller keine Veranlassung mehr, Vergleichsverhandlungen zügig zu einem Abschluss zu bringen, denn die Zulassung steht seinen Interessen entgegen. Mit dem Einfluss auf die Zulassung erhält der Referenzprodukthersteller darüber hinaus ein erhebliches Druckmittel in den Verhandlungen mit dem Biosimilar-Hersteller, sodass er sich in einer besseren Verhandlungsposition gegenüber dem Biosimilar-Hersteller befindet, um eigene Interessen durchzusetzen. Insbesondere kann der Referenzprodukthersteller aus dieser Position der Stärke heraus eine Verzögerung des Markteintrittes verhandeln. Der Biosimilar-Hersteller wird dagegen in eine Abhängigkeit versetzt. Ohne Mitwirkung des Referenzproduktherstellers kann er außergerichtlich keine Zulassung erhalten. Er wird daher stärker geneigt sein, auch nachteilige Absprachen zu akzeptieren im Austausch für die Sicherheit, in absehbarer Zeit eine Zulassung zu erhalten. Kartellrechtlich bedenkliche »pay-for-delay« Absprachen werden damit auch für den Biosimilar-Hersteller attraktiver. 430

Neben den Auswirkungen auf die Verhandlungen zwischen den Parteien, wird eine Kopplung der Verfahren aber auch dem Sinn und Zweck des Zulassungsverfahrens als eigenständiges Prüfungsverfahren nicht gerecht. Ziel des Zulassungsverfahrens ist es eine Aussage über die medizinische Sicherheit eines Produktes 431

609 S.o. Kapitel 2, D. II. 2. c) aa).

zu treffen.[610] Mit der Zulassung wird zum Ausdruck gebracht, dass der medizinische Nutzen, die Gefahren des Arzneimittels überwiegt.[611] Es handelt sich also um einen eigenständigen Prüfungszweck, der keinen inhaltlichen Bezug zur rechtlichen Bewertung der Patente aufweist, die das zu prüfende Arzneimittel potenziell betreffen. Der Zulassung mit der Klärung der Rechtslage zu verknüpfen, die nicht Gegenstand des Prüfungsverfahrens war, scheint vor diesem Hintergrund nicht angezeigt.

432 Auch praktisch erscheint eine solche Verknüpfung unzweckmäßig. So müsste die Europäische Kommission, die die Zulassung erteilt, dauerhaft alle Verfahren um ein Biosimilar herum überwachen und beurteilen, ob diese hinreichend rechtssicher abgeschlossen wurden. Nur in diesem Fall dürfte sie über die Zulassung entscheiden. Dieses Monitoring würde neben der absehbaren zusätzlichen gerichtlichen Belastung eine erhebliche Aufwendung öffentlicher Ressourcen erfordern, die bei einer Trennung der Verfahren vermeidbar bleibt.

433 Es bleibt daher festzustellen, dass eine engere Kopplung des Zulassungsverfahrens mit dem Patent Dance weder zu wünschenswerten noch praktikablen Ergebnissen führt.

434 Um dem Problem entgegenzuwirken, dass Hauptsacheverhandlungen nach dem Patent Dance erwartbar so lange dauern, dass Urteile erst nach der Zulassung eines Biosimilars zu erwarten sind,[612] könnte stattdessen auch auf die Exklusivitätszeiträume für die zugelassenen Referenzarzneimittel zurückgegriffen werden. Grundlage dieser Überlegung ist es, dass die Zulassung eines Biosimilars erst nach Abschluss der zehnjährigen Marktexklusivitätsphase des Referenzproduktes erfolgen kann. Der Zulassungsantrag, der gleichzeitig die fingierte Verletzungshandlung darstellt, ist jedoch erst nach Ablauf der achtjährigen Datenexklusivitätsphase möglich, sodass nur zwei Jahre verbleiben, die zur Streitbeilegung vor der Zulassung des Biosimilars genutzt werden könnten.[613] Zielführend könnte es daher sein, den Datenexklusivitätszeitrum des Referenzproduktes zu reduzieren und so einen früheren Antrag des Biosimilars unter Bezugnahme auf die Daten des Referenzproduktes zu ermöglichen.[614] Damit würde nicht nur die fingierte

610 *EMA,* How EMA evaluates medicines for human use, online: https://www.ema.europa.eu/en/about-us/what-we-do/authorisation-medicines/how-ema-evaluates-medicines (zuletzt geprüft am 05.08.2023).

611 Ebda.

612 *Malkin*, Biosimilars patent litigation in the EU and the US: a comparative strategic overview, in: Generics and Biosimilars Initiative Journal 2015, 113 (116).

613 S.o. Kapitel 4, A.

614 Tatsächlich sieht ein aktueller Vorschlag der Europäischen Kommission eine Verkürzung der Datenexklusivität auf 6 Jahre vor, die unter bestimmten Voraussetzungen verlängert werden kann, s. Vorschlag für eine Richtlinie – COM(2023)192 vom 26.04.2023, Art. 81, 82 und 86. Verlängerungen werden dabei unter anderem für Produkte vorgesehen, die gleichzeitig in allen Mitgliedsstaaten der Europäischen Union auf den Markt gebracht werden, einen bislang ungedeckten medizinischen Bedarf decken, einen neuen Wirkstoff enthalten oder eine Zulassung für eine

Verletzungshandlung früher eintreten, sondern auch der zeitliche Abstand zwischen Beginn des Patent Dance und Erteilung der Zulassung am Ende der Marktexklusivität vergrößert werden, sodass mehr Zeit für den Abschluss gerichtlicher Verfahren innerhalb dieser Periode zur Verfügung steht. Dies könnte dazu beitragen, dass Gerichtsprozesse schon vor der Erteilung der Zulassung am Ende der Marktexklusivitätsphase abgeschlossen werden können und damit frühzeitig Rechtssicherheit für die beteiligten Parteien besteht.

8. Nach Markteintritt des Biosimilars erteilte Patente

Natürlich ist es auch denkbar, dass Patente, die das Biosimilar betreffen, erst nach Markteinführung des Biosimilars erteilt werden. Es stellt sich daher die Frage, wie mit solchen Patenten umzugehen ist, insbesondere ob sie noch Teil des Patent Dance werden können oder sollen. 435

Entscheidend für die Beantwortung dieser Frage ist es sich noch einmal den Zweck des Patent Dance vor Augen zu führen. Dieser wurde geschaffen, um Rechtssicherheit bezüglich der Frage von Patentverletzungen für den Biosimilar-Hersteller, aber auch für den Referenzprodukthersteller vor der Zulassung und dem Markteintritt des Biosimilars zu gewährleisten. Konsequenterweise kann eine solche Rechtssicherheit nur in Bezug auf solche Patente erreicht werden, die bereits vor Markteintritt existieren. Der Patent Dance bietet gerade keine Plattform für die hypothetische Klärung von Verletzungsfragen noch nicht bestehender, aber eventuell schon zur Erteilung angemeldeter Patente, die das Biosimilar betreffen. Für diesen Zweck sind verfahrensrechtlich andere Rechtsbehelfe denkbar, zum Beispiel die Arrow Declaration, mittels derer insoweit ergänzende Rechtssicherheit erlangt werden kann.[615] 436

Auch bei Patenten, die das Biosimilar betreffen, aber erst nach dessen Markteintritt erteilt werden, kann der Patent Dance nicht mehr sinnvoll eingesetzt werden. Insbesondere werden die Regelungsmechanismen des Patent Dance nach dem Markteintritt des Biosimilars überflüssig. Mit dem Markteintritt besteht zumindest durch Angebot und Vertrieb des Biosimilars ein Anknüpfungspunkt für eine Verletzungshandlung, sodass es der durch den Patent Dance geschaffenen Fiktion einer Verletzung nicht mehr Bedarf. Diese Verletzung kann daher auch ohne Einschränkungen direkt gerichtlich verhandelt werden. Den Patent Dance der gerichtlichen Klärung künstlich vorzuschalten würde lediglich eine abschließende gerichtliche Entscheidung verzögern und daher keinen zusätzlichen Mehrwert bieten. Dies gilt sowohl nach dem hier vorgeschlagenen Modell, in dem 437

zusätzliche therapeutische Indikation erhalten. Ziel des Richtlinienentwurfs ist es, den Zugang zu Nachfolgemedikamenten zu verbessern. Gerade die Möglichkeit einer Verlängerung für neue Wirkstoffe dürfte aber in der Regel auf neuentwickelte Biologika zutreffen und für den hier vertretenen Vorschlag daher nur eine geringfügige Verbesserung zur bisherigen Lage darstellen.

615 S.o. Kapitel 4, B. II. 2.

zwischenparteiliche Verhandlungen ohnehin nur optional vorgesehen sind, als auch nach dem Patent Dance in seiner Originalversion, in der die Verhandlungsphase in der Regel nicht zu einer außergerichtlichen Einigung geführt hat. Auch die Informationsgrundlage des Referenzproduktherstellers für die Vorbereitung solcher Klagen, die ihm durch den Patent Dance vermittelt werden soll, dürfte zu diesem Zeitpunkt bereits ausreichend sein. Denn in der Regel wird dem Markteintritt des Biosimilars angesichts der Anzahl der ein Biosimilar umgebenden Patente bereits ein Patent Dance vorausgegangen sein, in dem der Referenzprodukthersteller umfänglich Zugang zu Informationen über Herstellung und Beschaffenheit des Biosimilars erlangen konnte.

438 Damit bleibt bei der Nichtanwendung des Patent Dance nach dem Markeintritt zwar das Risiko, dass auch nach dem Markteintritt gerichtlich eine Unterlassungsanordnung aus einem Patent erlangt werden kann und so auch nach Abschluss des Patent Dance eine Rechtsunsicherheit des Biosimilar-Herstellers über den Verbleib seines Produktes im Markt bestehen bleibt. Diese Rechtsunsicherheit gehört allerdings zum allgemeinen Lebensrisiko der Vermarktung eines Produktes in einem patentgeschützten Markt. Der Patent Dance kann seinem Sinn und Zweck nach insofern schlicht keinen erweiterten Schutz bieten und ist auf die Klärung der Rechtslage vor dem Markteintritt limitiert.

IV. Schlussfolgerung und Vorschlag

439 Insgesamt können also einzelne Bestandteile des Patent Dance, ggf. in abgewandelter Form, eine sinnvolle Ergänzung der deutschen Verfahrens-Rechtsordnung sowie des UPCA darstellen.

1. Zusammenfassung Vorschlag

440 Das Verfahren könnte nach dem Vorstehenden zusammenfassend wie folgt ausgestaltet werden:

441 Reicht der Biosimilar-Hersteller einen Antrag auf Zulassung seines Produktes ein, wird dadurch eine Verletzungshandlung im Geltungsbereich der Rechtsordnung fingiert. Daran schließt sich verbindlich ein reduzierter Patent Dance für die Parteien an.

442 Dieser beginnt mit der Information, dass ein Antrag auf Zulassung eines Biosimilars gestellt wurde und der Übermittlung aller Anmeldeunterlagen von der Arzneimittelbehörde an den Referenzprodukthersteller. Ergänzend steht dem Referenzprodukthersteller ein Anspruch gegen den Biosimilar-Hersteller auf weitere Informationen zu, sofern er anhand der erhaltenen Informationen aus dem Zulassungsantrag nicht hinreichend prüfen kann, ob eines seiner bzw. der von ihm lizensierten Patente durch das Biosimilar, dessen Herstellung oder dessen Verwendung verletzt wird. Dies gilt insbesondere für Informationen über den Herstellungsprozess, wenn sich dieser nicht aus den Antragsunterlagen ergibt.

Informationen, auf die der Referenzprodukthersteller danach einen Anspruch hat, sind ihm auf seine Nachfrage hin von dem Biosimilar-Hersteller zu übermitteln. Sofern der Biosimilar-Hersteller die Informationsübermittlung verweigert, kann der Referenzprodukthersteller auf Übergabe der angefragten Informationen klagen und einen so erwirkten Titel vollstrecken, subsidiär käme auch eine Feststellung über den Umfang der geschuldeten Informationen in Betracht. Es steht ihm daneben frei, von den bestehenden gesetzlichen Möglichkeiten einer Besichtigung Gebrauch zu machen (s. §140c PatG und Art. 60 UPCA), sofern er hierfür eine hinreichende Wahrscheinlichkeit der Patentverletzung begründen kann.

Alle erhaltenen Informationen sind von dem Referenzprodukthersteller mit strenger Geheimhaltung zu behandeln. 443 Insbesondere dürfen sie nur einer geringen Zahl an Mitarbeitern zur Verfügung gestellt werden, die für die Prüfung von Patentverletzungen erforderlich sind. Dasselbe gilt für die an der Prüfung beteiligten Anwälte. Die Informationen sind zudem ausschließlich für die Prüfung einer Patentverletzung zu verwenden und nach Gebrauch unverzüglich und endgültig zu löschen. Diese Bestimmungen sollten unabhängig von bestehenden Geheimnisschutzregelungen gesetzlich festgehalten werden, die weiterhin daneben zur Anwendung kommen können. Ergänzend gelten in Deutschland so die Bestimmungen des GeschGehG, die eine zivilrechtliche Haftung bei einem Verstoß gegen die Geheimhaltungsbestimmungen vorsehen und die Behandlung aller geheimhaltungspflichtigen Informationen vor Gericht in sich ggf. anschließenden Gerichtsverfahren regeln. Vor dem UPC gelten darüber hinaus die Geheimhaltungsbestimmungen des UPCA und der RoP.

Der Referenzprodukthersteller hat auf Grundlage der erhaltenen Informationen 444 sodann 90 Tage Zeit, um die Verletzung eines oder mehrerer seiner Patente durch das Biosimilar zu prüfen. Die Frist beginnt mit dem Erhalt der Antragsunterlagen durch die Arzneimittelbehörde. Sie wird jedoch gehemmt, wenn der Referenzprodukthersteller weitere Informationen von dem Biosimilar-Hersteller anfordert, die er für seine Prüfung benötigt. Die Fristhemmung endet mit dem Erhalt der angefragten Unterlagen oder mit dem rechtskräftigen Abschluss eines Verfahrens über den Umfang der Auskunftspflicht inklusive der Vollstreckung der Auskunft. Bei Ablauf der Frist hat der Referenzprodukthersteller dem Biosimilar-Hersteller eine Liste aller von ihm gehaltenen oder lizensierten Patente zu übergeben, die er nach Prüfung der erhaltenen Informationen für verletzt hält. Sollten dem Referenzprodukthersteller nach Ablauf der Frist neue Patente erteilt werden oder er solche lizensieren, sind diese nachträglich in die Liste aufzunehmen und dies dem Biosimilar-Hersteller mitzuteilen.

Auf Grundlage dieser ersten Patentliste haben die Parteien anschließend die 445 Gelegenheit, über die Patentverletzung(en) außergerichtlich zu verhandeln, Verletzungs- bzw. Nichtverletzungsargumente auszutauschen und eine außergerichtliche Einigung zu erzielen. Sofern diese Verhandlungen nicht zum Erfolg führen oder nicht wahrgenommen werden, steht den Parteien aufgrund der fingierten Verletzungshandlung aber auch direkt im Anschluss an die Übergabe der Patent liste der Zugang zu den ordentlichen Gerichten offen. Jedoch muss der Referenzprodukthersteller innerhalb von 90 Tagen Klage erheben, um eine Unterlassungsanordnung aus den gelisteten Patenten erwirken zu können. Für nachträglich der Liste hinzugefügte Patente beginnt die Frist erst mit der Aktualisierung der Liste. Dabei darf die Klage nicht durch das Gericht ohne Vorbehalt abgewiesen werden und muss durch den Referenzprodukthersteller in gutem Glauben weiterverfolgt werden. Sofern der Referenzprodukthersteller diese Voraussetzungen nicht erfüllt, ist er für eine Klage aus dem Patent zwar nicht gesperrt, er kann jedoch nur noch die Zahlung einer angemessenen Lizenzgebühr verlangen. Der Biosimilar-Hersteller hat die Möglichkeit, eine Klageerhebung abzuwenden, wenn er innerhalb der 90-Tage Frist eine Unterlassungserklärung mit dem Inhalt abgibt, mit der kommerziellen Vermarktung des biologischen Produkts nicht vor dem Datum zu beginnen, an dem das Patent abläuft. Unterlässt er diese Erklärung kann er den Anspruch der Klage nicht mehr mit der Kostenfolge des § 93 ZPO sofortig anerkennen.

446 Der Referenzprodukthersteller kann unter diesen Voraussetzungen also auch ohne eine Marktzulassung des Biosimilars direkt im Hauptsachverfahren eine Patentverletzung gerichtlich geltend machen. Allerdings gilt dies nur für solche Patente, die er auch auf der Liste aufgeführt hat. Weitere Patente sind aufgrund der »list it – or lose it«-Regelung von der Geltendmachung durch ihn oder den tatsächlichen Patentinhaber ausgeschlossen.

447 Sofern das Hauptsacheverfahren absehbar nicht vor dem Markteintritt des Biosimilars abgeschlossen werden kann oder der Referenzprodukthersteller noch kein Hauptsacheverfahren angestrengt hat, weil die Frist zur Prüfung der Verletzung und Erstellung der Patentliste noch läuft, ist daneben auch weiterhin der Antrag auf eine einstweilige Verfügung möglich, um den Markteintritt des Biosimilars vorläufig zu verhindern. Um den Referenzprodukthersteller darüber zu informieren, dass ein Markteintritt bevorsteht, den er mit der einstweiligen Maßnahme zu verhindern suchen kann, muss der Biosimilar-Hersteller ihn spätestens 180 Tage vor dem geplanten Markteintritt über sein Vorhaben in Kenntnis setzen. Es ist also auch möglich, die Mitteilung bereits zu einem früheren Zeitpunkt zu übersenden. Diese Information muss zudem unabhängig davon erfolgen, ob bereits ein Hauptsacheverfahren gegen den Biosimilar-Hersteller anhängig ist. Dabei ist zu beachten, dass Patente, die nicht auf der Patentliste des Referenzproduktherstellers stehen oder für die die Frist zur Klageerhebung versäumt bzw. deren weitere Voraussetzungen nicht erfüllt wurden, nicht Gegenstand einer einstweiligen Verfügung sein können.

448 Unabhängig von dem adaptierten Patent Dance stehen dem Biosimilar-Hersteller daneben alle Verfahren gegen den Rechtsbestand eines Patents offen. Die Übermittlung der Liste erlaubt ihm dabei eventuell einen gezielteren Angriff auf bestimmte Patente, die er im Rahmen von Nichtigkeits-, Einspruchs- oder Beschwerdeverfahren geltend machen kann.

449 Darüber hinaus eröffnet der Patent Dance den Weg der negativen Feststellungsklage für den Biosimilar-Hersteller. Das besondere Feststellungsinteresse

und die Aktivlegitimation des Biosimilar-Herstellers zur Geltendmachung der Feststellung werden durch die Erstellung der Patentliste durch den Referenzprodukthersteller begründet, die als Anspruchsberühmung für die Patentansprüche zu werten ist. Die negative Feststellungsklage kann daher ebenfalls als Instrument zur Klärung von Patentverletzungsfragen nach Abschluss des verkürzten Patent Dance genutzt werden.

Alle genannten Verfahren und der Patent Dance selbst werden ab der Antrag- 450
stellung des Biosimilars auf Zulassung unabhängig vom Zulassungsverfahrens des Biosimilars geführt, das selbstständig fortgesetzt wird. Eine Zulassung kann demnach jederzeit und unabhängig von der rechtlichen Entscheidung oder einem laufenden Verfahren über die Verletzung eines Patents erfolgen.

Um die genannten Verfahren, gerade die Hauptsacheverfahren dabei noch 451
vor dem Markteintritt des Biosimilars abschließen zu können und damit eine verbindliche Klärung der patentrechtlichen Streitigkeiten für die Parteien herbeizuführen, sollte zudem der Zeitpunkt der fingierten Verletzungshandlung möglichst weit vorgezogen werden, um einen möglichst langen Zeitraum zur gerichtlichen Klärung aller Rechtsfragen zur Verfügung zu haben. Dazu müsste eine Einreichung des Zulassungsantrags früh vor Ablauf der Marktexklusivitätsphase des Referenzproduktes möglich sein. Der Zeitraum der Datenexklusivität des Referenzproduktes sollte insofern bestenfalls um mehrere Jahre reduziert werden.

2. Übersicht

452

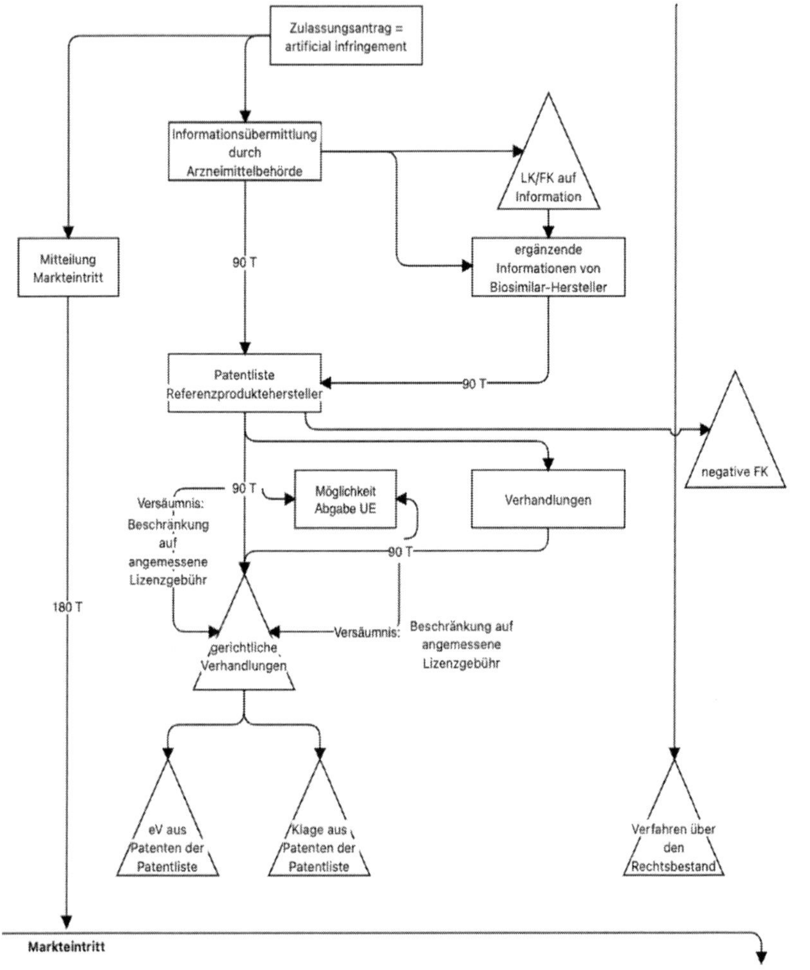

Abbildung 7: Vorschlag für einen modifizierten Patent Dance, dargestellt als Flow-Chart

3. Zwischenfazit

Diese Verfahrensregeln könnten die Vorteile des Patent Dance nutzbar machen, 453
ohne ein völlig überladenes und komplexes Verhandlungsverfahren vorzusehen. Im Wesentlichen würden damit Patentverletzungsprozesse auf einen früheren Zeitpunkt vor dem Markteintritt des Biosimilars verlagert, ohne die Parteien in langwierige und in der Regel ergebnislose Verhandlungen zu involvieren. Insofern könnte das deutsche und europäische Rechtssystem durch die vorgeschlagene Regelung nicht nur von den Vorteilen des Patent Dance profitieren, sondern zugleich auch dessen Nachteile in der Anwendung praktisch vermeiden. Der Patent Dance bietet in dieser abgewandelten Form damit eine Chance, Verletzungsfragen für nationale sowie europäische Bündel- oder Einheitspatente frühzeitig zu klären und damit Rechtssicherheit für die Beteiligten zu schaffen.

Kapitel 6 Fazit

Biologische Medikamente sind nicht nur für die Behandlung von Krankheiten von erheblichem gesellschaftlichen Wert, auch wirtschaftlich sind sie für die produzierenden Unternehmen zu einem entscheidenden Umsatzfaktor geworden. Biopharmazeutika werden daher mit großem Aufwand beforscht, entwickelt und teuer vermarktet. Gleichzeitig sind sie aufgrund ihrer wirtschaftlichen Relevanz ein attraktives Ziel für Nachahmer, die sich von der Herstellung von Biosimilars eigene Gewinne versprechen. Der Eintritt von Biosimilars in den Markt führt jedoch durch den entstehenden Wettbewerb zu einem Preisverfall der Medikamente, der zwar Patienten und Krankenkassen zu Gute kommt, Herstellern des Originals aber die Möglichkeit nimmt, die aufwändige Forschung und Entwicklung ihres Biologikums zu refinanzieren. Sie haben daher ein erhebliches Interesse daran, den Markteintritt eines Biosimilars so lange wie möglich zu verhindern. Daher ist der Patentschutz biologischer Medikamente für die Hersteller von besonderer Bedeutung. Denn Patente sichern den Referenzproduktherstellern ein ausschließliches Benutzungsrecht an den von den Patenten geschützten geistigen Lehren und damit in der Regel an dem Produkt selbst. So können sie den Markteintritt eines Biosimilars und damit auch den Preisverfall des eigenen Produktes verhindern. 454

Wie in Kapitel 2 erläutert, hängt der Lebenszyklus des Referenzprodukts dementsprechend stark von der Existenz eines Patentschutzes ab. Patente werden regelmäßig bereits in der Entwicklungsphase eines Biologikums angemeldet, um den Hersteller bei der Markteinführung und dem Vertrieb des Medikaments durch die exklusiven Nutzungsrechte aus den Patenten vor Nachahmern zu schützen. Die so geschaffene Verwertungsphase, in der die Forschungs- und Entwicklungskosten amortisiert und Gewinne erzielt werden können, endet erst mit dem Ablauf aller Patente, die das Produkt schützen. Nachahmer haben dann die Möglichkeit, Biosimilars mit geringeren Entwicklungs- und Herstellungskosten auf den Markt zu bringen. Durch den Wettbewerb sinken die Produktpreise und die Nachahmer können Marktanteile des Referenzproduktherstellers übernehmen. 455

Referenzprodukthersteller haben angesichts dieses Produktzyklus ein erhebliches Interesse daran, die Verwertungsphase möglichst lange andauern zu lassen. Biologika bieten dafür zahlreiche Anknüpfungspunkte. 456

Die Herstellungsprozesse von Biologika sind aufgrund der Abhängigkeit von biologischem Ausgangsmaterial aufwändig und bedürfen konsequenter Qualitätskontrollen. Auch das Endprodukt, das maßgeblich durch den Herstellungsprozess bestimmt wird, ist in Struktur und Wirkungsweise komplexer als chemisch synthetisierte Arzneimittel. 457

Bereits diese naturgegebenen Faktoren führen dazu, dass Biosimilars nur unter Überwindung hoher Hürden mit dem Originalprodukt konkurrieren können. Ihre 458

Herstellung ist nahezu ebenso aufwändig, forschungs- und kostenintensiv wie die des Referenzprodukts, so dass nur wenige Unternehmen überhaupt in der Lage sind, Biosimilars herzustellen. Die kostenintensive Herstellung und das kleine Wettbewerberfeld führen zudem dazu, dass Biosimilar-Hersteller keine drastischen Preisnachlässe gegenüber den Originalherstellern durchsetzen können, wenn sich die Produktion für sie wirtschaftlich lohnen soll. Damit ist auch der Anreiz für die Anwender der Arzneimittel geringer, auf eine Therapie mit einem Biosimilar umzusteigen. Dieser Anreiz wird auch durch die potenzielle Immunogenität biologischer Arzneimittel geschmälert, die im Einzelfall den Austausch des Originalpräparats durch ein Biosimilar wegen des Risikos einer überschießenden Immunreaktion verhindern kann. Dieses Risiko verunsichert zudem Ärzte und Patienten, die häufig zögern, ihre Therapie auf ein Biosimilar umzustellen.

459 Die komplexe Struktur und die aufwändigen Herstellungsprozesse von Biologika führen aber auch in patentrechtlicher Hinsicht zu hohen Hürden für den Markteintritt von Biosimilars. Patentierbar sind bei biologischen Arzneimitteln nicht nur Wirkstoff, Produktformulierung, Indikation, Dosierung oder Patientengruppen, bei denen das Medikament zur Anwendung kommt. Gerade die komplexen Herstellungsprozesse bieten zahlreiche Anknüpfungspunkte für patentfähige Verfahrensschritte. Dementsprechend hoch ist die Anzahl an Patenten und Patentanmeldungen, die ein Biologikum für gewöhnlich umgeben.

460 Der Markteintritt eines Biosimilars wird angesichts dieses Dickichts an Patenten um das Referenzprodukt in der Regel von Patentverletzungsfragen begleitet. Sowohl Biosimilar-Hersteller, als auch Referenzprodukthersteller sind dabei patentrechtlichen Unsicherheiten ausgesetzt.

461 Allein die bloße Anzahl an Patenten erschwert es Biosimilar-Herstellern in der Praxis erheblich, vor dem Markteintritt zu evaluieren, ob ihre Produkte bestehende Patente verletzen. In der Regel ist es ihnen auch nicht möglich, vor der Zulassung Rechtssicherheit in dieser Frage zu erlangen. Zum einen kommt für sie ein Angriff auf alle Patente, die das Referenzprodukt schützen, aus Kostengründen oder weil nicht alle Angriffe erfolgversprechend sind, selten in Betracht. Zum anderen stellen das besondere negative Feststellungsinteresse und die Darlegung der Aktivlegitimation hohe Hürden für eine negative Feststellungsklage zur eigenständigen gerichtlichen Überprüfung der Nichtverletzung dieser Patente. Die Unternehmen sind daher derzeit gezwungen, mit der Markteinführung des Biosimilars bis zum Ablauf aller potenziell verletzten Patente zu warten oder das Risiko einzugehen, das Produkt im Verletzungsfall vom Markt nehmen zu müssen. Dies erschwert und belastet den Markteintritt von Biosimilars, der eigentlich gesellschaftlich möglichst frühzeitig erwünscht ist, um durch den Wettbewerb im Markt Preissenkungen in der jeweiligen Arzneimittelsparte zu erzeugen.

462 Umgekehrt ist es für Referenzprodukthersteller schwierig, ihre Patente wirkungsvoll gegen Nachahmer durchzusetzen. Denn dazu benötigen sie Zugang zu Informationen, insbesondere über die Herstellung des Biosimilars, die sie derzeit im Rahmen des Besichtigungsanspruchs, wenn überhaupt, erst kurz vor dem Markteintritt des Biosimilars erlangen können. Sofern sie überhaupt Kenntnis

von der geplanten Markteinführung eines Biosimilars erhalten, fehlt es den Referenzproduktherstellern daher häufig an der Möglichkeit, eine einstweilige Verfügung zur Verhinderung des Markteintritts zu begründen, auch wenn sie dafür nach der geltenden Rechtsprechungspraxis den Rechtsbestand ihres Patentes ausnahmsweise nicht darlegen müssen. Zudem können sie Verletzungsfragen nicht bereits vor dem Markteintritt des Biosimilars im Rahmen eines Hauptsacheverfahrens abschließend gerichtlich klären lassen, da es hierfür an einer justiziablen Verletzungshandlung fehlt. Bisher müssen sie bei der Markteinführung eines Biosimilars daher regelmäßig einen Verlust ihrer Marktanteile befürchten, der schadensrechtlich schwer zu beziffern und mithin kaum zu kompensieren ist.

Angesichts dieser prozessualen Hürden ist es nicht verwunderlich, dass in 463
Deutschland, aber auch in Europa insgesamt, nur wenige Biosimilar-Verfahren vor Gericht geführt werden.

Anders ist dies in den USA. Diese haben im Rahmen des BPCIA neben einem 464
erleichterten Zulassungsverfahren für Biosimilars mit dem Patent Dance eine Regelung geschaffen, die zur Bewältigung der patentrechtlichen Markteintrittshürden beitragen soll (Kapitel 3). Nach einem von gegensätzlichen Positionen geprägten Gesetzgebungsverfahren steht den Referenzprodukt- und Biosimilar-Hersteller in den USA nun ein dem Markteintritt von Biosimilars vorgeschaltetes Verfahren zur Verfügung, das eine frühzeitige Beilegung von Patentstreitigkeiten sicherstellen soll, indem die Parteien zu einer außergerichtlichen Streitbeilegung angehalten werden. Damit sollen Verzögerungen und Unsicherheiten beim Markteintritt für den Biosimilar-Hersteller vermieden werden. Gleichzeitig soll durch den frühzeitigen Austausch sichergestellt werden, dass Referenzprodukthersteller ihre Patente gegen unzulässige Nachahmerpräparate durchsetzen können, ohne den Markteintritt von Konkurrenzprodukten und damit eine Schwächung der eigenen Marktposition abwarten zu müssen. Dadurch soll auch erreicht werden, dass der Anreiz zur Entwicklung innovativer Medikamente für die Referenzprodukthersteller bestehen bleibt.

Der Patent Dance zeichnet sich insbesondere durch die Möglichkeit aus, Pa- 465
tentverletzungsfragen noch vor der Marktzulassung eines Biosimilars zu klären. Zu diesem Zweck wird die Einreichung eines Zulassungsantrags für ein Biosimilar nach Ablauf der Datenexklusivität des Referenzprodukts als Verletzungshandlung des Biosimilar-Herstellers fingiert. Daraufhin wird ein Verfahren eingeleitet, das von strengen Fristen und differenzierten Verhandlungsschritten in zwei Phasen geprägt ist.

In der ersten Phase ist vorgesehen, dass Referenzprodukt- und Biosimilar Her- 466
steller zunächst unter strengen Geheimhaltungsvorschriften Informationen über das Biosimilar und dessen Herstellung austauschen. Der Biosimilar-Hersteller hat allerdings bereits an dieser Stelle die Möglichkeit, eine Informationsübergabe zu verweigern und aus dem Verfahren auszuscheiden, was dazu führt, dass er sich den Verletzungsvorwürfen direkt in gerichtlichen Verhandlungen stellen muss. Sofern er sich jedoch zur Mitwirkung im Patent Dance entscheidet, werden auf

Grundlage der ausgetauschten Informationen anschließend die in Streit stehenden Patente und Verletzungsvorwürfe identifiziert.

467 Dazu ist es zunächst Aufgabe des Referenzproduktherstellers innerhalb von 60 Tagen alle Patente zu identifizieren, die vernünftigerweise gegen das Produkt oder Verfahren zur Herstellung des Biosimilars geltend gemacht werden könnten und diese in Form einer Liste an den Biosimilar-Hersteller zu übermitteln. Patente, die nicht in dieser Liste enthalten sind, kann der Referenzprodukthersteller anschließend nicht mehr gegen den Biosimilar-Hersteller durchsetzen. Nach Übermittlung dieser ersten Liste hat der Biosimilar-Hersteller wiederum 60 Tage Zeit, um zu den Verletzungsvorwürfen der gelisteten Patente Stellung zu nehmen, seine Lizenzbereitschaft zu signalisieren oder weitere Patente aufzulisten, die er für verletzt hält. Im Folgenden hat der Referenzprodukthersteller 60 Tage Zeit, um seine Verletzungsvorwürfe zu begründen.

468 Schließlich wird den Parteien eine Frist von 15 Tagen eingeräumt, innerhalb derer sie eine Liste aller Patente aushandeln können, die Gegenstand eines Rechtsstreits sein sollen. Sobald diese konsolidierte Liste fertiggestellt ist, hat der Referenzprodukthersteller innerhalb von 30 Tagen Klage zu erheben. Ansonsten ist es ihm verwehrt, seinen Unterlassungsanspruch aus dem Patent geltend zu machen und er ist auf das Verlangen der Zahlung einer angemessenen Lizenzgebühr beschränkt. Können sich die Parteien dagegen innerhalb der Frist nicht auf eine konsolidierte Liste einigen, kann der Biosimilar-Hersteller die Anzahl der Patente bestimmen, die in der ersten Phase gerichtlich verhandelt werden sollen. Innerhalb von fünf Tagen nach Erhalt dieser Mitteilung sind die Parteien dann dazu verpflichtet, gleichzeitig Listen mit Patenten auszutauschen, die ihrer Ansicht nach in die erste Phase des Rechtsstreits einbezogen werden sollten. Die Anzahl der vom Referenzprodukthersteller aufgelisteten Patente darf jedoch die vom Biosimilar-Hersteller ausgewählte Anzahl an Patenten nicht übersteigen. Wenn der Biosimilar-Hersteller hingegen angibt, dass keine Patente verhandelt werden sollen, kann der Referenzprodukthersteller zumindest noch ein Patent angeben. Auch in diesem Fall muss der Referenzprodukthersteller innerhalb von 30 Tagen Klage aus allen Patenten auf der so konsolidierten Liste erheben, um nicht eine Begrenzung seiner potenziellen Regressansprüche zu riskieren.

469 Die erste Phase des Patent Dance eröffnet den Parteien also frühzeitig den Weg vor die ordentlichen Gerichte und gibt ihnen die Möglichkeit, die Anzahl der zu verhandelnden Patente zumindest für diese Phase zu reduzieren. Die Parteien haben entsprechend bis zum Ende der Marktexklusivität Zeit, die drängendsten Verletzungsfragen vorgreiflich zum Markteintritt gerichtlich zu klären.

470 Patente, die nicht in der ersten Phase verhandelt wurden, können sodann in der zweiten Phase geltend gemacht werden. Für diese Phase sieht der Patent Dance eine Mitteilung des Biosimilar-Herstellers an den Referenzprodukthersteller spätestens 180 Tage vor der geplanten Markteinführung des Biosimilars vor, in der er den Referenzprodukthersteller über den Termin des Markteintritts in Kenntnis setzen muss. Sobald die Mitteilung eingegangen ist, steht es jeder Partei offen, Klage bezüglich der Verletzung, Rechtsbeständigkeit oder Durchsetzbarkeit

eines ursprünglich in der ersten Patentliste benannten Patents zu erheben oder eine einstweilige Verfügung gegen den Markteintritt zu erwirken. Damit wird auch nach Abschluss des Patent Dance eine gerichtliche Verhandlung über eine mögliche Verletzung aller in Frage kommenden Patente gewährleistet.

Vergleichbare Verfahren sind nach den Ergebnissen des Kapitels 4 weder im deutschen Prozessrecht noch im Rechtssystem des UPC vorgesehen. Weder existiert eine fingierte Verletzungshandlung durch den Zulassungsantrag, noch sind Verletzungsklagen oder einstweilige Maßnahmen zeitlich vor einem in Kürze absehbaren Inverkehrbringen des Biosimilars möglich. Insbesondere gerichtlich kann die Frage einer Patentverletzung vom Referenzprodukthersteller daher nicht vor der Zulassung geklärt werden. Auch die Gewinnung von Informationen über das Produkt und dessen Herstellung sind in der Regel nicht frühzeitig möglich. Zudem bestehen keine Regelungen für einen Informationsaustausch oder private Verhandlungen über Patentverletzungen, die durch einen Zulassungsantrag des Biosimilar-Herstellers ausgelöst werden. 471

Auch die maßgeblich von der Rechtsprechung entwickelte Arrow Declaration, die Biosimilar-Herstellern Schutz vor noch zur Erteilung ausstehenden Patentanmeldungen geben soll, und das FRAND-Verhandlungssystem, das eine zwischenparteiliche Lizensierung standardessentieller Patente fördern soll, bieten Arzneimittelherstellern aufgrund ihrer unterschiedlichen Regelungsgegenstände und Anwendungspraxis keine Lösungen, die dem Patent Dance entsprechen. Sie zeigen allerdings, dass auch in Deutschland und Europa strenge Verhandlungssysteme mit vorgegebenen Schritten nach zeitlichen Vorgaben in Patentverletzungsfällen nicht gänzlich unbekannt sind und ein Problembewusstsein bei patentrechtlichen Markteintrittshindernissen für Biosimilars besteht, insbesondere im Hinblick auf die Rechtsunsicherheiten der Biosimilar-Hersteller bei ihrer Produkteinführung und die patentrechtlichen Verzögerungsstrategien der Referenzprodukthersteller. 472

Trotz dieses Problembewusstseins und einer Regelungslücke im deutschen und europäischen Verfahrensrecht ist eine Übernahme des Patent Dance nur modifiziert wünschenswert (Kapitel 5). 473

Zwar kommt eine Übernahme der Regelungen aus dem Common-Law-System der USA aufgrund der international harmonisierten Schutzstandards der Immaterialgüterrechte grundsätzlich auch für das vom Civil Law geprägte Deutschland und den UPC in Betracht. Auch die Ähnlichkeit der Zulassungssysteme erlaubt eine Adaption des Patent Dance, wenngleich der Zeitraum zwischen Daten- und Marktexklusivität für die Verhandlung der Verletzungsfragen in Europa deutlich geringer ausfällt, sodass weniger Zeit für die endgültige Klärung von Patentverletzungsfragen verbliebe. 474

Die Bestimmungen des Patent Dance sind allerdings deutlich zu komplex, um in der Praxis eine Erleichterung für die Parteien darzustellen. Nicht nur birgt der vorgesehene Informationsaustausch für die Biosimilar-Hersteller ein erhebliches Risiko, dass sensibles Know-how und Geschäftsgeheimnisse an den Referenzprodukthersteller und damit seinen Konkurrenten gelangen. Auch der Druck, der 475 von der Anzahl der Patente ausgeht, die im Rahmen des Patent Dance geltend gemacht werden können, und das innerparteiliche Setting der Verhandlungen ohne Kontrollinstanz begründen die Gefahr unausgewogener außergerichtlicher Vergleiche. Dies gilt insbesondere für Vergleiche, die mit einer späteren Markteinführung des Biosimilars verbunden sind. Das von der Zulassung entkoppelte Verfahren, das in mehrteiligen Schritten den innerparteilichen Austausch zu möglichen verletzten Patenten und (Nicht-)Verletzungsargumenten vorsieht, bevor es ihnen den Weg zu Gericht ermöglicht, ist zudem zeit- und arbeitsintensiv. Erfahrungen in den USA konnten bisher nicht zeigen, dass diese Zeit und Arbeit zu einer effektiven und zügigen Klärung von Patentverletzungsfragen zwischen den Parteien beigetragen hat. Vielmehr werden die Rechtsstreitigkeiten auch weiterhin gerichtlich ausgetragen.

476 Allerdings nutzen die Hersteller den Patent Dance und machen verstärkt vom US-amerikanischem Rechtssystem Gebrauch, um globale Patentverletzungsfragen bereits testweise in einem Markt zu klären. Dies könnte durch die Vorteile des Patent Dance bedingt sein. Immerhin schafft der Patent Dance durch den Informationsaustausch zwischen den Parteien eine Tatsachengrundlage für die Beurteilung von Verletzungsvorwürfen, die dem Referenzprodukthersteller sonst nicht zur Verfügung stünde. Zudem ermöglicht die Festlegung der zu verhandelnden Patente in der ersten Patentliste des Referenzproduktherstellers dem Biosimilar-Hersteller eine frühzeitige Einschätzung des bestehenden Patentdickichts im Umfeld des Referenzprodukts. Darüber hinaus bietet der Patent Dance einen festen Rahmen, für erste Abstimmungen zwischen den Parteien zur außergerichtliche Streitbeilegung, erlaubt ihnen aber dennoch den zeitnahen Zugang zu den Gerichten, wenn eine solche Einigung scheitert. Der vorgelagerte Gerichtszugang kann den Parteien schließlich auch Rechtssicherheit vor dem Markteintritt des Biosimilars verschaffen.

477 Eine modifizierte Übernahme des Patent Dance in das deutsche und europäische Prozessrechtssystem, die sich auf diese wirksamen Elemente des Patent Dance beschränkt, könnte die Schwächen des Patent Dance beseitigen und Patentverletzungsverfahren im Zusammenhang mit Biosimilars auch in Deutschland und Europa erleichtern.

478 Vorteilhaft erscheint die Übernahme der fingierten Verletzungshandlung, die an den Zulassungsantrag des Biosimilars anknüpft und Grundvoraussetzung des angestrebten frühen Verletzungsprozesses ist. Im Folgenden sollte der Referenzproduktherstellers Zugriff auf alle Informationen erhalten, die er zur Prüfung der Patentverletzung benötigt. Dazu können ihm der Zulassungsantrag durch die Arzneimittelbehörde sowie auf Nachfrage weitere Informationen, insbesondere zum Herstellungsprozess, durch den Biosimilar-Hersteller weitergeleitet werden, um Streitigkeiten über Art und Umfang der zur Verfügung zu stellenden Informationen weitestgehend zu vermeiden. Angesichts der Sensibilität solcher Informationen, sollte der Austausch auch strengen Geheimhaltungsvorschriften unterliegen. Auf Grundlage der vollständig erhaltenen Informationen könnte der Referenzprodukthersteller dann innerhalb von 90 Tagen eine Patentliste aller Patente

erstellen, die er als verletzt ansieht, und diese an den Biosimilar-Hersteller übermitteln. Diese Patente könnten die Parteien sodann außergerichtlich oder gerichtlich verhandeln.

Bei dieser Vorgehensweise stünden den Parteien alle Verfahren offen, die 479
ihnen nach dem geltenden Verfahrensrecht bisher zur Verfügung stehen. Allerdings mit dem Unterschied, dass die Verfahren insgesamt früher möglich wären bzw. aufgrund einer Frist für den Referenzprodukthersteller zur Durchführung des Verfahrens auch früher wahrgenommen werden müssten und somit voraussichtlich vor dem Markteintritt des Biosimilars abgeschlossen wären.

Um den Abschluss der Verfahren vor Markteintritt zu unterstützen, sollte es 480
zudem möglich sein, die arzneimittelrechtliche Zulassung des Biosimilars früher als bisher zu beantragen. Dazu müsste die Phase der Datenexklusivität des Referenzproduktes verkürzt werden. Dies hätte den Vorteil, dass bereits frühzeitig eine Verletzungshandlung fingiert werden könnte und damit zwischen der Antragstellung und der Marktzulassung mehr Zeit für die Durchführung der patentrechtlichen Prozesse bliebe.

Die vorgeschlagenen Regelungen könnten in Deutschland und Europa mit re- 481
duziertem Aufwand erreichen, was durch den Patent Dance in den USA ursprünglich angestrebt war: die rechtssichere Klärung aller Patentverletzungsfragen vor dem Markteintritt eines Biosimilars, um unter Berücksichtigung des geistigen Eigentums der Referenzprodukthersteller einen möglichst frühzeitigen und rechtssicheren Marktzugang von Biosimilars zugunsten der Allgemeinheit zu ermöglichen.

Abkürzungen

a.A.	andere Ansicht
aBLA	abbreviated Biological License Application
Abs.	Absatz
AEUV	Vertrag über die Arbeitsweise der Europäischen Union
Art.	Artikel
BeckOK	Beck Online-Kommentar
BeckRS	Beck-Rechtsprechung
BGH	Bundesgerichtshof
BLA	Biological License Application
BPatG	Bundespatentgericht
BPCIA	Biologics Price Competition and Innovation Act
BPPT	Biological Product Patent Transparency Act
bzw.	Beziehungsweise
DNA	Desoxyribonukleinsäure
Ebda	Ebenda
EFPIA	European Federation of Pharmaceutical Industries and Associations
EMA	European Medicines Agency
EPA	Europäisches Patentamt
EPO	Erythropoietin
EPÜ	Europäisches Patentübereinkommen
Et al.	et alia
Etc.	et cetera
EU	Europäische Union
EuGH	Europäischer Gerichtshof
EUR	Eurp
EWHC	High Court of England and Wales
EWR	Europäischer Wirtschaftsraum
FDA	Food and Drug Administration
Fn.	Fußnote
FRAND	Fair, Reasonable and Non Discriminatory
FTC	Federal Trade Commission
G-BA	Gemeinsamer Bundesausschuss
gem.	gemäß
GeschGehG	Geschäftsgeheimnisgesetz
GesR	GesundheitsRecht
GRUR	Deutsche Vereinigung für Gewerblichen Rechtsschutz und Urheberrecht e.V.
GSAV	Gesetz für mehr Sicherheit in der Arzneimittelversorgung

H.R.	House of Representatives
Hrsg.	Herausgeber
i.V.m.	in Verbindung mit
IBES	Institut für Betriebswirtschaft und Volkswirtschaft Duisburg-Essen
IFA	Informationsstelle für Arzneispezialitäten
IIC	International Review of Intellectual Property and Competition Law
InstGE	Entscheidungen Instanzgerichte
Int.	International
IPR	Inter Partes Review
JPTOS	Journal of the Patent and Trademark Office Society
LG	Landgericht
m.w.N.	mit weiteren Nachweisen
Mio.	Millionen
Mrd.	Milliarden
NJOZ	Neue Juristische Online-Zeitschrift
Nr.	Nummer
NZKart	Neue Zeitschrift für Kartellrecht
OLG	Oberlandesgericht
PatG	Patentgesetz
PHSA	Public Health Service Act
PPACA	Patient Protection and Affordable Care Acts
PTAB	Patent Trial and Appeal Board
R	Regel/Rule
R&D	Resaerch and Developement
Rn.	Randnummer
RoP	Rules of Procedure of the Unified Patent Court
S.	Satz/Seite
SEP	Standardessentielle Patente
SGB	Sozialgesetzbuch
sog.	sogenannt
SPC	Supplementary Protection Certificate
TRIPS	Trade Related Aspects of Intellectual Property Rights
u.A.	unter Anderem
U.S.	United States
U.S.C.	United States Code
UPC	Unified Patent Court
UPCA	Agreement on a Unified Patent Court

US$	US-Dollar
USA	United States of America
Var.	Variante
Vfa	Verband Forschender Arzneimittelhersteller
Vgl.	Vergleiche
WTO	World Trade Organization
z.B.	zum Beispiel
ZPO	Zivilprozessordnung

Literatur

Adair, Dominic — Arrow declarations: here to stay or a flash in the pan?, in: Pharmaceutical Patent Analysist 2018, 133

Altin, Sibel/Bauer, Cosima/May, Uwe/Walendzik, Anke/Wasem, Jürgen/Ziebe, Anissa — Regulierung und adäquate Preisbildung im Markt der Biosimilars, IBES Diskussionsbeitrag Nr. 220, März 2017

Ann, Christoph (Hrsg.) — Patentrecht (8. Auflage, München 2022)

Arzneimittelkommission der deutschen Ärzteschaft — Biosimilars, Leitfaden der Arzneimittelkommission der deutschen Ärzteschaft (2. Auflage, Berlin 2021)

Association for Accessible Medicines — The U.S. Generic & Biosimilar Medicines Savings Report, September 2021

Bauer, Cosima/May, Uwe/Giulini-Limbach, Chiara — Biosimilarmarkt 2022: Gibt es eine Alternative zu exklusiven Rabattverträgen?, in: Monitor Versorgungsforschung 2021, 63

Beckedorf, Ingo/Ehlers, Jochen (Hrsg.) — Benkard Europäisches Patentübereinkommen: EPÜ (4. Auflage, München 2023)

Billstein Leber, Molly — Optimizing Use and Addressing Challenges to Uptake of Biosimilars, in: The American Journal Of Managed Care 2018, 457

Blackstone, Erwin/Fuhr, Joseph — Biosimilars and Biologics, The Prospects for Competition, in: Declerck/Endrenyi/Chow (Hrsg.), Biosimilar Drug Product Development, S. 413

Blackstone, Erwin/Fuhr, Joseph — Innovation, Patents and Biologics: The Road to Biosimilar Competition: Factors Influencing Investment, Business Decisions and Marketing of Biosimilars, in: Gutka/Yang/Kakar (Hrsg.), Biosimilars, S. 23

Boston Consulting Group/Vfa.bio — Medizinische Biotechnologie in Deutschland 2023, online: https://www.vfa.de/de/arzneimittel-forschung/medizinische-biotechnologie/biopharmazeutika-in-zahlen (zuletzt geprüft am 05.06.2023)

Boven, Kaila/Stryker, Scott/Knight, John/Thomas, Adrian/van Regenmortel, Marc/Kemeny, David/Power, David/Rossert, Jerome/Casadevall, Nicole — The increased incidence of pure red cell aplasia with an Eprex formulation in uncoated rubber stopper syringes, in: Kidney Int. 2005, 2346

Brandley, Alyssa — Biosimilars: A Lesson from Europe, in: Rutgers University Law Review 2021, 793

Breitenbach, Jörg/ Fischer, Dagmar — Wandel und Herausforderung – die pharmazeutische Industrie, in: Fischer/Breitenbach (Hrsg.), Die Pharmaindustrie (5. Auflage, Berlin 2020), S. 1

Brougher, Joanna — The Biosimilars Act: Promoting or Discouraging the Development of Generic Biologics?, in: Biotechnology Healthcare 2010, 22

Bundesministerium für Gesundheit — Wie Arzneimittelpreise entstehen und wie man sie senken kann, online: https://www.bundesgesundheitsministerium.de/arzneimittelpreise.html (zuletzt geprüft am 05.06.2023)

Carver, Krista/ Elikan, Jeffrey/ Lietzan, Erika — An Unofficial Legislative History of the Biologics Price Competition and Innovation Act of 2009, in: Food and Drug Law Journal 2010, 671

Chen, Brian/ Yang, Tony/ Bennett, Charles — Why Biologics and Biosimilars Remain So Expensive: Despite Two Wins for Biosimilars, the Supreme Court's Recent Rulings do not Solve Fundamental Barriers to Competition, in: Drugs. 2018, 1777

Chen, Philip/ McGlynn, Kayleigh/ Kraning, Casey — Biosimilars 2022 Year in Review (17.01.2023), online: https://www.fr.com/insights/thought-leadership/blogs/2022-biosimilars-year-in-review/#top (zuletzt geprüft am 05.08.2023)

Coggio, Brian/ Vogel, Ron/ Francis, Tasha — Litigation-Related Issues Under the Biologics Price Competition and Innovation Act, in: Gutka/Yang/Kakar (Hrsg.), Biosimilars, S. 75

Courage, Noel/ Tyler, Lynn — Patent Exclusivities Affecting Biosimilars in the United States, Canada and Europe, in: Declerck/Endrenyi/Chow (Hrsg.), Biosimilar Drug Product Development, S. 375

Crager, Sara — Improving Global Access to New Vaccines: Intellectual Property, Technology Transfer, and Regulatory Pathways, in: American Journal of Public Health 2014, 85

Dalpoas, Stacy/ Socal, Mariana/ Proctor, Celia/ Shermock, Kenneth — Barriers to biosimilar utilization in the United States, in: American Journal of Health-System Pharmacy 2020, 2006

Damerell, Peter/ Hillson, William — Arrow declarations: exploiting court flexibility to clear a path to market (30.01.2019), online: https://www.iam-media.com/article/arrow-declarations-exploiting-court-flexibility-clear-path-market (zuletzt geprüft am 05.06.2023)

Deichfuß, Hermann — Nochmals: Die Prüfung des Rechtsbestands des Patents im einstweiligen Rechtsschutz, in: GRUR 2022, 800

Diamond, Evan/ Markus, Christina/ Temkin, Eva/ Yen, Vanessa »Purple Book« Patent Listing Under Biological Product Patent Transparency Act: What is Required, and What to Expect? (08.04.2021), online: https://www.jdsupra.com/legalnews/purple-book-patent-listing-under-3487914/ (zuletzt geprüft am 05.06.2023)

Dierks, Christian Ähnlich aber nicht gleich – Rechtliche Aspekte biotechnologischer Nachfolgepräparate, in: NJOZ 2013, 1

DiMasi, Joseph/ Grabowski, Henry/ Hansen, Ronald Innovation in the pharmaceutical industry: New estimates of R&D costs, in: Journal of Health Economics 2016, 20

Dong, Yun Keep on dancing: the success and failures of patent dance as shown by BPCIA litigation cases filed after Sandoz v. Amgen, in: University of Pittsburgh Law Review Online 2022, 1

Dornis, Tim Standardessenzielles Patent, FRAND-Bindung und Rechtsübergang, in: GRUR 2020, 690

Dougherty, Michael The New Follow-On-Biologics Law: A Section by Section Analysis of the Patent Litigation Provisions in the Biologics Price Competition and Innovation Act of 2009, in: Food and Drug Law Journal 2010, 231

EFPIA EFPIA Proposal for Increased Transparency of Key Medicines Patents to Facilitate Early Resolution of Patent Disputes, online: https://www.efpia.eu/media/219818/efpia-official-proposal-for-an-erm.pdf (zuletzt geprüft am 05.06.2023)

Ehlers, Alexander/ Heinemann, Antje-Katrin Biosimilars – ein Markt der Zukunft?, in: Ahrens/von Bar/Fischer/Spickhoff/Taupitz, Medizin und Haftung, Festschrift für Erwin Deutsch zum 80. Geburtstag (Berlin Heidelberg 2009), S. 137

EMA European Medicines Agency procedural advice for users of the centralised procedure for similar biological medicinal products applications, EMA/940451/2011, Stand 19.08.2019

EMA Guideline on Immunogenicity assessment of therapeutic proteins, EMEA/CHMP/BMWP/14327/2006, Stand 14.04.2023

EMA How EMA evaluates medicines for human use, online: https://www.ema.europa.eu/en/about-us/what-we-do/authorisation-medicines/how-ema-evaluates-medicines (zuletzt geprüft am 05.08.2023)

EMA Epoetin Alfa Hexal, online: https://www.ema.europa.eu/en/medicines/human/EPAR/epoetin-alfa-hexal (zuletzt geprüft am 05.06.2023)

EMA	Herceptin, online: https://www.ema.europa.eu/en/medicines/human/EPAR/herceptin (zuletzt geprüft am 05.08.2023)
EMA	MabThera, online: https://www.ema.europa.eu/en/medicines/human/EPAR/mabthera (zuletzt geprüft am 05.08.2023)
EMA & Europäische Kommission	Biosimilars in the EU – Information guide for healthcare professionals, Stand 02.10.2019
England, Paul	Arrow declarations: a creative new remedy, but what are its limits?, in: Pharmaceutical Patent Analysist 2019, 217
EPA	Patents and standards (20.8.2021), online: https://www.epo.org/news-events/in-focus/ict/patents-standards.html (zuletzt geprüft am 05.08.2023)
Epstein, Richard	The Constitutional Protection of Trade Secrets and Patents under the Biologics Price Competition and Innovation Act of 2009, in: Food Drug Law Journal 2011, 285
Europäische Kommission	Standard Essential Patents, online: https://single-market-economy.ec.europa.eu/industry/strategy/intellectual-property/patent-protection-eu/standard-essential-patents_en (zuletzt geprüft am 05.08.2023)
Falit, Benjamin/ Singh, Surya/ Brennan, Troyen	Biosimilar Competition In The United States: Statutory Incentives, Payers, And Pharmacy Benefit Managers, in: Health Affairs 2015, 294
Feldman, Robin	May your drug price be evergreen, in: Journal of Law and the Biosciences 2018, 590
Feldman, Robin/ Misra, Prianka	The Fatal Attraction of Pay-for-Delay, in: Chicago-Kent Journal of Intellectual Property 2019, 249
Finston, Susan/ Davey, Neil/ Chakrabarty, Ananda/ Davé, Raj	The Biopharmaceutical Social Contract and U.S. Patent Social Contract: Historical Antecedents and Recent Developments, in: Singh/Keswani/Singh (Hrsg.), Intellectual Property Issues in Microbiology, S. 287
Fitzner, Uwe/ Kubis, Sebastian/ Bodewig, Theo (Hrsg.)	BeckOK Patentrecht (29. Edition, Stand 15.07.2023)
Fontanillo, Miriam/ Körs, Boris/ Monnard, Alex	Three imperatives for R&D in biosimilars (19.08.2022), online: https://www.mckinsey.com/industries/life-sciences/our-insights/three-imperatives-for-r-and-d-in-biosimilars (zuletzt geprüft am 05.06.2023)
Forsyth, James/ McClearn, Cameron	Five barriers that could keep biosimilar manufacturers from cracking the US market (29.06.2018), online: https://blogs.deloitte.co.uk/health/2018/06/five-barriers-that-could-keep-biosimilar-manufacturers-from-cracking-the-us-market.html (zuletzt geprüft am 05.06.2023)

Foss-Solbrekk, Katarina The Divisional Game: Using Procedural Rights to Impede Generic/Biosimilar Market Entry, in: IIC 2022, 1007

Franzen, Nora/ van Harten, Wim Ansätze zur Begegnung der Hochpreisigkeit, in: Schröder/ Thürmann/Telschow/Schröder/Busse (Hrsg.), Arzneimittel-Kompass 2021, S. 139

Freilich, Janet Patent Infringement In The Context Of Follow-On Biologics, in: Stanford Technology Law Review 2012, 9

Garcia, Carlos/ Stroud, Jonathan Ships in the Night: Resolving Administrative Conflict between FDA- and Patent-related Legislation, in: American University Law Review 2019, 1111

Gassner, Ulrich/ Ruf, Simone Das Gesetz für mehr Sicherheit in der Arzneimittelversorgung (GSAV), in: GesR 2019, 489

Gilbert, Penny/ Hillson, William Exceptions that prove the rule – flexibility of remedies for patent disputes in the UK courts, in: Mitteilungen der deutschen Patentanwälte 2020, 1

Grabowski, Henry/ Guha, Rahul/ Salgado, Maria Regulatory And Cost Barriers Are Likely To Limit Biosimilar Development And Expected Savings In The Near Future, in: Health Affairs 2014, 1048

Graetsch, Daniel Ergänzende Schutzzertifikate für Arzneimittel (Baden-Baden 2020)

Gundt, Miriam/ Neuhaus, Stephan Der Verfügungsgrund bei der einstweiligen Verfügung im Patentrecht, in: GRUR-Prax 2018, 321

Haedicke, Maximilan Patentrecht (6. Auflage, Köln 2022)

Haedicke, Maximilan/ Timmann, Henrik Handbuch des Patentrechts (2. Auflage, München 2020)

Hasson, Kirke/ Salgado, Maria Biosimilars Enter the Courts: How Will Patent Infringement Settlements Be Tested for Validity Under Antitrust Laws?, online: https://www.pillsburylaw.com/images/content/1/0/109239.pdf (zuletzt geprüft am 05.06.2023)

Hatherill, Trenton The Misstep within the Patent Dance That Sandoz Inc. v. Amgen Inc. Revealed and How It Can Be Corrected, AIPLA Quarterly Journal 2019, 149

Heled, Yaniv Biologics, Biosimilars, and Other Idiosyncrasies, in: Mercurio/Kim (Hrsg.), Contemporary Issues in Pharmaceutical Patent Law: Setting the Framework and Exploring Policy Options, S. 47

Heled, Yaniv Follow-On biologics are set up to fail, in: University Of Illinois Law Review 2018, 113

Heled, Yaniv The Biologics Price Competition and Innovation Act at 10 – A Stocktaking, in: Texas A&M Journal of Property Law 2021, 81

Heled, Yaniv	Why Primary Patents Covering Biologics Should Be Unenforceable Against Generic Applicants Under the Biologics Price Competition and Innovation Act, in: Annals of Health Law – ASLME Special Edition 2012, 211
Henriksen, Teddy	Australia's de facto biosimilar patent dance: a comparison with the United States' BPCIA, in: European Intellectual Property Review 2020, 406
Hirsch, Dov	The Riddle of the Mysterious Patent Dance Wrapped in an Enigma: Is the Patent Dance of the BPCIA Optional or Mandatory?, in: Fordham Intellectual Property, Media & Entertainment Law Journal 2017, 645
Holman, Christopher	Maintaining Incentives for Healthcare Innovation: A Response to the FTC's Report on Follow-On Biologics, in: Minnesota Journal of Law, Science & Technology 2010, 755
Hoppe, Daniel	Prozessuale Geheimhaltungsmaßnahmen im Patentverletzungsstreit – Zugleich Besprechung von OLG Düsseldorf, 03.11.2022 – 2 U 102/22, in: Wettbewerb in Recht und Praxis 2023, 546
IFA	Information IFA-Datenbank und IFA-Informationsdienste, online: https://www.ifaffm.de/mandanten/1/documents/01_ifa_gmbh/ifa-datenbank/IFA-Info_Datenbank_Informationsdienste.pdf (zuletzt geprüft am 05.06.2023)
IFA	Informationsdienstleister für den Pharmamarkt!, online: https://www.ifaffm.de/de/home.html (zuletzt geprüft am 05.06.2023)
Jørgensen VR/ Rosted P.	Human albumin, en mulig smittevej for prionsygdom [Human albumin, a possible way of transmission of prion disease], in: Ugeskr Laeger 2001, 4598
Kahn, Humaira	Access to Biosimilars, in: Babar (Hrsg.), Encyclopedia of Pharmacy Practice and Clinical Pharmacy Band 1, S. 5
Kanter, Jason/ Feldman, Robin	Understanding and Incentivizing Biosimilars, in: Hastings Law Journal 2012, 57
Kelly, Lindsay	Biologics in the Practice of Law, in: Harvard Journal of Law & Public Policy 2016, 21
Kent, Denis/ Rickwood, Sarah/ Di Biase, Stefano	Disruption and maturity: The next phase of biologics, QuintileIMS, online: https://www.iqvia.com/-/media/iqvia/pdfs/nemea/uk/disruption_and_maturity_the_next_phase_of_biologics.pdf (zuletzt geprüft am 05.06.2023)
Kinch, Michael	An overview of FDA-approved biologics medicines, in: Drug Discovery Today 2015, 393

Klopschinski, Simon
The WTOs DSU Article 23 as Guiding Principle for the Systemic Interpretation of International Investment Agreements in the Light of TRIPs, in: Journal of International Economic Law 2016, 211

Knox, Ryan
Insulin insulated: barriers to competition and affordability in the United States insulin market, in: Journal of Law and the Biosciences 2020, 1

Koballa, Kasey
The Biologics Proce Competition and Innovation Act: Is a Generic Market for Biologics Attainable, in: William & Mary Business Law Review 2018, 479

Kretzschmar, Marcus
Drug safe harbour provisions in the USA and Europe: implications for the emerging biosimilars industry, in: Journal of Intellectual Property Law & Practice 2014, 298

Kühnen, Thomas (Hrsg.)
Handbuch der Patentverletzung (15. Auflage, Köln 2023)

Kühnen, Thomas
Anmerkungen zum LG München I: EuGH-Vorlage zur Notwendigkeit einer erstinstanzlichen Einspruchs- oder Nichtigkeitsentscheidung vor Erlass einer e. V. – Rechtsbestand im Verfügungsverfahren, in: GRUR 2021, 466

Kulathila, Rithika
BPCIA Update: Entropy Is the Price of an Ordered Framework, in: Berkeley Technology Law Journal 2018, 1277

Kunst, Manuel/ Kaufmann, Ulrike
Authorized Generics and Biosimilars as Part of Drug Life Cycle Management, in: GRUR International 2020, 1105

Kurki, Pekka/ Ekman, Niklas
Biosimilar Regulation in the EU, in: Expert Review of Clinical Pharmacology 2015, 649

Ladonnikov, Alexej
The Biosimilar Patent Dance – If You Don't Dance, You're No Friend Of Mine, in: Santa Clara High Technology Law Journal 2018, 135

Li, Yang
Does it still take two to tango? A modern Interpretation of the BPCIA's Patent Dance, in: N.Y.U. Journal of Intellectual Property & Entertainment Law 2019, 107

Lietzan, Erika
Biosimilar Law and Regulation: An Essential Guide (Washington 2011)

Lietzan, Erika
A Solution in Front of a Problem at the Biologics Frontier, in: University of Illinois Law Review Online 2018, 19

Lietzan, Erika
The Uncharted Waters of Competition and Innovation in Biological Medicines, in: Florida State Law Review 2017, 883

Lietzan, Erika et al.
Amgen Inc. v. Sandoz Inc.: Brief for Amici Curiae 11 Professors in Support of Amgen Inc. as Cross-Petitioners (17.03.2017)

Lu, Udo
Biologics Price Competition and Innovation Act: Striking a Delicate Balance Between Innovation and Accessibility, in: Minnesota Journal of Law, Science & Technology 2014, 613

Maini, Luca/ Feng, Josh/ Hwang, Thomas/ Klimek, Jacob — Biosimilar Entry and the Pricing of Biologic Drugs (04.01.2021), online: https://ssrn.com/abstract=3760213 (zuletzt geprüft am 05.06.2023)

Malkin, Brian — Biosimilars patent litigation in the EU and the US: a comparative strategic overview, in: Generics and Biosimilars Initiative Journal 2015, 113

Mannebach, Nathan — We Shall Dance, Unless You Choose Not To, in: University of Kansas Law Review 2017, 687

Marandett, Eric/ Heyison, Caila — BPCIA Info Exchange Is Failing To Streamline Patent Litigation (19.01.2021), online: https://www.law360.com/articles/1346251/bpcia-info-exchange-is-failing-to-streamline-patent-litigation (zuletzt geprüft am 05.06.2023)

Masur, Jonathan/ Ouellette, Lisa — Patent Law (1. Auflage, Independently published 2021)

McGlynn, Kayleigh/ Rice, Grant/ Wang, Cheryl — A Biosimilar's Guide to the BPCIA Patent Dance: Five Key Questions for Every Biosimilar Applicant to Consider (20.04.2020), online: https://www.jdsupra.com/legalnews/a-biosimilar-s-guide-to-the-bpcia-80004/ (zuletzt geprüft am 05.06.2023)

McMahon, Brian — The Biologics Price Competition and Innovation Act of 2009: Legislative Imprudence, Patent Devaluation, and the False Start of a Multi-Billion Dollar Industry, in: Kentucky Law Journal 2012, 635

McTague, Alexandra — The Biologics Price Competition and Innovation Act: The Pros and Cons of Biosimilar Approval (08.02.2011), online: https://news.bloomberglaw.com/pharma-and-life-sciences/the-biologics-price-competition-and-innovation-act-the-pros-and-cons-of-biosimilar-approval (zuletzt geprüft am 05.06.2023)

Megerlin, Francis/ Lopert, Ruth/ Taymor, Ken/ Trouvin; Jean-Hugues — Biosimilars And The European Experience: Implications For The United States, in: Health Affaires (Millwood) 2013, 1803

Mellstedt, Håkan — Clinical considerations for biosimilar antibodies, in: EJC supplements 2013, 1

Mes, Peter (Hrsg.) — Patentgesetz, Gebrauchsmustergesetz: PatG, GebrMG (5. Auflage, München 2020)

Milbradt, Claudia — Durchsetzung von Patentansprüchen gegen Biosimilars, in: *Kühnen* (Hrsg.), 80 Jahre Patentgerichtsbarkeit in Düsseldorf, Festschrift zum 80-jährigen Bestehen des Patentgerichtsstandortes Düsseldorf am 1. Oktober 2016 (Köln 2016), S. 393

Minniti, Carl — Sandoz v. Amgen: Why Current Interpretation of the Biologic Price Competition and Innovation Act of 2009 is Flawed and Jeopardizes Future Competition, in: JPTOS Notes 2009, 172

Morrison, Alan — Biotechnology Law: A Primer for Scientists (Columbia 2020)

Mueller, Heinz — Patenting of Biosimilars?, in: Intellectual Property Rights 2014, 1

Mulcahy, Andrew/ Hlavka, Jakub/ Case, Spencer — Biosimilar Cost Savings in the United States, in: Rand Health Quarterly 2018, 3

Müller, Eva-Maria — Die Patentfähigkeit von Arzneimitteln – der gewerbliche Rechtsschutz für pharmazeutische, medizinische und biotechnologische Erfindungen (Berlin Heidelberg 2003)

Mund, Claudia — Patenting biosimilars, in: Matthews/Zech (Hrsg.), Research Handbook on Intellectual Property and the Life Sciences, S. 3

Neuhaus, Stephan — Verfahrenspatente – Papiertiger oder wirksame Schutzrechte? Gedanken zur »hinreichenden Wahrscheinlichkeit« i.S.d. § 140c PatG (09.06.2021), online: https://www.dusip.de/2021/06/09/verfahrenspatente-papiertiger-oder-wirksame-schutzrechte-gedanken-zur-hinreichenden-wahrscheinlichkeit-i-s-d-§-140c-patg/ (zuletzt geprüft am 05.06.2023)

Niazi, Sarfaras — Biosimilars and Interchangeable Biologics (1. Auflage, London 2016)

Osterrieth, Christian (Hrsg.) — Patentrecht (6. Auflage, München 2021)

Papadopoulou, Frantzeska — Legal Transplants and Modern Lawmaking in the Field of Pharmaceutical Patents – A Way to Achieve International Harmonisation or the Source of Deeper Divergences, in: IIC – International Review of Intellectual Property and Competition Law, 2016, 891

Paradise, Jordan — The Devil Is in the Details: Health-Care Reform, Biosimilars, and Implementation Challenges for the Food And Drug Administration, in: Jurimetrics Journal 2011, 279

Pfaff, Esther/ Gerhards, Frank — A User Perspective: First-hand Mediation Experience in an International Patent Dispute (30.01.2021), online: http://mediationblog.kluwerarbitration.com/2021/01/30/a-user-perspective-first-hand-mediation-experience-in-an-international-patent-dispute/ (zuletzt geprüft am 05.06.2023)

Pollack, Andrew Makers of Humira and Enbrel Using New Drug Patents to Delay Generic Versions, in: New York Times (15.07. 2016), online: https://www.nytimes.com/2016/07/16/business/makers-of-humira-and-enbrel-using-new-drug-patents-to-delay-generic-versions.html (zuletzt geprüft am 05.08.2023)

Price, Nicholson Regulating Secrecy, in: Washington Law Review 2016, 1769

Price, Nicholson/ Rai, Arti Are trade secrets delaying biosimilars?, in: Science 2015, 188

Raasch Christina Der Patentauslauf von Pharmazeutika als Herausforderung beim Management des Produktlebenszyklus (2. Auflage, Wiesbaden 2010)

Radtke, Rainer Umsatz mit Biopharmazeutika in Deutschland im Vergleich zum Pharmagesamtmarkt 2021 (13.06.2022), online: https://de.statista.com/statistik/daten/studie/30795/umfrage/anteil-der-biopharmazeutika-am-pharmamarkt/ (zuletzt geprüft am 05.06.2023)

Rai, Arti The »Follow-On« Challenge: Statutory Exclusivities and Patent Dances, in: Lynch/Cohen (Hrsg.), FDA in the Twenty-First Century, S. 402

Raich, William/ Christie, Drew INSIGHT: Following the Patent Dance Three Years After Sandoz, (28.05.2019), online: https://news.bloomberglaw.com/ip-law/insight-following-the-patent-dance-three-years-after-sandoz (zuletzt geprüft am 05.06.2023)

Rémuzat, Cécile/ Kapuśniak, Anna/ Caban, Aleksandra/ Tonescu, Dan/ Radière, Guerric/ Mendoza, Cyril/ Toumi, Mondher Supply-side and demand-side policies for biosimilars: an overview in 10 European member states, in: Journal of Market Access & Health Policy 2017, 1

Rémuzat, Cécile/ Dorey, Julie/ Cristeau, Olivier/ Ionescu, Dan/ Radière, Guerric/ Toumi, Mondher Key drivers for market penetration of biosimilars in Europe, in: Journal of Market Access & Health Policy 2017, 1

Rose, Simone/ Rice, Tracea The Biosimilar Action Plan: An Effective Mechanism for Balancing Biologic Innovation and Competition in the United States?, in: University of the Pacific Law Review 2020, 539

Royzman, Irena/ Anderson, Michael What's Next for U.S. Biosimilar Litigation (20.11.2020), online: https://news.bloomberglaw.com/health-law-and-business/whats-next-for-u-s-biosimilar-litigation (zuletzt geprüft am 05.06.2023)

Saini, Vikram/ Aakash, Deep/ Jindoliya, Manita/ Rana, A C/ Yadav, Monu/ Marwaha, Rakesh — Biosimilars Regulation in the United States and FDA Approved Biosimilars from 2015–2018, in: Applied Clinical Research, Clinical Trials & Regulatory Affairs 2019, 1

Saini, Vikram/ Aakash, Deep/ Jindoliya, Manita — Regulation and Challenges of Biosimilars in European Union, in: Applied Clinical Research, Clinical Trials & Regulatory Affairs 2019, 192

Sanzo, Michael — The Promise and Problem of Biologics, in: Santa Clara High Technology Law Journal 2017, 78

Sarpatwari, Ameet/ Barenie, Rachel/ Curfman, Gregory/ Darrow, Jonathan/ Kesselheim, Aaron — The US Biosimilar Market: Stunted Growth and Possible Reforms, in: Clinical Pharmacology & Therapeutics 2019, 92

Schmitz, Maximilian/ Zilliox, Tiffany — Erleichterter einstweiliger Rechtschutz in Patentsachen, in: GRUR-Prax 2022, 314

Schneider, Lisa — Arrow Declaration – Rechtsschutz gegen zukünftige Patente (Köln 2020)

Schröder, Melanie/ Lohmüller, Jonas/ Telschow, Carsten/ Niepraschk-von Dollen, Katja/ Zawinell, Anette/ Bauckmann, Jana — Der GKV-Arzneimittelmarkt Bericht 2020, Stand 03.09.2020

Schröder, Melanie/ Telschow, Carsten — Großes Sparpotenzial bei Biologika, in: Gesundheit und Gesellschaft 2022

Schulte, Rainer — Patentgesetz mit Europäischem Patentübereinkommen (EPÜ) (11. Auflage, Köln 2022)

Shepherd, Joanna — Disrupting the Balance: The Conflict between Hatch-Waxman and Inter Partes Review, in: N.Y.U. Journal of Intellectual Property & Entertainment Law 2016, 14

Smeets, Jonas — Die Umsetzung der Entscheidungen »FRAND-Einwand I« und »FRAND-Einwand II« des Bundesgerichtshofs in der deutschen Instanzrechtsprechung, in: GRUR Patent 2023, 55

Sträter, Burkhard — Arzneimittelsicherheit: Biosimilars aus Sicht des Juristen, in: Deutsches Ärzteblatt 2016, 113

Tanaka, Jon — »Shall« We Dance? Interpreting the BPCIA's Patent Provisions, in: Berkeley Technology Law Journal 2016, 659

Telschow, Carsten/ Schröder, Melanie/ Bauckmann, Jana/ Niepraschk-von Dollen, Katja/ Zawinell, Anette — Der Arzneimittelmarkt 2020 im Überblick, in: Schröder/ Thürmann/Telschow/Schröder/Busse (Hrsg.), Arzneimittel-Kompass, S. 241

Teubner, Gunther — Legal Irritants: Good Faith in British Law or How Unifying Law Ends up in New Divergences, in: The Modern Law Review 1998, 11

Timmis, Ryan — The Biologics Price Competition and Innovation Act: Potential Problems in the Biologic-Drug Regulatory Scheme, in: Northwestern Journal of Technology and Intellectual Property 2015, 215

Trinh, Jonathan — Prescribing Relief for the Injured Reference Product Sponsors Under the BPCIA, Federal Circuit Bar Journal 2020, 363

Tucker, Darren/ Wells, Gregory — Emerging Competition Issues Involving Follow-on Biologics, in: Antitrust 2014, 100

van de Vooren, Katelijne/ Curto, Alessandro/ Garattini, Livio — Biosimilar Versus Generic Drugs: Same But Different?, in: Applied Health Economics and Health Policy 2015, 125

vfa — Forschung für das Leben 2013, online: https://www.vfa.de/de/presse/publikationen (zuletzt geprüft am 05.06.2023)

vfa. — Übersicht über zentralisiert in der EU zugelassene Biosimilars, online: https://www.vfa.de/de/arzneimittel-forschung/datenbanken-zu-arzneimitteln/biosimilars-uebersicht (zuletzt geprüft am 05.06.2023)

von Falck, Andreas/ Slopek, David/ Thiermann, Arne — »Life-Cycle-Management« für Arzneimittel und gewerbliche Schutzrechte, in: GRUR 2015, 1050

Walz, Axel/ Benz, Sebastian/ Pichlmaier; Tobias — Obligatorische Schlichtung bei FRAND-Streitigkeiten, in: GRUR 2022, 446

Wang, Cheryl/ Williams, Nicole/ McGlynn, Kayleigh/ Rice, Grant/ Shmuel, Jenny — How Biosimilars Are Approved and Litigated: Patent Dance Timeline (12.08.2020), online: https://www.fr.com/how-biosimilars-approved-litigated-patent-dance-timeline/ (zuletzt geprüft am 05.06.2023)

Williams, Andrew — Reports of the Death of the Patent Dance Have Been Slightly Exaggerated, in: The Pharma Letter 2017, 1

Wing Yan Tam, Joyce — Biologics Revolution: The Intersection of Biotechnology, Patent Law, and Pharmaceutical Regulation, Georgetown Law Journal 2010, 535

WIPO Standards and Patents, online: https://www.wipo.int/patent-law/en/developments/standards.html (zuletzt geprüft am 05.08.2023)

Witte, Julian/ Greiner, Wolfgang Arzneimittelpreise aus gesellschaftlicher Perspektive, in Schröder/Thürmann/Telschow/Schröder/Busse (Hrsg.), Arzneimittel-Kompass 2021, S. 3

Wong, Alice/ Rumore, Martha/ Chan, Albert Biosimilars in the United States: Emerging Issues in Litigation, in: BioDrugs 2017, 189

Woodage, Trevor Blinded by (a Lack of) Science: Limitations in Determining Therapeutic Equivalence of Follow-On Biologics and Barriers to Their Approval and Commercialization, in: Stanford Technology Law Review 2012, 9

Wu, Jeffrey/ Cheng, Claire Into the Woods: A Biologic Patent Thicket Analysis, in: Chicago-Kent Journal of Intellectual Property 2020, 93

Wuttke, Tobias Aktuelles aus dem Bereich der ›Patent Litigation‹, in Mitteilungen der deutschen Patentanwälte 2020, 495

Zullow, Keith/ Cottler, Michael/ Whitehill Joshua INSIGHT: The Ongoing Debate About Disclosing Manufacturing Process Information in the Patent Dance (02.07.2018), online: https://news.bloomberglaw.com/pharma-and-life-sciences/insight-the-ongoing-debate-about-disclosing-manufacturing-process-information-in-the-patent-dance-2 (zuletzt geprüft am 05.06.2023)

Rechtsprechung

BGH	Beschluss vom 27.03.1969 – X ZB 15/67, GRUR 1969, 672 – Rote Taube
BGH	Urteil vom 12.07.2011 – X ZR 56/09, GRUR 2011, 995 – Besonderer Mechanismus
BGH	Urteil vom 01.08.2006 – X ZR 114/03, GRUR 2006, 962 – Restschadstoffentfernung
BGH	Urteil vom 20.07.2018 – V ZR 130/17, GRUR 2018, 1280– My Lai
BGH	Urteil vom 05.05.2020 – KZR 36/17, GRUR 2020, 961 – FRAND-Einwand I
BGH	Urteil vom 24.11.2020 – KZR 35/17, GRUR 2021, 585 – FRAND Einwand II
BGH	Urteil vom 29.04.1986 – X ZR 28/85, GRUR 1986, 803 – Formstein I
BPatG	Beschluss vom 28.07.1977 – 16 W (pat) 64/75, GRUR 1978, 238 – Naturstoffe (Antamanid)
BSG	Urteil vom 20.12.2018 – B 3 KR 11/17 R, BeckRS 2018, 42998
EPA	Entscheidung vom 28.06.2007 – G 1/05 und G 1/06
EuGH	Urteil vom 06.12.2012 – C-457/10 P, GRUR-Prax 2013, 33 – Astra Zeneca
EuGH	Urteil vom 16.07.2015 – C-170/13, GRUR 2015, 764 – Huawei/ZTE
EuGH	Urteil vom 30.01.2020 – C-307/18, NZKart 2020, 131 – Generics (UK)
EuGH	Urteil vom 28.04.2022 – C-44/21, GRUR 2022, 811 – Phoenix Contact/Harting
HansOLG	Urteil vom 02.07.2009 – 3 U 151/08, PharmR 2010, 135
HansOLG	Urteil vom Urteil vom 02.11.2014 – 3 U 17/13, GRUR-RR 2015, 74
High Court of England and Wales	[2017] EWHC 711 (Pat) – Unwired Planet v Huawei
High Court of Justice, Chancery Division, Patents Court	Arrow Generics Limited v Merck & Co, Inc. [2007] EWHC 1900 (Pat)

High Court of Justice, Chancery Division, Patents Court	Fujifilm Kyowa Kirin Biologics Company Limited v AbbVie Biotechnology Limited [2016] EWHC 2204 (Pat)
High Court of Justice, Chancery Division, Patents Court	Generics (U.K.) Limited trading as Mylan and another v Yeda Research and another [2017] EWHC 2629 (Pat)
High Court of Justice, Chancery Division, Patents Court	Galaxo Group Limited and others v Vectura Limited [2018] EWHC 375 (Pat)
High Court of Justice, Chancery Division, Patents Court	Pfizer Limited v F. Hoffmann-La Roche AG and Roche Products Limited [2019] EWHC 1520 (Pat)
High Court of Justice, Queens Bench Division	Regina v Manchester Coroner, ex parte Tal [1985] QB 67
House of Lords	Gillette Safety Razor v Anglo-American Trading [1913] 30 RPC 465.
LG Düsseldorf	Urteil vom 24.10.2013 – 4c O 84/13, BeckRS 2014, 20348
LG Düsseldorf	Urteil vom 09.11.2018 – 4a O 15/17, GRUR-RS 2018, 33825 – Dekodierungsvorrichtung
LG Düsseldorf	Urteil vom 21.12.2021 – 4c O 42/20, GRUR-RS 2021, 50360 – Bildrekonstruierung
LG Düsseldorf	Urteil vom 12.07.2018 – 4a O 36/18, BeckRS 2018, 24128
LG Mannheim	Urteil vom 18.08.2020 – 2 O 34/19, GRUR-RS 2020, 20358
LG Mannheim	Beschluss vom 13.10.2021 – 2 O 73/20 ZV II, GRUR RR 2022, 301 – Geheimnisschutzanordnung
LG München I	Endurteil vom 29.09.2021 – 21 O 9793/21, GRUR-RS 2021, 37988 – Sorafenibtosylat
LG München I	Endurteil vom 09.09.2021 – 7 O 15350/19, GRUR-RS 2021, 23157 – Sprachsignalcodierer
LG München I	Endurteil vom 25.05.2022 – 7 O 14091/19, GRUR-RS 2022, 13480 – Sprachsignalcodierer II
LG München I	Endurteil vom 25.02.2021 – 7 O 14276/20, GRUR-RS 2021, 3995 – FRAND-Lizenzwilligkeit.
LG München I	Endurteil vom 17.02.2023 – 21 O 4140/21, GRUR-RS 2023, 11247 – Erfolgloser Zwangslizenzeinwand bei fehlender Lizenzwilligkeit
LG München I	Beschluss vom 24.02.2020 – 7 O 1456/20, GRUR-RS 2020, 18395 – Verbot des Fallenlassens von Patenten
LG München I	Beschluss vom 19.01.2021 – 21 O 16782/20

LG München I	Urteil vom 19.04.2017 – 21 O 4325/17
OLG Düsseldorf	Beschluss vom 03.08.2015 – I-2 W 13/15, GRUR-RS 2016, 1094 – Oberflächenrauigkeit
OLG Düsseldorf	Urteil vom 31.08.2017 – 2 U 6/17, BeckRS 2017, 125978 – Nicht-invasive Pränataldiagnostik
OLG Düsseldorf	Urteil vom 29.04.2010 – I-2 U 126/09, InstGE 12, 114 – Harnkatheterset
OLG Düsseldorf	Urteil vom 08.06.2000 – 2 U 55/99, BeckRS 2000, 5831
OLG Düsseldorf	Urteil vom 17.01.2013 – I-2 U 87/12, GRUR-RR 2013, 236 – Flupirtin-Maleat
OLG Düsseldorf	Urteil vom 04.08.2011 – I-2 U 23/11, GRUR-RR 2011, 350 – Pramipexol
OLG Düsseldorf	Urteil vom 20.09.2012 – I-2 U 44/12, GRUR-RR 2013, 241 – HIV-Medikament.
OLG Düsseldorf	Urteil vom 12.05.2022 – I-2 U 13/21, GRUR 2022, 1136 – Signalsynthese II
OLG Düsseldorf	Beschluss vom 14.07.2021 – I-2 U 13/21, GRUR-RS 2021, 1498 – Signalsynthese I
OLG Düsseldorf	Beschluss vom 04.01.2023 – 2 W 28/22, GRUR 2023, 677 – Geheimnisschutz II
OLG Frankfurt a.M.	Beschluss vom 27.11.2019 – 6 W 100/19, GRUR-RS 2019, 47064
OLG Karlsruhe	Urteil vom 02.02.2022 – 6 U 149/20, GRUR 2022, 1145 – Steuerkanalsignalisierung II
OLG Karlsruhe	Urteil vom 25.11.2020 – 6 U 104/18, GRUR-RS 2020, 56869 – Steuerkanalsignalisierung I
OLG Karlsruhe	Urteil vom 09.12.2020 – 6 U 103/19, GRUR-RS 2020, 41067 – Mobilstation
OLG München	Endurteil vom 18.05.2017 – 6 U 3039/16, GRUR-RS 2017, 118983 – Äquivalente Patentverletzung im einstweiligen Verfügungsverfahren
Ondernemingsrechtbank Brussel	F. Hoffmann-La Roche vs. Mundipharma, C/18/00049
Ondernemingsrechtbank Brussel	F. Hoffmann-La Roche vs. Mundipharma, C/18/00089
Ondernemingsrechtbank Brussel	Biogen Inc. et al. vs. De N.V. Sandoz, A/17/03546
Rechtbank Amsterdam	AbbVie Biotechnology Ltd. v Alvotec et al., C/13/700378 / KG ZA 21-282
Rechtbank Den Haag	Merck Sharp & Dohme Manufacturing v Ratiopharm B.V. et al., 288241 / HA ZA 07-1689

Rechtbank Den Haag	Synthon B.V. v. YEDA Research & Development Co., Ltd., C/09/521009/HA ZA 16-1231
Rechtbank Den Haag	Pfizer PFE BV v F. Hoffmann-La Roche AG et al., C/09/557218 / HA ZA 18-826 en, C/09/559368/HA ZA 18-951
Rechtbank Den Haag	F. Hoffmann La Roche et al. v Mundipharma Pharmaceuticals B.V., C/09/565454 / KG ZA 18-1345
Rechtbank Den Haag	Biogen Inc. et al. v Celltrion Inc. et al., C/09/531270/ KG ZA 17-519
Sø- og Handelsretten	F. Hoffmann La Roche et al. vs. Samsung Bioepis NL B.V. et al., Sag BS-34191/2018-SHR und Sag BS-1208/2019-SHR
Stockholms Tingsrätt	F. Hoffmann La Roche et al. vs. Merck Sharp & Dohme (Sweden) AB, 16162-18
Supreme Court Of The United States	Sandoz Inc. v. Amgen, Inc., 137 S. Ct. 1664 (2017)
U.S. Court of Appeals for the Federal Circuit	Amgen Inc. v. Hospira, Inc., 866 F.3d 1355 (Fed. Cir. 2017)
U.S. Court of Appeals for the Federal Circuit	Amgen Inc. v. Apotex Inc., 2017 U.S. Dist. LEXIS 13919 (S.D. Fla. Jan. 31, 2017) aff'd, 712 Fed. Appx. 985 (Fed. Cir. 2017)
U.S. Court of Appeals for the Federal Circuit	Amgen Inc. v. Sandoz Inc., case 15-1499, July 21, 2015 (Federal Circuit)
U.S. District Court (California)	Celltrion, Inc. v. Genentech, Inc., No. 18-CV-00274-JSW, 2018 WL 2448254 (N.D. Cal. May 9, 2018)
U.S. District Court (Delaware)	Amgen Inc. v. Hospira, Inc., No. 15-839-RGA (D. Del. Aug. 5, 2016)
U.S. District Court (Delaware)	Genentech, Inc. v. Amgen, Inc., No. 1:17-cv-00165 (D. Del. Mar. 3, 2017)
U.S. District Court (Delaware)	Genentech, Inc. v. Amgen Inc., No. CV 17-1407-CFC, 2020 WL 636439 (D. Del. Feb. 11, 2020)
U.S. District Court (Delaware)	Amgen Inc. v. Hospira, Inc., 232 F. Supp. 3d 621 (D. Del. 2017)
U.S. District Court (Massachusetts)	Janssen Biotech Inc. v. Celltrion Healthcare Co., 2015 WL 7078048 (D. Mass. Mar. 6, 2015)
U.S. District Court (Massachusetts)	Janssen Biotech Inc. v. Celltrion Healthcare Co., 239 F. Supp. 3d 328 (D. Mass. 2017)
U.S. District Court (New Jersey)	Immunex Corp. v. Sandoz Inc., No. 3:16-cv-01118 (D. N.J.)

U.S. District Court (Northern District of Illinois)	AbbVie Inc. v. Alvotech hf., No. 1:21-cv-02258, Doc 51 (N.D. Ill. Aug. 23, 2021)
U.S. District Court (Southern District of California)	Genentech v. Tanvex, No. 3:22-cv-00809-RBM-JLB (S.D. Cal.)
U.S. District Court (Northern District Of West Virginia Clarksburg Division)	Regeneron v. Mylan, No. 1:22-cv-00061 (N.D. W. Va.)

Sachregister

Die Zahlen beziehen sich auf die Randnummern.

Heymanns Schriften zum Patentrecht (HSP)

Herausgegeben von
Prof. Dr. Maximilian Haedicke, Prof. Dr. jur. Dipl.-Biol. Herbert Zech

Band 1
Die Harmonisierung von Patentverletzungs- und Patentnichtigkeitsverfahren
Dr. iur. Simon Adam
2014. XX, 437 Seiten. Kartoniert. ISBN 978-3-452-28232-3

Band 2
Verschuldenshaftung im Patentrecht
Dr. iur. Maximilian Wosgien, LL.M. (University of Virginia)
2015. XIX, 326 Seiten. Kartoniert. ISBN 978-3-452-28555-3

Band 3
Die Entwicklung der Patentgerichtsbarkeit in Düsseldorf
Dr. iur. Alexander Wiese
2015. XIV, 184 Seiten. Kartoniert. ISBN 978-3-452-28635-2

Band 4
»Springboard« im Patentrecht
Dr. iur. Martin Adrian Koch
2016. XV, 370 Seiten. Kartoniert. ISBN 978-3-452-28783-0

Band 5
Die Bestimmung angemessener Gebühren für FRAND-Lizenzen an standardessentiellen Patenten
Eine Analyse und Bewertung der Rechtslage in Deutschland und den USA
Dr. iur. Jan-Martin Kleindienst
2016. XIX, 276 Seiten. Kartoniert. ISBN 978-3-452-28807-3

Band 6
Giftige Teilanmeldungen und Teilprioritäten
Dr. iur. Stefan G. Fuchs
2016. XVI, 258 Seiten. Kartoniert. ISBN 978-3-452-28804-2

Band 7

Die Rechtsfolgen unberechtigter Grenzbeschlagnahmen nach der Verordnung (EU) Nr. 608/2013

Dr. iur. Teresa Schriebl

2017. XIII, 208 Seiten. Kartoniert. ISBN 978-3-452-29025-0

Band 8

Der Schutzbereich von Patenten auf eine zweite medizinische Indikation im Falle eines *cross-label-use*

Eine rechtsvergleichende Analyse unter Begutachtung der deutschen, englischen und niederländischen Rechtsprechung

Dr. iur. Ulrike Zorr

2018. XIX, 302 Seiten. Kartoniert. ISBN 978-3-452-29088-5

Band 9

Technischer Sachverstand im modernen Patentprozess

Eine rechtsvergleichende Untersuchung unter besonderer Berücksichtigung des Rechts des Einheitlichen Patentsystems

Dr. iur. Roman Würtenberger

2018. XIX, 271 Seiten. Kartoniert. ISBN 978-3-452-29090-8

Band 10

Die Patentverletzung durch additive Fertigung (3D Druck)

Unter Berücksichtigung informationstheoretischer Betrachtungen

Dr. iur. Lukas Abegg-Vaterlaus

2018. XVI, 136 Seiten. Kartoniert. ISBN 978-3-452-29220-9

Band 11

Die kollisionsrechtliche Anknüpfung des Patentvindikationsanspruches

Dr. iur. Lukas Wollenschlaeger

2018. XV, 246 Seiten. Kartoniert. ISBN 978-3-452-29221-6

Band 12

Der Neuheitsbegriff des Europäischen Patents mit einheitlicher Wirkung

Probleme und Lösungen neuheitsschädlicher nationaler Nachveröffentlichungen

Dr. iur. Michael Engelhardt

2019. XVII, 251 Seiten. Kartoniert. ISBN 978-3-452-29222-3

Band 13

Die Patentierung des Genome-Editing-Verfahrens CRISPR/Cas9

Eine Bestandsaufnahme der Situation in den Vereinigten Staaten und Europa

Dr. iur. Christoph Schnettler

2019. XIX, 200 Seiten. Kartoniert. ISBN 978-3-452-29309-1

Band 14

Patentierung von Simulationen

Dr. iur. Vera Vallone

2019. XV, 170 Seiten. Kartoniert. ISBN 978-3-452-29568-2

Band 15

Rechtliche Probleme des ergänzenden Schutzzertifikats für Arzneimittel

Am Beispiel von medizinischen Indikationen, Hilfsstoffen und Wirkstoffkombinationen

Dr. iur. Marco Stief, LL.M. (University of Chicago)

2020. XIII, 161 Seiten. Kartoniert. ISBN 978-3-452-29582-8

Band 16

Die Wirkung der Patentregistereintragung

Dr. iur. Christian Schulze

2020. XVI, 294 Seiten. Kartoniert. ISBN 978-3-452-29267-4

Band 17

Personalised medicine as a challenge for patent law

Dr. iur. Inesa Fausch

2020. XVII, 194 Seiten. Kartoniert. ISBN 978-3-452-29597-2

Band 18

Arrow Declaration – Rechtsschutz gegen zukünftige Patente

Dr. iur. Lisa Schneider

2020. XV, 198 Seiten. Kartoniert. ISBN 978-3-452-29598-9

Band 19

FRAND-Lizenzierung & Transaktionskosten

Individuelle Lizenzverträge durch Smart Contracts auf der Basis der Blockchain-Technologie

Dr. iur. Jonas Block

2021. XVII, 180 Seiten. Kartoniert. ISBN 978-3-452-29651-1

Band 20

Die rechtsgeschäftliche Übertragung des Prioritätsrechts bei europäischen Patenten

Wirksamkeitsanforderungen bei grenzüberschreitenden Fallkonstellationen

Dr. iur. Laura Maibaum

2021. XIII, 164 Seiten. Kartoniert. ISBN 978-3-452-29899-7

Band 21

Der Auslegungszeitpunkt von Patentschriften

Die Auswirkungen des Verhältnisses zwischen Erfindungsgegenstand, Offenbarung und Schutzbereichsbestimmung

Dr. iur. Anselm Gripp

2022. XXIII, 475 Seiten. Kartoniert. ISBN 978-3-452-29844-7

Band 22
Strategische Patentübertragungen von standardessentiellen Patenten (SEPs)
Patent Privateering
Dr. iur. Nina Belbl
2022. XV, 264 Seiten. Kartoniert. ISBN 978-3-452-29900-0

Band 23
Verantwortlichkeit und Haftung für die Verletzung von Second Medical Use Patenten
Eine Untersuchung im Lichte der aktuellen Rechtsprechungsentwicklung zur herrichtungsfreien Haftung
Dr. iur. Sonja Bühler, LL.M. (Edinburgh)
2022. XX, 307 Seiten. Kartoniert. ISBN 978-3-452-30065-2

Band 24
Dogmatik und Voraussetzungen der patentrechtlichen Erschöpfung
Plädoyer für eine Reform des Zustimmungsmerkmals
Dr. iur. Markus Gollrad
2022. XVII, 250 Seiten. Kartoniert. ISBN 978-3-452-30066-9

Band 25
Die Änderung von Patentansprüchen
Dr. techn. Dr. iur. Michael Stadler
2023. XV, 401 Seiten. Kartoniert. ISBN 978-3-452-30277-9

Band 26
Patent Dance – eine Chance für Deutschland und Europa?
Beilegung von Patentverletzungsstreitigkeiten vor dem Markteintritt eines Biosimilars
Dr. iur. Melanie Strobel
2024. XV, 197 Seiten. Kartoniert. ISBN 978-3-452-30435-3